苏州大学“211工程”建设资助项目

信 息 描 述

主　编　鞠英杰

副主编　张　侠　卢升亮

合肥工业大学出版社

内容摘要

本书根据现代网络社会的发展和全新的信息资源特点，在传统文献编目理论和现代信息组织理论的指导下，从图书到网络资源全面系统地介绍了信息描述的基本理论。其中包括《国际标准书目著录（ISBD）》格式、机读目录（MARC）格式和网络信息资源描述的元数据理论。不仅包含传统的普通图书、连续出版物等文献信息的描述，还重点讨论了在现代网络环境下，网络信息资源的描述方法。对于现代网络信息描述所使用的标记语言、网络资源描述框架和元数据等信息技术进行了详细的讲解，通过信息描述理论为网络信息资源开发与利用提供了一个完整的理论框架。

图书在版编目（CIP）数据

信息描述/鞠英杰主编．—合肥：合肥工业大学出版社，2010.12

ISBN 978-7-5650-0328-8

Ⅰ.①信… Ⅱ.①鞠… Ⅲ.①机器可读目录—文献著录—高等学校—教材 Ⅳ.①G254.364

中国版本图书馆 CIP 数据核字（2010）第 242675 号

信息描述

鞠英杰　主编　　　责任编辑　章　建

出　版	合肥工业大学出版社	版　次	2010 年 12 月第 1 版
地　址	合肥市屯溪路 193 号	印　次	2010 年 12 月第 1 次印刷
邮　编	230009	开　本	787 毫米×1092 毫米　1/16
电　话	总编室：0551-2903038	印　张	15.25
	发行部：0551-2903198	字　数	361 千字
网　址	www.hfutpress.com.cn	印　刷	安徽江淮印务有限责任公司
E-mail	press@hfutpress.com.cn	发　行	全国新华书店

ISBN 978-7-5650-0328-8　　　定价：25.00 元

前　言

随着网络时代的发展，网络信息资源的开发与利用越来越多地渗入到我们生活中的每一个部分。传统的信息描述理论已经不能适应对信息资源的揭示、组织工作。经过多年的教学研究实践，为了适应网络信息的发展，总结和借鉴国内外在此领域的研究资料，编写了这本《信息描述》教材。作为苏州大学企业竞争情报研究发展中心在网络信息资源的开发与利用方面工作的一项成果呈现给各界朋友。

苏州大学企业竞争情报研究发展中心是集理论与应用于一体的综合性研究机构，立足于高校、面向企业，努力打造成集产学研于一体的，面向海内外的综合的研究开发基地。重点进行行业研究、企业管理和企业信息资源的开发与利用研究，强调企业文化的培育、企业人员的培训、企业人才和信息资源的整合与利用，同时面向政府和决策部门进行政策研究，发挥政府和企业的外脑作用。面向海外市场，帮助企业进行海外市场拓展，为国内外学术交流、学生培养提供渠道和咨询。

“信息描述”是信息资源管理类专业的核心课程之一。本教材的编写参考了多本国内外有代表性的教材，吸收了国内外的一些教学研究成果，同时本教材的编写获得了苏州大学“211 工程”建设项目资金的资助。在此对于参考文献的作者，苏州大学社会学院王卫平院长、周毅副院长和张照余教授一并表示感谢！感谢他们在本书的编写过程中所给予的帮助和支持！

本书由鞠英杰负责全书大纲的确定，文稿的审阅、统稿、润色和第 1 章的编写，协助指导张侠完成第 2—5、10—11 章和协助指导卢升亮完成第 6—9 章的编写。

虽然我们在编写过程中，不断地努力以求尽善尽美，但是限于我们的学术水平，难免在教材中还有很多纰漏，尚请读者在阅读过程中批评指正。

鞠英杰

2010 年 10 月于苏州

目　录

第 1 章　信息的理解

有序不等同于理解，要理解有时要打破有序重新组合，从一种有序到另一种有序。如果说数字信息是数字时代的产物，那么互联网就是传输工具。正是由于数字信息的出现，传统的图书馆编目已经不能适应网络时代的需求，在这种情况下“信息描述”诞生了。而现在，大多数人越来越担心自己没有能力去应付、理解、调整或理会那些逐渐支配了我们生活的数据，因为世界是在信息的基础上运转的。相比之下资源总是有限的，信息看则是无限的，对信息的理解就变得越来越重要。好的信息师会把很复杂的信息描述得很清楚，使它们很容易能够被他人所理解，在这一点上我常常感叹英国伦敦的地铁图。英国伦敦的地铁在世界上可谓是一个非常复杂的系统了，纵横交错，可它的乘坐指引图通过简单的文字、图形让人很容易理解。

1.1　数字、数据、信息

由于数字时代的到来，今天的人们对信息的渴望远比过去任何时代都更加强烈。随着数字流充斥着我们生活的各个领域，电子邮件、网站、电子新闻、聊天室、实时信息……所有这些数据流几乎无时无地不在影响着我们的工作和生活。

对于那些拥有个人电脑和掌上电脑的人来说，几乎很少能摆脱数字的控制。即使把计算机给关掉，等到它再打开，数字信息依然会迫不及待地汹涌而来。

每天我们都可以得到很多免费的数字信息，在网上有很多数字信息源可以免费订阅，只需要点击一下就可以进行浏览，而且可以每天自动推送到你的桌面。

那么什么是数字？什么是数据？什么是信息呢？

数据（Data）是载荷或记录信息的按一定规则排列组合的物理符号，可以是数字、文字、图像，也可以是计算机代码。对信息的接收始于对数据的接收，对信息的获取则只能通过对数据背景的解读。数据背景是接收者针对特定数据的信息准备，即当接收者了解物理符号序列的规律，并知道每个符号和符号组合的指向性目标或含义时，便可以获得一组数据所载荷的信息，亦即数据转化为信息，可以用公式“数据＋背景＝信息”来表示。

什么是信息？信息就是那些能够引导人们去思考和理解的数据，对一个人是信息的东西对他人而言可能就是数据。书本上的内容只有在理解的基础上才能变成信息和知识，否则都是数据。根据一些辞典的解释，只是存在于人的头脑中，人只有在研究了某事物、理解它，并且通过研究或其他途径拓宽了它的内涵之后，才能算是真正拥有了某方面的知识。

信息爆炸已经开始模糊了数据和信息、事实和知识之间的根本差别。我们看到的画面越多，对世界的看法也就越有可能遭到扭曲。

1.2 信息的表达

查询、筛选、分类、组织和标注信息比创建信息本身更重要。如果书籍只是杂乱地散落在地板上，即使是国家图书馆也不会有多大价值。信息展示和组织方式已经和内容本身变得同等重要。

(1) 信息表达方式

同一种信息内容可以采用不同的表达方式，以满足信息接收者的特点和实际需要。最常用的信息表达方式有：文字、语言、图形、图像、声音和形体动作等几种。

(2) 信息表达技术

常用的信息表达技术有广播电视、报刊书籍、计算机网络等，其中多媒体技术和网络技术是信息社会中极为重要的信息表达技术。

(3) 信息表达的规范化

为了进行正常的信息交流，信息表达要遵照一定的标准，以避免引发交流双方的误解。利用计算机进行信息交流时，事先必须对各类信息制定统一的“编码”标准，使得通过计算机及网络交流信息成为可能。

目前国际公认的信息表达规范有英文字符信息交换的 ASCII 码，汉字信息交换的国标码（GB2312），商品信息的条形码，网络数字音乐的 MP3 编码，以及静态图像压缩技术的 JPEG 标准和视频压缩技术 MPEG 标准等。

1.3 信息的结构

由于在我们真正能够理解的信息与我们认为应该理解的信息之间存在着持续增大的鸿沟，因此无论在任何领域，只要找到一个结构，即那个主题特有的一种最简便的正确组织格式，就能够使读者发现他们所感兴趣的东西，才能达到信息的最有效架构。要理解任何种类的新知识，不管是财务报表、设备操作手册或者一份新食谱，都必须经历某些特定的过程并且满足特定的条件，这样才能够真正实现理解。此外，还要对信息感兴趣，发现信息的结构和框架，把它和你已经理解的想法联系起来，然后运用那种想法去测试信息，从不同的着眼点去检查它，只有这样才能拥有或者了解它。构成信息的六大要素如下：

(1) 信源。信源是指信息的主体，可以是各种客观存在。信息总是一定主体的信息，总要反映一定的客观存在，没有信源或者说无主体的信息是不存在的。不同的信源所具有的信息量、发出信息的能力和对信息的控制能力是不同的。掌握信息首先要了解信源，不了解信源就不可能掌握信息的内涵。

(2) 语言符号。任何信息都是通过一定的语言符号来表达的。语言符号可分为自然语言和人工语言。自然语言是客观事物在长期交流和发展中形成的，以不同的形式和符号，按照某种客观存在的规则而构成的，包括人类的语言、表情，以及动植物和其他客观事物之间交流信息的形式等。人工语言是人类为了表达、交流、传递和理解信息的需要而创造出来的一些符号，如文字、各种图像符号、编码等。

(3) 载体。信息必须附着在一定的物质之上，通过这个物质载体进行储存、加工、传递和反馈。

(4) 信道。信道指信息在收发双方之间传递的通道。

(5) 信宿。信宿是指信息的接收者。

(6) 媒介。任何信息都离不开传递，不能传递就不能称之为信息。信息传递要通过一定的媒介，语言、载体、信道都属于信息传递的媒介形式。

数百年来，人们都在对信息进行结构设计、组织，以及标识的工作。在古希腊，一些哲学家很早就提出了知识分类思想，并构筑了自己的知识分类体系。例如，亚里士多德将知识分为理论知识（逻辑学、物理学、数学、形而上学）、实践哲学（伦理学、经济学、政治学）、创造哲学（史学、修辞学、艺术）三大门类。近代西方一些哲学家，如培根、康德、黑格尔、霍布斯、孔德等构造了不同的分类体系。1876 年，美国图书馆学家、教育家杜威编制了《杜威十进分类法》。这部分类法建立了结构完备、等级分明的分类体系和主题索引，体现了当时信息组织的最高水平。在书籍数量不断增多的情况下，让人们仍然可以获取所需的书籍。

如表 1-1 和表 1-2 所示，随着互联网的出现，虚拟空间的产生为信息结构带来了一些新的形式。而这些新的形式为我们的信息描述带来了新的问题。

表 1-1　书籍和网站空间的构成比较

	书籍	网站
构成	封面、书名、作者、章、节、页面、页码、目录、索引	主页、导航条、链接、内容页面、网站、网站索引、搜索
维度	二维页面，以线性、顺序方式展示	多维信息空间，以超文本的链接方式浏览
属性	可以触摸而且有限，有明确的开头和结尾	无形的边界，和其他网站的信息之间的界限模糊

表 1-2　图书馆和网站空间的构成比较

	图书馆	网站
目的	提供已定义好的印刷品集合的存取方式	提供内容存取、销售产品、促成交易、促进合作，等等
异质性	收集对象多样化，如书籍、杂志、音乐、软件、数据库和文件	媒体类型、文档类型及文件格式等非常多的种类
集中化	高度集中化的运作方式，通常是在一个或几个图书馆大楼里	通常是分布式的运作方式，由一些子网站各自维护

1.4　信息空间

人类社会经历了漫长的发展，由早期利用土地等自然资源的原始社会过渡到奴隶社会，并且随着人们利用工具的能力的提高，逐渐发展到以物资、能源为基础的工业社会。伴随着社会的高速发展，人类对物质、能源和信息的有效利用水平越来越高，今天以信息为资源的社会已经呈现在我们面前。

信息自古有之。人类每天要通过语言、文字等载体交流传递信息。随着社会由低级向高级的发展，人们借助新的信息传递技术使信息的传递也由近及远。造纸术的发明使信息有了通用的承载载体，电报和电话的发明为远距离传递信息提供了先进的手段。近代计算机技术的发展为信息的存储、处理和传递提供了更为方便的条件。

数字信息的出现把人类带入了信息社会，由现实空间走入了虚拟空间，促进了社会的高速发展。互联网的建立，使电视、电话、计算机连为一体，大大缩短了时间与空间的距离，网上浏览、网上购物、网上学校、网上游戏、网上聊天……已经成为人们新的生活方式或生活内容。以物流为主导的时代正逐步地让位于以数字信息为主导的信息时代。

互联网（Internet）诞生于20世纪80年代，它源于电信网络，但互联网的设计者从计算机行业获取了新的基因，并注入互联网，使其从通信网行业中“异化”出来，成为传统电信的“叛逆者”。互联网一出现就表现了强大的生命力，充满了活力，并为广大用户提供了最方便的服务而得到他们的支持和青睐，因而迅速发展成为国际性的网络。到了90年代Web的出现，大大增强了互联网的服务能力，为用户提供了极丰富、极方便的信息服务，使互联网为全人类构建了一个新的生存空间——Cyberspace（赛伯空间、信息空间、数字空间、或虚拟空间），将人类社会推进到一个新的信息化社会阶段。Web 2.0更为互联网中的每个用户提供了方便而有力的工具，使每个用户不仅是一个信息的服务对象，也可以成为一个媒体的制造者和提供者，平等的点对点（P2P）成为人们在信息空间中生存和相互交往的主要模式。

信息空间（Infosphere）是描述全球信息化未来的新词汇，目前在英语字典中还查不到。信息空间是指随着互联网和“电子商业”的迅速发展，人类正在被带入到一个新的世界环境之中，而目前的互联网的功能只是把各个网址连接起来。信息空间的主要功能则是供人们进行数据的获取和处理及传送电子邮件，信息空间将是人们进行交流、活动的一个新的场所，它是全球所有通信网络、数据库和信息的融合，形成一个巨大的、相互关联、具有不同民族和种族特点的、相互交流的“景观”，是一个三维空间。在不久的未来，全球网络的融合将改变单个网络的特性，网络将不再只是简单地作为一种人们进行交流的中介，而将创造出一个“全球网络生态”，人们将能够在“全球网络生态”环境下从事各种活动。这就是信息空间。

作为一种历史趋势，信息时代的主要功能和方法均是围绕网络形成的，可以说网络逐渐构成了我们社会新的社会形态，一步步地成为支配和改变我们社会的“源泉”。一个以网络为基础的社会结构是高度动态、开放的系统，在不影响其平衡的情况下更易于创新。

信息化的本质就是信息空间（也称为虚拟空间、流动空间、网络社会）的重组。流动空间具有三个层次：电子化的互联构成了流动空间的第一个物质基础（对应技术）；节点与核心构成了流动空间的第二个层次（对应地点）；占支配地位的管理精英的空间组织构成了流动空间的第三个层次（对应人）。在互联网世界中，所有的节点，只要它们有共同的信息编码（包括共同的价值观和共同的成就目标），就能实现联通，构成网络社会。这种以网络为基础的社会结构是高度动态的、开放的社会系统，而这种网络化逻辑的不断扩散，必然会改变生产、经验、权力与文化过程中的相关操作和结果，以及人们在网络中的在场和缺席。网络社会的凸现意味着人类经验的巨大变化，意味着人类社会在生产和生活的各个领域中的巨大变化。信息描述也将随着信息空间的发展产生相应的变化，以适应当前的需要。

本章小结

本章从数字、数据、信息，信息的表达，信息的结构和信息空间四个方面对信息理解做了简单的介绍。试图从新的视角来重新审视一下信息概念的相关问题，引导人们超越对信息的传统认识，以求在信息时代对信息有一个深入的理解。

参考文献

[1] Richard SaulWurman. *Informantion Anxiety* [M]. Beijing: Doubleday, 1989.

第 2 章 信息的组织

2.1 信息描述

2.1.1 信息描述的概念

信息描述，是根据一定的规则和标准，对信息资源的形式特征和内容特征进行描述并给予记录的过程。信息描述的对象是各种类型的文献信息资源，描述内容是信息资源的形式特征和内容特征，描述方法和工具是一系列的描述规则，包括著录规则、标引规则、机读目录格式、规范记录著录格式等，例如 ISBD（《国际标准书目著录》）。信息描述是信息管理的必要环节，是信息检索的基础。

依据描述对象的不同类型，可分为实体信息描述和网络信息描述。针对实体信息资源的描述，也称为“文献著录”。《文献著录总则》（GB3792.1—83）将“著录”定义为：“在编制文献目录时，对文献内容和形式特征进行分析、选择和记录的过程。”针对网络信息资源的描述，可参考 ISBD（ER）格式和 MARC 格式，也可使用专门针对网络信息资源所设计的数据描述方式，例如元数据等。

2.1.2 信息描述的原则

信息描述是信息组织中的重要环节，是信息机构编制文献目录或信息资源数据库的基础。为了保证信息检索系统的科学性和易用性，信息描述过程应遵循以下原则[1]。

（1）准确性和客观性

信息描述的准确性是指依据信息资源自身的形式特征和内容属性的实际情况，对信息资源进行如实描述，确保描述结果的客观性、真实性、准确性。编目人员在著录信息资源时，应根据相关编目规则中所规定的主要信息源和规定信息源，如实照录，客观地反映信息资源的特征。对于取自规定信息源以外的著录信息，都应加以说明，并用标识符号“[ ]”显示。

（2）规范性和一致性

规范化的信息描述使著录结果在著录格式上、技术上达到一致，符合集中编目、联合编目的发展要求，有利于不同信息机构之间的书目共建共享。信息描述的规范性主要体现在以下几方面：第一，遵循统一、标准的描述规则。国际上遵循的描述规则主要是《国际标准书目著录》（ISBD），我国根据中文文献的特点，也相继出台了一系列的国家标准和规则。这些描述准则对描述信息源、描述格式、标识符号、描述级次等方面都有详细规定，有利于信息描述的规范化。第二，确保检索点的统一性。建立规范文档，达到标目形式的规范统一，前后一致，从而充分发挥联机目录的功能。早在 1977 年，美国就开始实施“名称规范合作计划”，开展信息资源目录规范化工作。我国于 20 世纪 90 年代开展规范化工作，各信息机构先后建立了规范文档。

（3）实用性和适用性

信息描述的最终目的是让信息用户方便、快捷地检索到所需要的信息资源。一方面，信息描述工作应尽量从信息用户需求出发，选择容易识别的描述项目，提供尽可能多的信息资源特征以供检索，描述语言尽量符合人们的检索语言等；另一方面，描述规则要适用于本国信息资源的特点和信息用户的检索特点。中文文献和西文文献的文字、语言、编排等方面都有很大的区别，制定西文文献编目规则时，可借鉴国外编目规则，但要贯彻“洋为中用”的原则。国外普遍使用的描述规则有 ISBD、MARC 格式、AACR（2）等，我国信息机构结合本国文献的特点，借鉴国外经验，相继编制出《中国文献编目规则》、CNMARC 等描述规则。

2.1.3　我国信息描述的研究进展

对国内关于“信息描述”的期刊论文的统计分析，可以反映国内研究的进展情况，了解其基本发展趋势。本节以 CNKI（中国知网）的中国学术文献网络出版总库为数据来源，以“信息描述”为检索词进行题名检索，检索年限截止到 2009 年 7 月，共检索出相关文献 792 篇。

表 2－1　我国信息描述研究论文的时间分布

年　份	1985	1986	1987	1988	1989	1990	1991	1992	1993	1994	1995	1996	1997
论文数	4	7	4	13	15	11	15	13	11	43	33	37	30
年　份	1998	1999	2000	2001	2002	2003	2004	2005	2006	2007	2008	2009	
论文数	19	28	18	43	53	52	61	68	48	65	79	17	

研究论文的数量在一定程度上反映出该领域的研究水平和发展状况。从表 2－1 中可以看出，我国对信息描述的理论研究始于 20 世纪 80 年代中期，论文数量基本上呈现逐年上升趋势。到 90 年代中期，发文数量显著提高，可见信息描述的研究在学术界引起了广泛重视。

通过对检索结果的统计分析，我国信息描述的研究呈现出以下特点：

（1）逐渐由理论研究转向应用研究

信息描述的发展是从手工编目到联机编目，随着合作和资源共享思想的影响，发展到集中编目和联机联合编目。描述结果也从卡片目录发展到机读目录。由于我国对目录学、编目学的研究较早，并积极引进吸收国外相关理论和实践经验，对信息描述的理论研究比较成熟，先后出版了一系列文献编目规则，并引进了 ISBD 和 MARC 等相关著录格式，为编目实践的发展奠定了基础。

从相关论文的内容来看，对信息描述进行研究的相关学科有：计算机软件及计算机应用、电信技术、图书情报学等。主要集中于CAPP系统、元数据、XML、数字图书馆等研究方向。刊载相关论文的期刊主要有：ISO/IEC JTC、BSI、ANSI、《成组技术与生产现代化》、《情报科学》、《现代情报》、《计算机科学》等。由此可见，与理论研究相比，目前对信息描述的实际应用比较多，侧重于描述方法、著录标准以及描述语言等方面。

（2）网络信息资源描述成为研究重点

近十年来，网络信息资源迅速发展，成为信息资源的重要组成部分。网络信息资源的描述和组织也对相关学者和工作人员形成了巨大的挑战。陈学清在《近年来网络信息资源编目研究述评》一文中，对我国网络信息资源编目研究的现状进行了回顾和总结。网络信息资源编目规则的研究是值得探讨的课题，MARC格式、元数据、XML描述语言等成为学者关注的热点问题。陈学清指出，网络信息资源描述今后的研究重点是网络信息资源编目标准化、规范化的研究，DC元数据的本土化研究，网络资源联合编目的研究等。

2.2 信息标引

信息标引是依据一定的标引规则，在对信息资源内容属性进行分析的基础上，给出其信息属性标识的过程。

2.2.1 信息标引的步骤

信息标引工作的质量可以在标引过程中进行控制。建立有序可行的标引流程，在各个环节进行可控操作，对提高标引质量和检索效率有重要意义。一般来说，信息标引工作包括以下基本步骤：查重——主题分析——选词——确定标识——复核（见图2-1）。

（1）查重

即要查明被标引信息是否被标引过，有无标引成果可以直接采用或作为参考。目前可供利用的标引成果主要有：本单位的标引成果、在版标引成果、外单位的标引成果等。

（2）主题分析

如果没有可以利用的标引结果，则要进行主题分析。主题分析是对信息内容特征进行分析，通常采用概念分析的方法，提炼主题概念。主题分析可依据文献篇名、前言、目次、文摘、内容简介、参考文献、通缉出版数据等，必要时可浏览全文。

（3）主题概念转换

主题分析得到的主题概念是以自然语言方式表达的，必须以规范的标记语言为标识来转换主题概念。人工标引中的主题概念转换首先是要辨识标引工具（标题表、叙词表）中相应标识（标题词、叙词）的含义，然后选择表达主题概念或概念因素的恰当标识（标题词、叙词）并构成完整的检索标识。因此，应先选择合适的标引方式和工具，再进行查表选词。而自动标引中的赋词标引，其主题概念转换是由计算机将文献中能表达文献主题的词与叙词（主题词）进行相符性比较而完成的。

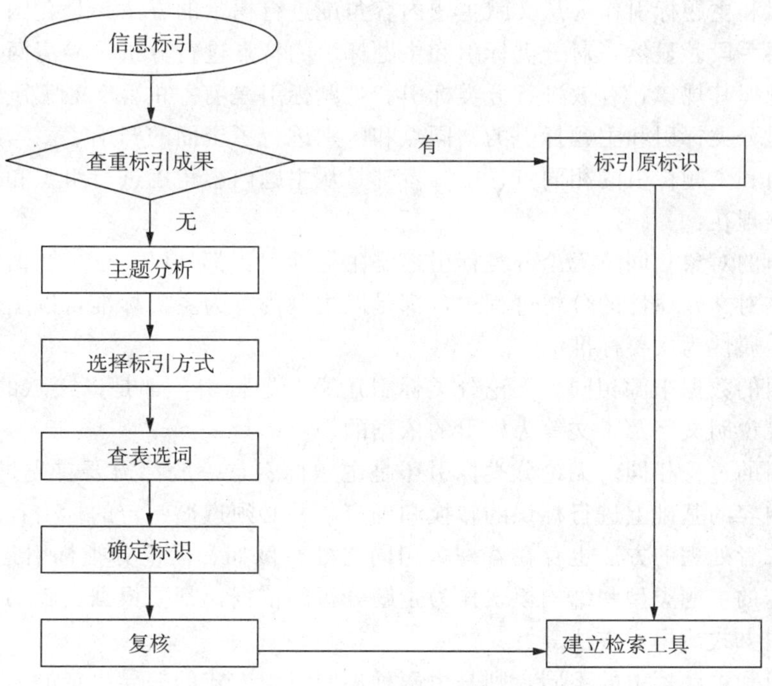

图 2-1　信息标引工作步骤

(4) 确定标识

分类标引在按照文献内容归类后，应根据确定的类目给予相应的分类号，并注意仿分、复分、参照类目等问题。主题标引则要对标引词进行处理，包括标引词分组、确定主题标识等，并注意多主题文献的分组，以及主题词的标识次序等相关问题。

(5) 复核

复核是对信息标引结果的审核。主要包括：主题概念的提炼是否全面、准确；标引方式是否符合检索系统和文献类型的要求；主题标识的转换是否符合主题标引规则和组配规则；是否存在过度标引、标引不一致等问题；标引记录是否准确、无遗漏等。

2.2.2　信息标引的方法

信息标引的方法包括分类标引和主题标引。

分类标引是指对主题进行分析，并依据一定的分类规则和分类法，按信息资源内容的学科性质及其他特征，分门别类地系统揭示与组织文献的方法。其工作内容包括编制图书分类表、进行分类标引、建立分类检索系统和检索工具。分类标引具有族性检索的功能，可以从学科和专业范围角度进行全方位检索，同时还有利于文献的分类排架。

主题标引是一种直接用规范化语词作为概念标识，按字顺序列组织，并用参照系统等方法间接显示概念之间相互关系的揭示文献主题内容的方法。即在主题分析的基础上，依据词表和标引规则，将信息资源中具有检索意义的内容特征转换成相应的主题词，并将其组织成表达信息资源内容特征的标识的过程[2]。其工作内容包括编制主题词表、进行主题标引、建立主题检索系统和检索工具。

分类标引和主题标引作为从文献主题内容角度进行揭示的方法，是我国文献单位标引和检索的重要手段。显然，对分类标引和主题标引的特点进行分析，弄清两者的异同，对于从整体上把握其规律，有效进行分类标引和主题标引是有益的。《文献分类法主题法导论》一书中对分类标引和主题标引的共同点和区别进行了全面的归纳[3]。

分类标引和主题标引的相同点是由二者都是从主题内容角度进行组织和揭示的特点决定的。主要表现在：

(1) 标引的对象相同。无论分类标引还是主题标引，都是以文献主题内容为揭示和转换对象的，在对文献属性的分析过程中，都是以主题内容为主要标准，以国别、时代、文献形式等其他属性为次要标准的。

(2) 标引的数据来源相同。无论分类标引还是主题标引，都是以文献的题名、目次、提要或文摘等说明文字及正文等为标引的依据的。

(3) 标引的过程相同。无论分类标引还是主题标引，一般都需要首先进行主题分析，在弄清主题内容的基础上进行标识的转换和确定，并必须遵循一定的标引程序。

此外，二者处理的方法也存在着许多相同之处。例如，无论分类标引还是主题标引，通常都以一定的主题类型和结构模式作为主题分析的依据，都要根据文献的类型特点，确定对应的标引方式或揭示方法等。

分类标引和主题标引的不同，则是由两种不同组织方式的差异决定的。在分类标引采用《中国图书馆图书分类法》、主题标引采用《汉语主题词表》的情况下，分类标引和主题标引主要存在着下列差异：

(1) 主题分析的角度不同。分类标引侧重于从学科角度进行组织和揭示，除需要确定目标的内容对象外，一般还必须进一步弄清其研究的学科角度。主题标引则不必考虑图书的学科属性，可以直接根据图书的内容对象进行标引。如在标引《茶的种植》一书时，分类标引须在确定内容对象的同时进一步判定其研究的学科角度为农业，以便按农业大类的体系进行标引；而主题标引则可以直接按照分析出的主题概念加以转换，不必确定其学科归属。

(2) 标识的转换途径和方式不同。分类标引以分类表为工具，一般必须通过分类体系层层查找；主题标引则以主题词表为工具，以其字顺系统为主要查找途径。分类标引使用的《中国图书馆图书分类法》属于等级列举式类表，类目列举详尽，可以直接从类表中查找相对应的类目进行标引，转换明确、直观；主题标引使用《汉语主题词表》，属于后组式检索语言，词表中只列出供标引使用的基本概念，必须根据收词情况对主题概念进行分解转换，有时必须反复查找，难度较大。

(3) 标识的成分和构成特点不同。标识成分上，分类标引的标识是分类号，主题标引的结果是主题词；标识的构成特点上，《中国图书馆图书分类法》采用整组号码表达文献主题，配号次序由分类法预先规定，形式比较固定；《汉语主题词表》的标识则采用后组或散组形式，在需要组织先组式标题时，要求将转换结果按主题概念之间关系进行组织，需经过选择主标题、确定主题词的引用次序等步骤，必须要熟练地掌握相应技术。

上面的分析表明，分类标引和主题标引既存在着相同之处，又各具特点，应在二者结合进行时，注意二者的差异，按各自特点进行。

2.2.3　信息标引规则

（1）分类标引规则

按照分类标引规则的特点和涉及的内容对象范围，分类标引规则包括基本标引规则、一般标引规则、特殊标引规则。

分类标引的基本规则贯穿于整个分类标引过程中，是根据文献分类原则，结合分类标引的基本要求确定的若干规则。主要包括以下几点：第一，文献分类必须以学科内容为分类的主要标准，必要时再按照其他特征进行标引。第二，文献分类要体现分类法的逻辑性、层次性、次第性。第三，将文献归入使用性最强的类。第四，类分的文献必须归入最切合其主题内容的类。第五，不能单凭书名、篇名的意义归类。

分类标引的一般规则是在基本规则的前提下，从著作方式的角度提出的分类规则。印度图书馆学家阮冈纳赞（Shivali Ramamrita Romganathan）将分类标引的一般规则概括为分类特征规则、同位类规则、类链规则、亲缘序列规则、术语使用规则和标记规则等几个方面。

特殊标引规则是只适用于各个知识门类的规则，是基本规则和一般规则在各个基本大类的延伸，与各类的类目体系联系密切，相关内容可参看有关的分类法使用手册。

（2）主题标引规则

主题标引的检索工具是《汉语主题词表》，在进行主题分析和概念转换时必须严格遵守主题标引的基本规则，包括选用标引词的规则和叙词组配标引的组配规则。

选用标引词的规则可概括为以下几点：第一，用来标引文献主题概念的叙词必须是《汉语主题词表》中的正式叙词，其书写形式必须与词表中的词性一致。非叙词只是入口词，不能作为标引词。第二，选取词表中与文献的主题概念相对应的最专指的叙词进行标引。如果词表收有相应专指叙词，不得以该词的上位词或下位词进行标引，以免标引过宽或过窄。第三，当词表中没有相应专指叙词时，可选用词表中最接近、最直接关联的两个或两个以上的叙词进行组配标引。第四，如果词表中既没有专指叙词，又没有最接近、最直接关联的叙词，则选用上位词标引。第五，如果不能进行专指词标引、组配标引、上位词标引，则采取靠词标引的方法。即选用含义相近的叙词进行标引，并建立参照关系。第六，如果待标引的主题概念不能采用上述任何一种标引方法时，则考虑增补叙词标引（即增词标引）或者是采用自由词标引。第七，标引一致性规则，即相同的主题概念选取相同的叙词标引。第八，标引适度规则。叙词标引的深度用文献标引的叙词数量来衡量。一般情况下，每一文献标引的叙词数量，在手工检索系统中为 1—8 个之间，在机检系统中为 5—20 个之间。

叙词组配标引是主题标引时采用的一种基本标引方式，将两个或两个以上的叙词按照一定的逻辑关系结合在一起，表达文献主题概念。按照主题概念之间的逻辑关系，可将组配标引分为交叉组配和限定组配两种基本类型。交叉组配是选用若干个具有交叉关系的叙词进行组配，表达一个符合的子概念，通常以符号“:”为组配标识。限定组配是以表示事物的叙词和表示事物特称、属性方面的叙词进行组配，表示一个新的专指概念，通常以符号“—”或“,”为组配标识。

在应用《汉语主题词表》进行组配标引时，为了确保标引的准确性和一致性，可遵循概念组配规则、交叉组配优先规则、参组叙词相对专指规则、合理组配规则、适度组配规则、明确组配语言规则等。具体而言，可从以下几方面进行操作：第一，叙词的组配必须是概念组配，而不是字面组配。第二，优先选用交叉组配，在不能用相应叙词交叉组配时，采用限定组配。第三，参加组配的每个叙词，相对于被标引的主题概念应该是最专指的，不能越级使用上位词或下位词进行组配。第四，选用与文献主题概念最密切、最接近的叙词进行组配，保证组配的合理性。第五，标引的级别保持在三级以下，一般不超过五级。第六，通过确定次序、采用组配职能符号、增补新词等方法，使叙词的组配结果具有明确性和单义性。第七，对并列多主题文献，可采用按各个主题分组组配的方式，并以组配符号明确揭示主题词之间联系，以避免出现虚假或无意义的组配。第八，当一个标题中的叙词同时涉及不同主题因素时，叙词的组配次序一般应按主题因素、通用因素、空间因素、时间因素、文献类型因素的次序确定。当一个标题中的主题词同时出现多个属于主体因素的叙词时，一般可按叙词之间的关系，按对象、材料、操作、工具的次序确定。

2.3 信息排序

信息组织是利用一定的科学规则和方法，通过对信息外在特征和内容特征的表征和序化，实现无序信息流向有序信息流的转换，从而保证用户对信息的有效获取和利用及信息的有效流通和组合[4]。信息组织的目的就是将无序的信息资源有序化，因此信息排序是信息组织过程中的重要环节。信息排序是在对每一种信息进行标引和描述的基础上，依据一定的排序规则和方法，将所有的信息描述记录（款目）组织排列成一个有序的信息资源系统，以便用户检索使用。

信息排序的主要依据是符号系统。在语言学中，语法学、语义学和语用学分别研究符号之间的关系，符号自身的含义（言内之义），以及语言使用者的意向（言外之义）。从符号学的理论来看，根据信息的形式、内容和效用，认识论层次的信息可划分为三种：语法信息、语义信息和语用信息。这三种类型的信息分别对应于信息排序的三种基本方法：语法信息序化法（形式特征排序法）、语义信息序化法（内容特征排序法）、语用信息序化法（信息效用排序法）[5]。详见表 2-2。

表 2-2 信息排序方法

信息的层次	信息排序方法	具体方法
语法信息	形式特征排序法	号码法、物名法、专用代码法、引证关系法、时序法、地序法、其他特征序化法
语义信息	内容特征排序法	分类组织法、主题组织法、元素结构组织法
语用信息	信息效用排序法	权值组织法、概率组织法、逻辑序化法、特色组织法、重要性递减法

目前常用的信息组织和排序方法主要有：分类组织法、主题组织法、字顺组织法、号码组织法、时空组织法、超文本组织法等。

（1）分类组织法

分类组织法是以知识分类为基础，按照学科或体系范畴，依据信息资源的类别特征组织和排列信息概念、信息记录和信息实体的方法。其大致过程是：先归类，即按其分类标目将同类款目集中在一起；再将各类款目按分类法体系的顺序排列；在同类款目中，按其书次号的顺序区分排列。

（2）主题组织法

主题组织法是按照信息对象等所反映的主题特征的异同，用接近自然语言的词语，即能表达宽泛程度各异的概念语词和语词符号标识这些特征，通过参照系统等方法揭示概念词间关系，并将概念语词、语词符号按音、形顺序排列来组织信息，以便提供一种易用的面向具体事实、概念的检索途径的信息组织方法。常用的主题组织法包括单元词法、标题词法、关键词法、叙词法[6]。

（3）字顺组织法

字顺组织法是按所使用的语词符号的音序或形序组织和排列信息的方法。字典、词典、名录、题名目录等大多采用字顺组织法。我国信息机构在组织字顺目录时常用的排检方法有三种：笔画笔形法、四角号码法、汉语拼音音序法。

（4）号码组织法

号码具有唯一性、标准性、明确性等特点，按号码进行信息排序则简便易行，尤其适用于计算机信息处理、存储与检索。号码组织法是依据特定文献类型的标准化代码表，按照每件信息被赋予的号码次序或大小顺序排列的方法。这种方法适用于科技报告、技术文献、专利说明书等文献类型的信息资源组织。

（5）时空组织法

时空组织法包括时序法和地序法。时序法是根据信息概念、信息记录和信息实体产生、存在的时间，或内容所涉及的时间，以时间顺序组织排列信息资源的方法，例如年鉴、大事记、历史年表等。地序法是以信息的形成地区或信息内容所反映的地区等空间特征为序化符号，按行政区划排列法组织信息，例如地方志等。

（6）超文本组织法

超文本的信息组织方法是非线性、联想式的，它采用非线性的网状结构组织块状信息，把信息按其内部固有的独立性和相关性划分为不同的信息块，然后再按它们的自然关系连接成网络。通过在该网络上的操作，用户可以以非线性方式组织、存储和检索信息，从而使信息的利用率得到极大的提高。随着多媒体信息的迅速发展，超文本的信息组织方法逐步向超媒体信息组织发展，从而对音频、视频等类型的信息资源实现有序化[7]。

本章小结

信息组织活动包括信息描述、信息标引、信息排序。本章简述了信息描述的概念、原则和研究进展。介绍了信息标引的步骤、方法和规则。信息标引包括查重、主题分析、选词、确定标识、复核这几个步骤。标引方法包括分类标引和主题标引。信息排序主要有分类组织法、主题组织法、字顺组织法、号码组织法、时空组织法、超文本组织法等。

参考文献

[1] 杨玉麟等．信息描述［M］．北京：高等教育出版社，2004.

[2] 冷伏海，徐跃权，冯璐等．信息组织概论［M］．2 版．北京：科学出版社，2008.

[3] 马张华，侯汉清．文献分类法主题法导论［M］．北京：北京图书馆出版社，1999.

[4] 史田华等．信息组织与存储［M］．南京：东南大学出版社，2003.

[5] 李卫红，沈保全．信息组织方法述略［J］．情报杂志，2004（1）．

[6] 储节旺．信息组织：原理、方法和技术［M］．合肥：安徽大学出版社，2002.

[7] 毕强等．超文本信息组织技术［M］．北京：科学技术文献出版社，2004.

第3章　信息描述的基本理论

3.1　信息描述的标准化理论

国家标准 GB/T 3951—83 对“标准化”的定义是：在经济、技术、科学及管理等社会实践中，对重复性事物和概念，通过制定、发布和实施标准达到统一，以获得最佳秩序和社会效益[1]。

信息描述的标准化是指工作人员按照统一标准的书目数据格式，按照一系列的编目规则、编目条例等标准来描述信息特征，实现信息描述的规范统一。

3.1.1　标准化理论的发展历程

在西方文献编目条例标准化的进程中，欧美两大编目体系《英美编目条例》（AACR2）和《国际标准书目著录》（ISBD）是重要的里程碑。随着两大编目体系的推广，我国的信息描述工作也逐渐进入了标准化时期。我国信息描述标准化工作虽然起步较晚，但发展速度快。使用范围较广、影响力较大的信息描述规则包括《文献著录总则》及其分则、《中国文献编目规则》、《西文文献著录条例》、《中国图书馆分类法》、《汉语主题词表》和《中国机读目录格式》等。

1979 年底，我国成立了“全国文献工作标准化技术委员会”（现更名为“全国信息与文献标准化技术委员会”），负责组织图书馆、档案馆、情报中心及出版方面的标准化工作。该委员会下属的第六分委员会是目录著录分委员会，在 1983—1987 年期间制定了用于文献著录的国家标准。这些标准包括：

GB3792.1—83《文献著录总则》　1983 年 7 月 2 日发布，1984 年 4 月 1 日实施；

GB3792.2—85《普通图书著录规则》　1985 年 1 月 31 日发布，1985 年 10 月 1 日实施；

GB3792.3—85《连续出版物著录规则》　1985 年 2 月 12 日发布，1985 年 10 月 1 日实施；

GB3792.4—85《非书资料著录规则》　1985 年 2 月 12 日发布，1985 年 10 月 1 日实施；

GB3792.5—85《档案著录规则》　1985 年 5 月 10 日发布，1986 年 1 月 1 日实施；

GB3792.6—85《地图资料著录规则》　1986 年 6 月 19 日发布，1987 年 1 月 1 日实施；

GB3792.7—85《古籍著录规则》 1987年1月3日发布，1987年10月1日实施。

《文献著录总则》及其分则的颁布实施，初步形成了较完备的中文文献著录标准体系。2005年，全国信息与文献标准化技术委员会第六分委员会更名为“第五分委员会”，开始GB3792系列国家标准的修订工作[2]。

除了国家标准之外，其他一些著录规则也逐渐推广使用，例如中国图书馆学会推荐使用的《西文文献著录条例》和《中国文献编目规则》、台湾出版的《中国编目规则》等。1983年8月，全国高等学校图书馆工作委员会与全国文献标准化技术委员会第六分委员会在北京召开了“西文图书编目标准化与自动化研讨会”，讨论ISBD、AACR2的推广等问题。之后中国图书馆学会成立了《西文文献著录条例》编辑组，并于1985年出版《西文文献著录条例》。2003年，科学技术文献出版社出版了《西文文献著录条例》修订扩大版。《西文文献著录条例》结合我国国情，合理借鉴国际标准，为我国实现西文文献著录标准化打下了基础。而在中文文献描述方面，《中国文献编目规则》则对标准化理论和实践的发展产生了重大影响。1996年，《中国文献编目规则》问世，由中国文献编目规则编撰小组编辑，广东人民出版社出版。2005年，北京图书馆出版社出版了国家图书馆《中国文献编目规则》修订组编的《中国文献编目规则》(第2版)。

信息标引的标准化也是信息描述标准化的重要体现。信息标引包括分类标引和主题标引。在分类标引方面，新中国成立以后我国先后编制了《中国图书馆图书分类法》、《中国科学院图书馆图书分类法》等几十种分类法。1980年12月，中国图书馆学会与中国情报学会在南宁召开“全国分类法、主体法检索标准化会议”，初步确定《中国图书馆分类法》为统一分类的推荐标准。经过三次修订后，1999年出版了第4版及其使用手册。在主题标引方面，《汉语主题词表》是我国第一部大型的综合性的叙词表。它由中国科技信息研究所和北京图书馆负责主持，1975年开始编制，1980年正式出版。1985年，《汉语主题词表》被北图用于统编目录卡片的标引，现在是我国图书馆进行主题标引的主要工具。

随着计算机技术的迅速发展，我国信息描述也进入了自动化阶段。1982年，国家标准总局颁布了《文献目录信息交换用磁带格式》(GB2901—82)，为我国机读目录格式结构标准化打下基础。1985年，北京图书馆基于GB2901，依据UNIMARC编制出《中国机读目录通讯格式》的讨论稿，1991年正式出版，简称CNMARC。1996年，CNMARC被颁布为行业标准，即《中华人民共和国文化部行业标准——中国机读目录格式》(WH/T0530—96)，成为我国编目机构普遍使用的格式[3]。

除了以上这些典型的规则、条例以外，还有一些权威的标准可供借鉴和参考。这些具有代表性的标准、规则、条例和使用手册等，共同构成了我国信息描述标准化的理论体系。

3.1.2 标准化发展中的问题及措施

我国信息描述标准化工作在近二十年的发展过程中取得了显著成效，但在其理论研究和实践应用的过程中仍然存在一些问题。相关问题及其解决措施主要有以下三个方面：

(1) 在信息描述标准化工作管理方面，我国缺乏统一的管理机构

发达国家一般都有常设的机构和专职人员进行标准的制定与维护工作，如：美国图书

馆协会与国会图书馆、澳大利亚编目委员会等。而我国缺乏这种常设机构来对信息描述标准化工作进行管理和协调。全国文献工作标准化技术委员会及其各个分委会对于推动我国文献著录标准化工作起了巨大的作用，但该组织并不是一个常设机构，没有专职人员进行日常的修订工作。缺少权威机构对全国信息描述工作进行协调和管理，会导致编目规则的制定与修订工作滞后，标准的推广与实施也有较大障碍，不能保证信息描述标准化发展的连续性。

编目工作标准化是一项跨行业、跨系统、跨地区、跨部门的巨大工程，它涉及管理体制、政策、经费投入、各方利益关系等方面的问题。要全面实现标准化，政府的干预与协调是必不可少的。因此，我国有必要成立一个专门的信息描述组织协调机构，负责计划、组织、指挥、协调和管理信息描述标准化工作。该机构的主要职能应包括：制定信息描述标准化的宏观规划；协调行业之间以及行业内部的差异性，实现整体的标准化和规范化；组织对信息描述标准的制定、修订、推广和实施工作；通过法律、行政、经济等手段调查和监督各信息机构的信息描述标准化工作的实践情况。

（2）在理论研究方面，信息描述标准的制定与修订存在问题

我国制定的信息描述标准大多数借鉴了国外标准，例如 ISBD、AACR2、MARC 等，但我国的信息描述标准与国际标准相比还存在一定的差距。首先，信息描述标准仍不够成熟、系统，一些典型标准和规则就已显现出这些问题。例如：国家标准《文献著录总则》及其分则不一致，分则没有完全依据总则；《中国文献编目规则》在著录项目、解释和说明、标目法等方面尚有不足；《中国机读目录格式》（CNMARC）的字段指示符设置、子字段的必备性与可重复性、著录内容的处理、主要款目概念等也有欠缺[4]。其次，信息描述标准体系不够完善。并不是每一种类型的信息都有统一的描述标准。尤其是在网络信息时代中，关于网络信息资源的描述、数据库资源的检索点规范、网络信息分类等方面都还缺少统一的描述标准。而且现有的标准之间也缺乏协调性。有些标准之间有交叉，但交叉部分应该协调统一，避免分歧。各标准之间应形成互补，共同构成系统的信息描述标准体系。第三，信息描述标准的修订速度缓慢。1984 年 8 月修改通过的《全国文献工作标准化技术委员会章程》规定："凡正式公布的标准，根据情况由有关分委会一般每隔五年复审一次。"而我国信息描述标准的修订时间间隔一般长达十余年。例如：1983—1987 年间制定的《文献著录总则》及其分则，2005 年才开始修订工作。1996 年出版的《中国文献编目规则》，2005 年才出版了修订版。标准的修订和更新速度慢，会影响其适用性和准确性。

信息描述工作需要在不断的理论探索和实践中完善。目前学术界对信息描述标准化理论的研究较少，也很少有信息描述工作者提出可行性的修改建议。理论研究是实践的基础。加强基础理论的研究，能为制定和修改信息描述标准提供依据。我国应加强对数字信息资源的规范控制，制定相关的描述标准和细则，并及时总结出实践中发现标准本身存在的问题或新出现的问题等，根据工作人员的反馈意见，对标准定期进行复审，做出确认、修订、补充及废止的相应决定。

（3）在实践方面，信息描述标准的实施存在问题

不同行业和机构的信息描述工作基础不同，推行标准化的力度也有差异。图书馆、情

报部门、档案馆、出版社等不同领域的信息机构之间缺乏协作，标准化和一体化意识淡薄。各领域都根据自己的需要，选取适用于本行业的规则进行著录。在同一行业的不同机构中，由于采取不同的编目软件和数据库建设标准，也会导致信息描述不一致。另外，信息描述人员的素质和经验也会影响描述的质量和选取标准的差异。

因此，推行信息描述标准化首先应树立信息机构的标准化意识，使其认识到标准化的重要性。信息描述标准化是资源共享、开放存取的基础，并且能够避免信息描述的重复劳动，有利于实现联合编目、集中编目，节省资源。可以加大教育和宣传力度，鼓励各有关部门实施信息描述的标准化。其次，要强化信息描述标准的权威性，通过制定具有法律效力的文件，采取必要的行政手段，要求各有关机构严格执行标准和规范。再次，定期进行专业培训，提高信息描述人员的业务水平，使他们正确理解和运用各种标准和规则[5]。

3.2 集中理论

集中编目是由一个公认的编目中心按照统一的编目规则编制书目记录，并向多个文献收藏机构提供书目数据的一种编目协作模式。实行集中编目可以节省人力，降低成本，避免重复工作，促进编目标准化，提高目录质量，有利于信息资源共建共享。

3.2.1 国外集中理论的发展历程

集中编目思想最早由美国图书馆学家朱厄特（Charles C. Jewett）提出。1851 年，朱厄特向美国科学发展协会呈上一份计划，阐述了集中编目思想。1872 年，英国的史蒂文斯（Henry Stevens）在伦敦提出设立一个中心书目机构，实行集中编目。同年，美国的《出版商周刊》（Publishers' Weekly）刊登了按图书著录格式印刷的新书广告供图书馆编目部选用。美国图书馆局早在 1893 年就开始向图书馆供应目录卡片。1901 年，美国图书馆协会接办向各个图书馆提供铅印卡片的业务，1966 年 MARC Ⅰ 机读目录问世后开始向全世界发行机读目录。英、美、法等国很早就纷纷兴建目录卡片或书目数据库服务公司[6]。

3.2.2 我国集中理论的发展历程

我国从 1936 年起，国立北平图书馆和前中央图书馆都开展了集中编目工作，编制、印刷目录卡片，供全国各图书馆使用。后因抗日战争爆发，两馆的集中编目活动相继终止。1953 年底，北京地区恢复了集中编目工作，在北京市范围内发行中文图书目录卡片。1958 年，开始探讨全国集中编目的方向，我国现代集中编目由此起步。由北京图书馆、中国科学院图书馆、人民大学图书馆等单位联合，先后分别组成中、西、俄三种语言文献的统一编目组，编制中文、西文和俄文图书铅印目录卡片，向全国发行。“文革”期间，集中编目工作曾一度中断，70 年代以后逐渐恢复。1979 年，由北图主办的书目文献出版社成立，设立了中文统一编目组，专门从事图书目录卡片编制工作。1985 年起，上海图书馆承担了全国连续出版物的集中编目工作。1990 年，北京图书馆图新公司开始发行软盘机读目录数据。90 年代以后，集中编目活动迅速发展。目前，我国集中编目已进入比较成熟的状态，其组织形式逐渐形成了一个多层次的集中编目体系，包括全国集中编目中心、地区集中编目中心和商业性的编目中心。

3.3　联合理论

联合编目（Cooperative cataloging）是指若干个图书馆根据协议和统一的工作标准，共同承担编目工作，共享编目成果的一种编目形式。开展联合编目，有利于加快编目速度，降低编目成本，提高编目质量。联合编目还为馆际互借、藏书协调、充分开发和利用文献资源提供有力保障。

3.3.1　联合编目理论的发展历程

美国是较早开展联合编目的国家。为了弥补集中编目的缺陷，美国国会图书馆于 1902 年开始整理、印刷由其他几个政府部门图书馆提供的目录草片。1910 年，草片征收范围扩及政府图书馆以外的大型图书馆。1932 年，美国图书馆协会联合编目委员会（ALA Cooperative Cataloging Committee）在国会图书馆设立办公室，专门从事联合编目工作，向几十个图书馆征收样片，集中整理，编制发行目录卡片，但尚无书本式的联合目录。1934 年 6 月，该办公室成为国会图书馆的一个部门，即“联合编目和分类部（Cooperative Cataloging and Classification Service）”。1941 年，该部门的一部分划归描述编目部。1944 年，该部出版了《供片馆用联合编目手册》（Cooperative Cataloging Manual for the Use of Contributing Libraries）作为编目依据。1956 年，美国国会图书馆出版了美国《全国联合目录》（National Union Catalog）。联合编目的参加馆在 20 世纪 80 年代扩大到包括美国、加拿大的 1500 多个图书馆。1965 年，美国国会图书馆制定了一项“全国采购与编目计划”（NPAC），也称“共享编目计划”。该计划于 1966 年正式开始实施，主要是利用世界各国的国家书目来编制外国文献目录。随着编目自动化的发展，美国于 1967 年创立了 OCLC，实现了联机联合编目。

我国在新中国成立后的第一部联合目录是西南人民图书馆编制的《西南各图书馆室藏化学工业书刊目录》。1957 年 9 月，在由国务院全体会议第 57 次会议批准实施的《全国图书协调方案》中对编制联合目录做出规定。同年 11 月，全国图书联合目录编辑组成立。1958—1966 年间，共编出《全国期刊联合目录》等全国性书刊联合目录 27 种，地区性联合目录 300 多种，参加协作的图书馆达 700 多个，基本上形成了联合目录报道体系。联合编目在“文革”期间受到影响，80 年代以后重新恢复并有较大发展。1980 年，国家文物事业管理局委托北京图书馆召开第一次全国联合目录工作会议，讨论通过了一系列与联合目录相关的方案和规划，随后编出了很多大型联合目录。从 1986 年起，北京地区部分图书馆开始联合编制《机编西文图书联合目录》，这标志着联合目录的编制向自动化方向发展。20 世纪 90 年代，我国先后在一些地区成立联合编目中心。随着计算机技术的迅速发展，联合编目也逐渐走向联机联合编目。1997 年 10 月，国家图书馆正式成立并设立了

“全国图书馆联合编目中心”，旨在全国范围内组织和管理图书馆联机联合编目工作，共建网上联合目录。1998年底，中国高等教育文献保障系统（CALIS）开始启动，主要任务就是开展国内高等院校之间联机联合编目工作。

3.3.2 联合编目的典型代表——OCLC和CALIS

3.3.2.1 美国联机计算机图书馆中心（OCLC）

美国俄亥俄州的联机计算机图书馆中心（Online Computer Library Center），创建于1967年7月5日，原名俄亥俄大学图书馆中心（Ohio College Library Center）。OCLC的第一批成员是俄亥俄州的54个高校图书馆。OCLC创建的目的是为了共享文献信息资源，降低编目成本，解决各馆经费困难问题。1970年，OCLC通过了批量处理MARC记录的图书编目系统，开始了计算机化服务。1971年8月，OCLC联机合作编目系统投入运行，开始建立它的书目数据库——联机联合目录（The Online Union Catalog），之后发展为远程联机合作编目系统。OCLC的系统优势很快就吸引了图书馆领域的广泛关注。1977年，OCLC已经发展到全美以及加拿大2500个成员馆，成为世界上最大的跨国联机合作编目网。1981年，OCLC改名为联机计算机图书馆中心（公司）（Online Computer Library Center Inc.）。1991年，OCLC开始网络环境下的合作编目工作，步入联机联合编目的新阶段。

OCLC编目数据库，原称OCLC联机联合目录（OCLC Online Union Catalog），1996年改名为WorldCat。它是一个全球统一目录，是世界上有关书目信息最大和最丰富的数据库，由9000多个OCLC成员机构共同创建与维护。它集中了各个成员馆的书目和所有者信息中的5300多万条联机记录。1999年以前，WorldCat数据库主要是传统文献信息资源编目的数据，是OCLC第一代编目服务。1998年8月，OCLC提出了CORC（Cooperative Online Resource Catalog联合资源编目）计划，将传统图书馆对文献信息进行选择、描述、标引和利用的编目规则及技术运用于网络信息资源的存取。这一计划的实施是OCLC联机联合编目服务从传统文献信息资源向网络信息资源领域的扩展，是第二代编目服务项目。2002年，OCLC将CORC的全部优点整合于Connexion，内嵌在WorldCat中，将编目和WorldCat整合在一起，并与OCLC合作组织的专业知识相结合，形成OCLC的第三代联机联合编目服务。至此，OCLC联机联合编目从原来只对传统文献编目发展到可对网络信息资源编目，进而发展到可对多种类型信息资源进行联机联合编目的阶段[7]。

3.3.2.2 中国高等教育文献保障中心（CALIS）

1998年底，国家发展计划委员会正式批准了“211工程”高等教育公共服务体系建设项目——中国高等教育文献保障体系（China Academic Library and Information System，简称CALIS）。CALIS的宗旨是在教育部的领导下，把国家的投资、现代图书馆理念、先进的技术手段、高校丰富的文献资源和人力资源整合起来，建设以中国高等教育数字图书馆为核心的教育文献联合保障体系，实现信息资源共建、共知、共享，以发挥最大的社会效益和经济效益，为中国的高等教育服务。“九五”期间，高等院校联机联合编目是CALIS项目的主要建设任务之一。CALIS为统一编目编写了《联机合作编目工作手册》，并于2000年正式启动了联机合作编目系统。2002年，CALIS正式成立“联机合作编目中心”。该中心以“实现信息资源共建、共知、共享，发挥最大的社会效益和经济效益，为中国的高等教育服务”为宗旨，致力于CALIS联合目录数据库的建设和服务工作。“十五”期间，CALIS除了继续支持图书和期刊的联机合作编目外，还支持作为数字图书馆基础的元数据联合目录。目前，CALIS联合目录的网络结构体系分为三级，即CALIS管理中心、地区中心和成员馆。CALIS管理中心设在北京大学，下设了文理、工程、农学、医学四个全国文献信息服务中心，华东北、华东南、华中、华南、西北、西南、东北七个地区文献信息服务中心和一个东北地区国防文献信息服务中心。CALIS联合目录部为了确保书目数据库的质量，使联合编目能够长期、稳定、持续发展，根据编目数据质量和使用方式将成员馆划分为A+；A. B+；B. C+；C. D+；D. E. F+；G等级别，分别授予不同的权限对联合目录数据库进行上载、下载、数据修改、维护等[8]。

3.4　在版理论

在版编目（Cataloging in Publication，CIP）是依据相关法规，由经过授权的图书馆或其他机构在图书编辑出版过程中根据出版机构所提供的图书校样或填报的图书在版编目数据单进行编目，然后再由出版社将编目结果印刷在图书的特定位置上的一种编目活动。在版编目的实施可以使图书馆、出版机构、发行机构、读者在得到图书的同时得到书目信息，对加快各种书目及图书馆目录的编制速度，提高目录质量，有着积极的意义。

3.4.1　在版编目理论的发展历程

在版编目的思想源远流长。1876年，英国博得里图书馆馆长马勒（Max Muller）在《学术》（The Academy）杂志上撰文，建议由作者为自己的图书编制目录卡片。同年，美国的温泽（Justin Winsor）建议出版商在书中插入印有书目记录的统一规格的卡片。图书馆学家内尔森（C. A. Nelson）提议，出版的每一本书都应包含一张按馆藏目录卡片格式印刷的书目数据纸片，图书馆可以将其贴在卡片上，直接排入目录。1877年，温泽、鲍克和杜威组成出版商题名单委员会，在第二年的《图书馆杂志》上发表报告，对在版编目提出具体设想。但1879年该委员会又有报告称，该计划是不切实际的。20世纪20和30年代，美国、澳大利亚、新西兰、巴西、前苏联和我国都曾尝试在出版物中附加编目数据。1948年，印度图书馆学家阮冈纳赞提出与出版商提名单委员会类似的建议，并将其形象地命名为“胎儿期编目”（Prenatal Cataloging）。1958—1959年，美国国会图书馆进行了一项名为“书源编目”的试验，最终由于财力和技术条件不足而停止。1963年，澳大利亚国家图书馆与出版商合作，进行了“图书在版编目”试验，但只持续了4年。

1971年美国国会图书馆正式实施在版编目计划，并取得成功。此后很多国家纷纷效法。1982年8月，国际图联（IFLA）与联合国教科文组织（UNESCO）在加拿大渥太华主持召开“国际在版编目会议”，深入了解并指导各国的在版编目活动，建议每个国家都考虑由国家书目机构或相应组织实施在版编目计划，推广CIP在全球实施。会后组成了工作组，起草CIP记录的国际标准格式。并于1985年6月提出国际CIP记录的推荐格式和计算机处理的“CIP数据工作单”。1987年国际标准化组织为了配合CIP的实施，决定修订其标准《图书书名页》（ISO 1085—75），并于当年6月批准公布了修订后的标准（ISO 1086—87）。1995年，美国国会图书馆开始实施“ECIP计划（Electronic Cataloging in Publication)”。ECIP计划是利用印前电子文本加注结构标签的方法，进行自动编目。

1979年，国外在版编目经验传入我国，我国一些图书馆和出版社进行了多次试验。1990年7月31日，由全国文献工作标准化技术委员会第六分委会和第七分委会组织起草的国家标准《图书在版编目数据》（GB12451—90）正式颁布，在版编目在我国正式实施。1997年，国家新闻出版信息中心成立了在版编目处，全面负责我国有关在版编目的组织、协调、数据库建设以及人员培训等工作。1999年，在版编目在全国范围内全面展开。2001年，《图书在版编目数据》（GB12451）与《图书的书名页》（GB12450）都修订再版为国家推荐标准（GB/T）。在此基础上，研究者提出了推进ECIP计划的构想，即利用图书印前电子文本，从中直接提取书目记录所需要的描述性数据元素，在图书生产过程中自动产生该书的数字化书目记录。

3.4.2 在版编目发展中的问题及措施

我国在开展在版编目工作的几十年中，取得了很大的进步。但同时由于信息描述标准不够完善、执行力度不够，以及出版商与图书馆等信息机构之间缺乏协调性等多方面的原因，我国的在版编目理论研究和实践发展过程中出现了很多问题。在版编目的问题及其相应的解决措施可归纳为以下几个方面：

（1）信息描述方面的问题

在信息描述方面，在版编目的问题主要是描述标准存在缺陷，著录数据存在质量和格式问题，以及信息标引问题等。

首先，在版编目所涉及的信息描述标准主要包括《图书在版编目数据》、《图书书名页》、《普通图书著录规则》等国家标准以及《中国图书馆图书分类法》和《汉语主题词表》等标引规则。由于这些标准和分类表、词表自身还存在一些不足，缺乏与之配套的实施细则，使编目人员很难操作，直接影响到数据的规范性、准确性。

其次，CIP著录数据方面的问题表现为：①著录项目不准确，例如：遗漏副书名，将责任方式如“著、编著、编、主编、编辑、选编、译、编译”等混淆误用，遗漏或错著版次，将印刷时间作为出版时间，缺少丛书责任者，国际标准书号著录不规范等。②著录格式不正确，例如：回行格式不正确，缺排检项或格式不一致。③标识符号漏著、多著或用错[9]。

再次，在版编目的问题还表现在信息标引上的不准确。在分类标引方面表现为：分类错误，分类深度不够或过细，同一系列图书分类不一致，分类标引的复分、仿分错误等。在主题标引方面表现为：专指主题词不精确，标引深度不够，组配标引错误等。

针对在版编目在信息描述方面的问题，一些学者提出了相关建议。归纳起来，主要体现在以下两点：一是及时修订和完善相关的信息描述标准及细则。出版单位在版编目时应完全按照《中国文献编目规则》进行编目，采用《汉语主题词表》、《中国图书馆图书分类法（第4版）》进行主题标引和分类标引。在信息描述标准化的发展过程中，提高在版编目的标准化和规范化。二是提高在版编目人员的业务素质和质量意识。在版编目人员应具有较高的专业素质，持证上岗，并采取相应的考核制度。加强对在版编目人员的专业培训，组织他们学习信息描述的相关标准，并且增强在版编目人员与图书馆编目人员之间的联系，定期开展编目工作研讨会和交流活动，从而解决在版编目数据应用中出现的各种问题。

（2）管理方面的问题

我国在版编目工作缺乏统一的领导和激励机制，工作流程不够完善。一方面，出版社和在版编目工作管理者对在版编目重要性认识不够。全国各省、市、自治区缺乏一个统一机构来负责在版编目工作，不但浪费了人力物力，而且因为没有统一标准，缺乏分类编目知识而出现差错。另一方面，图书在版编目的审核需要较长时间才能完成，审核周期长。尽管从1994年开始，中国版本图书馆已对CIP数据实行审核，并建立了审核编号登记制度，这虽然在一定程度上减少了错误率，但由于当前从出版社报送CIP数据到主审机构审定退回，需要较长的周期，且费用较高，因此，在无法律约束和激励机制的情况下，各出版社的积极性普遍不高[10]。

目前，对于图书在版编目的实施方式是集中还是分散的问题仍各持己见，有的主张由国家图书馆集中编目，有的主张由各出版社自行分散编目，也有的主张建立以国家图书馆和各省图书馆为编目中心的中央和地方二级编目体系。而根据我国地域广阔，信息机构众多的特点，我国的在版编目模式可采取集中编目与分散编目相结合，建立一个从中央到大的地区，再到各省市的多级的管理体制。由各省市的在版编目中心负责本地的在版编目，通过地区在版编目中心将各地数据相互交换和共享，再提交给国家在版编目中心进行审核和发布。从而避免重复编目，提高效率，形成多级质量监控，缩短书目数据从信息描述到应用的周期。

（3）实施方面的问题

我国实施图书在版编目比较晚，直到1999年才全面推行。图书在版编目数据的覆盖率较低，使用率较低。在版编目实际应用较差，是由多方面原因造成的。由于对在版编目的宣传力度不够，图书馆对在版编目的参与不够，没有给予应有的重视和关注。很多图书馆没有在版编目数据，图书馆编目人员要做重复的编目工作。而且，在版编目数据的质量、格式等方面的问题，也使图书馆编目人员对在版编目数据缺乏信任，从而影响了在版编目数据的应用[11]。

实施在版编目对促进我国信息描述的发展有重要意义。为了使在版编目能在我国全面推行和实施，应加强图书馆、档案馆、出版社以及编目中心等信息机构之间的合作，以提高在版编目数据的利用率和适用性。而另一个必要措施是开拓宣传渠道，利用网站、书店、图书馆、公共场地等渠道设置在版编目宣传栏目，加强对在版编目的价值、使用方法、发展动态等情况的宣传。通过提高人们对在版编目的重视程度，扩大其覆盖率。

3.5 书目控制

3.5.1 国外书目控制的发展历程

1948年，维纳（N. Wiener）发表了《控制论——关于在动物、机器中控制和通讯的科学》一书。控制论的研究与应用，为书目控制论的发展奠定了理论基础。由于书目系统具有两个显著特征：一是书目系统的作用对象文献集的分布状态的可能性空间具有多维性；二是书目系统本身是一动态系统。而这两方面特征，正符合维纳指出的控制论系统的基本条件。基于这一重大发现，美国著名图书馆学家谢拉（J. H. Shera）和伊根（M. E. Egan）于1949年联合发表了《书目控制引论》一文，首次提出“书目控制”（Bibliographical Control，简称BC）的概念。

1950年，联合国教科文组织和美国国会图书馆调查部对“书目控制”进行了说明：“控制（或掌握）书目所提供的，或为编制书目而提供的手写记录和印刷记录。书目控制与通过书目的有效检索同义。”

1964年，英国图书馆协会对“书目控制”所下的定义是：“书目控制是对各种形式文献资料（出版物、非出版物、印刷品、视听资料等）进行适当著录的一系列规则的完善和发展，这些文献资料增大了人类知识和情报的总量。”

1968年，威尔逊（Patrik Wilson）在《两种能力——论书目控制》一书中认为，书目控制包括开发控制和描述控制两个方面。开发控制是指“最充分利用一批文献的能力”；描述控制是“按任意顺序排列一批文献，以便人们能够驾驭它们的能力”。

国际书目控制（Universal Bibliographic Control，简称UBC）是20世纪70年代提出的，其主要构思是试图通过编制世界书目达到对全球出版物的控制。1971年，联邦德国巴伐利亚图书馆馆长卡特瓦瑟在《联合国教科文组织图书馆通讯》第25卷上发表了《国际书目控制》一文，正式提出了“国际书目控制”的概念，引起国际图书馆界的广泛关注。1973年，IFLA第39届大会正式将“国际书目控制（UBC）”列入IFLA的一项核心计划，至此标志着UBC的实践开始成为国际图书馆界的中心任务。国际书目控制的根本目的就是世界范围内文献信息资源最大限度的充分运用和掌握。它包括三个基本的内容：世界范围内的一切出版物的完整、准确、及时地记录与检索；世界范围内书目控制的组织、协调与合作；世界范围内书目控制的标准化、自动化与网络化[12]。大会召开的第二年，IFLA成立了“UBC办公室”，设在英国图书馆参考部内，试图通过国际协作编制“世界书目”。1977年，IFLA成立了“UBC组织业务指导委员会”，负责制定UBC的有关方针和计划重点。1983年，IFLA拟订了国际机读目录计划（IMP）。1986年又进一步将UBC计划于IMP计划合并为“UBCIM计划”（The Universal Bibliographic Control and International MARC）。随着数字化信息时代的到来，数字信息资源的书目控制逐渐引起关注。2000年，美国国会图书馆召开了一次以“书目控制和网络”为主题的会议，国会图书馆编目部门发布了“网络资源的书目控制：国会图书馆行动计划”。

3.5.2　我国书目控制的发展历程

世界书目控制的实施包括两个层次，即国际层次和国家层次。国家书目控制（National Bibliographic Control，简称 NBC）要求在国家范围内，保证每一出版物能立即制成书目；成立专门的书目机构，该机构应做到：为每一新出版物制作权威的书目记录；定期公布这些书目，尽可能缩短视察；用标准的物理形式（卡片式或机读式）生产和发行这些书目；负责接收和发行他国的数目；在条件许可的情况下，应制作国家回溯性书目[13]。

我国的书目控制研究大致可分为两个阶段：1981—1985 年，引进、介绍国外书目控制理论与实践活动阶段；1986 年以后是研究发展阶段。1986 年初，由中国图书馆学会在北京图书馆组织召开了“出版物资源共享国内学术讨论会”，这是我国第一次组织的有一定规模的有关 UBC 和 UAP 的会议，对我国书目控制和资源共享的研究有较大的推动作用。

1989 年 9 月，我国派代表团前往美国参加中英双方联合举办的“书目控制与技术及其在图书馆管理中的应用”学术讨论会。

1989 年底，在目录学家彭斐章教授倡导和主持下，武汉大学图书情报学院组织了书目控制论课题研究小组。这是我国图书情报学界第一个全面系统地进行书目控制论课题研究的实体[14]。

20 世纪 90 年代，我国书目控制迅速发展，取得了很大的进步。我国书目控制的成果主要有：①我国通过实施呈缴样本制度，建立出版物登记机构，从而控制了国内出版物。而现行书目、回溯书目，以及联合目录的陆续编制，使国家书目形成体系。这些都为国家书目控制打下基础。②书目工作标准化方面，制定了一系列与信息描述相关的国家标准、实施细则和条例。并于 20 世纪 80 年代先后建立了中国 ISBN 中心和 ISSN 中心，并开始使用 ISBN 号和 ISSN 号。标准化、规范化使我国书目控制工作与国际接轨，书目信息能够与国际数据进行交换和共享。

尽管我国书目控制取得了较大的成就，但在发展过程中还存在一些问题，例如：书目控制的质量问题、缺乏统筹规划、协调合作问题、重复建设，以及数字信息资源的书目控制等问题。因此，有必要加强对书目控制的研究和实践，使之更加完善，从而实现国家书目控制计划。

本章小结

本章主要概括了信息描述基本理论在国内外的发展历程。信息描述的基本理论包括标准化理论、集中理论、联合理论、在版理论和书目控制论。各个理论之间是相互联系，继承发展的关系。我国信息描述的发展借鉴了国外经验，并根据本国国情进行修改和完善。虽然起步较晚，但发展迅速，不过在发展过程中还存在一些问题。本章重点归纳总结了我国标准化理论和在版编目理论现存的问题，以及相应的解决措施。

参考文献

[1] 标准化 [2010-6-6]：http：//baike. baidu. com/view/8087. htm? fr=ala0_1_1.

[2] 段明莲．信息资源编目 [M]．2 版．北京：北京大学出版社，2008.

[3] 孙更新．文献信息编目 [M]．武汉：武汉大学出版社，2006.

[4] 孙更新．我国文献信息编目工作标准化发展述略 [J]．图书馆杂志，2003 (8)：2—5.

[5] 李桂霞．我国文献著录标准化工作探索 [J]．图书馆工作与研究，2005 (1)：59—61.

[6] 段明莲．文献信息资源编目 [M]．北京：北京大学出版社，2000.

[7] 伯琼．基于 OCLC 第三代编目系统 Connexion 的对国内联机联合编目系统整合的构想 [J]．情报资料工作，2008 (3)：28—32

[8] 张明明．高校图书馆计算机编目标准化建设的三大主题 [J]．河南图书馆学刊，2008 (6)：85—86，140.

[9] 杨建，李爽．图书在版编目存在的问题及提高质量的措施 [J]．高校图书馆工作，2006 (1)．41—43.

[10] 鲁德莹．对图书在版编目的研究与思考 [J]．山西科技，2006 (4)：21—23.

[11] 李江辉．图书在版编目在图书馆编目中的应用及完善 [J]．产业与科技论坛，2008 (11)：227—228.

[12] 倪莉．国际书目控制：历史和未来的分析 [J]．四川图书馆学报，2000 (2)：47—49.

[13] 倪莉．国家书目控制：实现世界书目控制的前提 [J]．图书馆学研究，2000 (1)：96—98.

[14] 秦宣敏．我国书目控制研究述评 [J]．图书馆，1992 (3)：17—23.

第 4 章　国际标准文献描述

4.1　文献信息描述

4.1.1　文献信息描述的信息源

文献信息描述的信息源，也称为“描述信息源”，是文献本身。若文献本身信息不足，可参考其他信息源。根据《中国文献编目规则》（第 2 版），描述信息源可分为主要信息源和规定信息源。

4.1.1.1　主要信息源

主要信息源（Chief Source of Information）是文献描述的首选来源。它提供文献的描述项目的主要出处，依特定类型文献的结构特点而定，准确地反映文献的主要特征，确保信息资源统一描述。各类型文献均有各自特定的主要信息源，例如图书的题名页、连续出版物的题名页或代题名页等，用于揭示文献信息自身的特点。由于不同类型文献的载体形式和外形特征不同，其主要信息源各异（见表 4－1）。

表 4－1　各类型信息资源的主要信息源

文献信息的类型	主要信息源
普通图书	题名页；若无题名页，则可依据封面、附加题名页、版权页或其他部分
学位论文、科技报告、标准文献	题名页；无题名页者为封面或摘要页
古籍	正文首卷卷端
拓片	文献整体的主要部分
测绘制图资料	测绘制图资料本身，包括盛装测绘制图资料的图袋、图盒、图夹等包装品
乐谱	题名页；若无题名页，或题名页上缺少应有的信息，则可选取具有最完整描述信息的正文首页、封面、其他正文前书页、版权页等作为代题名页
录音资料	资料本身和标签

（续表）

文献信息的类型	主要信息源
影像资料	内部信息源
静画资料	资料本身
连续性资源	a. 印刷型连续性资源：主要信息源为题名页。无题名页，以封面、报头、目次页、编辑页、版权页作为代题名页 b. 非印刷型连续性资源：参照其他类型的文献资源描述条款（如录音资料、影像资料等）
缩微文献	描述标版和（或）说明事项标版、摄制机构标版的画幅，以及缩微平片和封套片的标头
电子资源	电子资源本身（如：题名屏幕、主菜单、程序说明、首先显示的信息、主页、包含“主题”行的文件头标或其他突出显示的表示信息等）
手稿	首尾页及整体

4.1.1.2　规定信息源

当文献的主要信息源不完整时，或者受编文献不同部位记载的信息存在差异时，规定其他的描述信息源则显得尤为重要。规定信息源（Prescribed Sources of Information），是对文献的每一描述项目规定的一个或多个信息来源。各类型文献的描述项目均需以各自特定的规定信息源及其选取顺序作为描述依据。取自规定信息源以外的信息置于方括号内，或在附注项说明。普通图书各描述项目的规定信息源及选取的先后顺序见表 4－2。其他类型文献的规定信息源及选取顺序在《中国文献编目规则》中都有详细说明。

表 4－2　普通图书各描述项目的规定信息源及选取的先后顺序

描述项目	规定信息源
题名或责任说明项	题名页或代题名页
版本项	版权页、题名页
出版、发行项	版权页、题名页
载体形态项	整部图书及附件
丛编项	题名页、版权页、封面、书脊、封底
附注项	任何信息源
标准编号与获得方式项	版权页、图书其余部分

4.1.2　图书的基本结构

一部普通图书的结构通常由书衣、封面、书脊、文前栏目、扉页、半书名页、附加书名页、书名页、版权页、献词、序言或前言、目次、绪论和导论、正文、图表、附录、参考文献、索引这几部分组成。

书衣（Book Jacket，Dust Jacket）是指图书封皮外面包着一张纸质较优的书皮。书衣上通常载有正书名与责任者。书衣向内折叠的两侧有时载有著者生平简介或图书内容的简短评价。因而，书衣起着保护图书、宣传图书的作用，对用户了解图书的内容与出版情况有一定的参考价值。封面（Cover）把图书的所有纸页包封在一起，起到保护图书的作用。封面记载的信息较简略，一般载有书名、著者、出版者。凡是有书衣的图书，其封面信息更为简单，甚至未刊载任何信息。值得注意的是有的书封面题名与题名页所载的题名不一致。

书脊（Spine）是图书被装订的那一边。书脊上通常载有书名、著者以及出版者。图书情报部门通常将印有索书号的书标贴在书脊下端，便于图书排架与查找。

文前栏目（Preliminaries）位于图书正文之前，包括书名页、书名页背面、书名页前的任何书页以及封面。

扉页（Fly Leaf）位于图书卷首和卷尾的空白页，起着保护图书的作用。

半题名页（Half Title Page）位于题名页之前，通常载有图书的简略书名，即简书名。

附加题名页（Added Title Page）是载有另一种语言文字的并列题名页，或者是载有整套丛书目次的一页。它位于题名页左侧或者背面。

题名页（Title Page）是指文献开始的一页。通常载有书名、责任说明、版本、出版事项等。题名页反映了一书的基本特征、较为全面地提供图书描述信息，是描述图书的主要信息源。

版权页（Copyright Page）往往出现在题名页背面或封三或封底。中文普通图书的版权页通常载有图书在版编目数据、书名、责任说明、出版发行地、出版发行者、出版年、印刷地、印刷者、版本、国际标准书号以及图书定价等。西文普通图书的版权页主要刊载版权说明、出版与印刷说明、版本说明、图书在版编目数据、国际标准书号等。版权页提供一书出版情况，尤其是图书在版编目数据为分编图书提供必不可少的描述信息。

献词（Dedication）是著者向某人表示敬意或谢意的简短语句。

序言、前言（Preface，Foreword）一般由著（编）者或著名学者撰写。著者在序言中阐述图书编著或出版的过程，说明著者著书的意图和原因，指明读者对象，向对图书写作和出版提供帮助者表示谢意，说明图书的编排体例和缩略语等有关事项。它有助于编目工作者分编图书。

目次（Catalogue）是一书各章节及相应页码的一览表，有时很详细，可作为一书的大纲使用。浏览目次可了解其基本内容。

绪论和导论（Introduction）在书中所处的位置略有不同。绪论位于目次之后，它阐述了全书各章节所涉及的主题范畴。导论可作为单独的一部分列于正文之前。

正文（Text）由若干章节组成，构成普通图书的主体部分。

图表（Illustration）是与一书内容有关的插图。图表按其所处的位置可分为冠图、插图、附图。冠图位于题名页前，传记类图书通常附有冠图，如被传者的肖像，冠图有时也出现在艺术类图书中，可能是一幅绘画或其他作品的复制品，或是一位艺术家的画像或照片。插图则插入正文，科技文献时常附有插图。附图位于正文之后。

附录（Appendix）是指附在正文后面与正文有关的文字或参考资料。

参考文献（Bibliography，References）根据其提供的目的，可分为引文参考文献、阅读型参考文献和推荐型参考文献。引文参考文献是著者在撰写或编辑论著的过程中，为正文中的直接引语或间接引语而提供有关信息资源。阅读型参考文献是著者在撰写或编辑论著的过程中，曾阅读过的信息资源。推荐型参考文献通常是专家或教员为特定读者的特定目的而提供的、可供读者阅读的信息资源。科学有继承性，今人的研究成果绝大部分是前人工作的继续和发展。在图书中列参考文献反映了编著者严肃的科学态度和真实的科学依据，体现出对前人成果的尊重，其作用在于说明引文出处，便于出版部门核实引文，便于有关部分开展引文分析，特别是扩大了读者查找信息资源的线索。图书中的参考文献有的集中附在书末，有的分散在各个章节，也有的以脚注的形式出现。

索引（Index）是将书刊正文中的论题、正文所提及的著者及书名摘录下来，每条记录标注出处页码，按一定的次序排列而成，供人查阅书中的内容。西文图书书末通常附各种索引，例如：著者索引（Author Index）、题名索引（Title Index）以及主题索引（Subject Index）等。

4.1.3 普通图书描述的信息源

普通图书是各类型文献中出版量最多的一种，也是目前图书馆的主要收藏对象。我国《普通图书描述规则》中，将普通图书界定为“以印刷形式单本刊行的出版物，包括汇编本、多卷书、丛书等，不含线装古籍、连续出版物及各种非书资料”。

普通图书的描述是指依据普通图书描述的规则，客观地揭示图书基本特征。普通图书描述的信息源是图书本身。若图书本身信息不足，可参考其他信息源。下面对其主要信息源和规定信息源分别进行说明。

4.1.3.1 主要信息源

普通图书的主要信息源是题名页。若无题名页，则可依据封面、附加题名页、版权页或其他部分。

如果单行本图书有多个主要信息源时，可按以下规定选择相应的信息源。

(1) 图书若含有不同版本的信息源，优先采用载有最近出版、发行日期的主要信息源，如重印版图书选择该版的题名页，而不是其复印的原版书题名页；优先采用与所处理的图书相当的信息源，如影印本图书应采用有影印细节的题名页。

(2) 图书若含有多种不同著作，而没有属于整部书的主要信息源时，则将不同著作的信息源作为一个单一的主要信息源。

(3) 图书若有多种语言文字的主要信息源时，优先采用与正文所用语种相同的信息源，或是与正文中主要语种相同的信息源。如果正文中没有主要的语种，采用与该著作原始语种相同的信息源。如果是翻译著作，则采用翻译语种的信息源。

对于多卷（册）书，如果各卷（册）均有主要信息源时，采用第一卷（册）的主要信息源。如果没有，则采用信息最充分的卷（册）的主要信息源，并要在附注项著名“据第×卷（册）描述”。

4.1.3.2　规定信息源

普通图书各描述项目的规定信息源及其选取的先后顺序如表 4-3 所示。

表 4-3　普通图书各描述项目的规定信息源及选取的先后顺序

描述项目	规定信息源
题名或责任说明项	题名页或代题名页
版本项	版权页、题名页
出版、发行项	版权页、题名页
载体形态项	整部图书及附件
丛编项	题名页、版权页、封面、书脊、封底
附注项	任何信息源
标准编号与获得方式项	版权页、图书其余部分

同一描述信息在规定信息源之间有差异，按规定的选取顺序描述，若此规定不适用，选择信息完备的信息源描述，必要时在附注项说明。属于题名页或版权页位置上的信息出现在其前页或后页上，应视为题名页或版权页的延续。无总题名图书，各部分均有单独题名页时，将这些题名页作为一个总的规定信息源。

4.1.4　描述项目与描述标识符号

4.1.4.1　文献描述项目

文献目录的基本单位是款目。款目（Entry）是反映文献信息资源内容和形式特征的描述项目的组合。因此，描述项目是款目的基本单位。描述项目（Area）是指用以揭示文献形式特征的记录事项。

《文献编目规则》（第 2 版）将描述项目分为八项：（1）题名与责任说明项；（2）版本项；（3）文献特殊细节项；（4）出版、发行项；（5）载体形态项；（6）丛编项；（7）附注项；（8）标准编号与获得方式项。

每一描述项目又由若干个描述单元构成。描述单元（Element）是描述项目的组成部分，用以表示信息资源某一特征的一个单词、短语或一组字符。上述各个描述项目的描述单元如下：

（1）题名与责任说明项

① 正题名

② 一般文献类型标识

③ 并列题名

④ 其他题名信息

⑤ 责任说明

（2）版本项

① 版本说明

② 并列版本说明

③ 与本版有关的责任说明

④ 附加版本说明

附加版本说明的责任说明

（3）文献特殊细节项

（4）出版、发行项

① 出版发行地

② 出版发行者

③ 出版发行日期

④ 印制地

⑤ 印制者

⑥ 印制年

（5）载体形态项

① 文献数量及特定文献类型标识

② 其他载体形态细节

③ 尺寸

④ 附件

（6）丛编项

① 丛编正题名

② 丛编并列题名

③ 丛编其他题名信息

④ 丛编责任说明

⑤ 从编国际标准连续出版物号

⑥ 丛编号

⑦ 分丛编名

⑧ 分丛编并列题名

⑨ 分丛编国际标准连续出版物号

⑩ 分丛编号

（7）附注项

（8）标准号与获得方式项

① 标准编号

② 识别题名

③ 获得方式和/或定价

④ 限定说明

4.1.4.2　描述标识符号

表 4-4　描述标识符号及用法

标识符号	使用方法	举例
.— （项目标识符）	除题名与责任说明项外，用于各描述项目前； 各项目另起段落时，可省略 （中编：句点、空格、连字符、连字符、空格；西编：句点、空格、破折号、空格）	【例】　信息资源编目 / 段明莲编著 .—2 版 .—北京 ：北京大学出版社，2008.10
= （等号）	用于并列题名、并列版本说明、丛编、分丛编或多部分单行资源的并列题名，以及连续性资源的识别题名之前	【例】　隐性资源 ：企业赢得持续竞争优势的源泉＝Tacit and Ambiguous Resources as Sources of Competitive Advantage
: （冒号）	用于以下描述单元前： ① 其他题名信息 ② 出版、制作者和/或发行者名称 ③ 印刷、生产或刻板者名称 ④ 其他物理细节 ⑤ 丛编、分丛编或多部分单行资源的其他题名信息 ⑥ 获得方式或价格	【例 1】　冲击力 ：新闻评论写作教程 【例 2】　.—北京 ：新华出版社，2002 【例 3】　360 页 ：图；19 cm
/ （斜线）	用于题名与责任说明、版本项、丛编项中的第一责任说明之前	【例 1】　元数据导论 / 刘嘉著 【例 2】　古籍点校疑误汇录 / 国务院古籍整理出版规划小组编
; （分号）	用于以下描述单元之前： ① 题名与责任说明的其他责任说明 ② 版本项的后续说明 ③ 出版、制作、发行地的后续地点 ④ 尺寸 ⑤ 丛编、分丛编的其他责任说明 ⑥ 丛编编号、分丛编编号	【例 1】　隐性资源 ：企业赢得持续竞争优势的源泉＝Tacit and Ambiguous Resources as Sources of Competitive Advantage /（英）安布罗西尼著；鲁正茂等译 【例 2】　256 页 ：照片，地图；21cm
, （逗号）	用于责任方式相同的第二、第三责任者、交替题名、附加版本说明、出版、制作和/或发行日期、丛编或分丛编的国际标准连续出版物号之前	【例 1】　文献计量内容分析法［专著］/ 邱均平，王曰芬等著 .—北京 ：北京图书馆出版社，2008

（续表）

标识符号	使用方法	举例
. （圆点）	用于不同责任者的合订题名、分丛编标识和/或题名前	**【例】** 仙侠五花剑［专著］/（清）海上剑痴［著］. 忠孝勇烈奇女传 /（清）不题撰人［著］
［ ］ （方括号）	用于一般文献类型标识、发行者职能说明，以及规定信息源之外的信息或信息描述人员自拟的信息	**【例】** 鲁公顏真卿爭座位［普通古籍］/（唐）顏真卿書 .—拓本 .— ［拓印年不詳］
（ ） （圆括号）	将印制地、印制者、印制日期、多种丛编、限定说明等置于括号内；中文文献清以前著者的朝代、中文文献中外国著者的国别均置于圆括号内	**【例 1】** ISBN：978 - 7 - 5060 - 3358 - 9（精装）：CNY260.00 **【例 2】** 鲁公顏真卿爭座位［普通古籍］/（唐）顏真卿書
＋ （加号）	附件说明	**【例】** 24cm ＋ 1 光盘
… （省略号）	用于省略描述内容	
× （乘号）	用于载体形态项的文献宽度和/或厚度尺寸前	**【例】** 787mm×1092mm
? （问号）	用于不能确定的描述内容，与方括号“［ ］”结合使用	
- （连字符）	用于说明年代、卷期等起讫连接	
// （双斜线）	表示分析款目上析出内容所在的出处	
“ ” （引号）	用于附注项内的引用内容	**【例】** “附注”

4.1.5 文献描述级次与描述格式

文献的描述级次（Level of Description）是指按文献描述的详简程度划分的等级级别。依据描述的主要项目和选择项目（见表 4 - 5），描述的详简级次可分为简要级次（或称第一级次）、基本级次（或称第二级次）和详细级次（或称第三级次）。简要级次仅描述主要项目；基本级次描述主要项目并选用部分选择项目；详细描述级次全部选用主要项目和选择项目。

表 4－5　描述的主要项目和选择项目

描述项目	描述单元
主要项目	题名与责任说明项的正题名、第一责任说明； 版本项的版本说明； 文献特殊细节项； 出版、发行项的第一出版地、出版者、出版日期； 载体形态项的文献数量及特定文献类型标识、尺寸、附件； 丛编项的丛编正题名、丛编编号； 重要的附注（如电子资源正题名来源附注）； 标准编号
选择项目	一般文献类型标识、并列题名、其他题名信息、其他责任说明； 与本版有关的责任说明、附加版本说明、附加版本说明的责任说明； 印制地、印制者、印制日期； 其他形态细节； 丛编并列题名、丛编其他题名信息、丛编责任说明、丛编 ISSN； 附注； 获得方式、限定说明

描述格式（Format of Bibliographic Description）是指描述项目在款目中的排列顺序、所处位置及其表达方式。《中国文献编目规则》（第 2 版）将文献描述格式分为两种：连续描述格式和分段描述格式。

连续描述格式要求各描述项目连续描述为一整段，段落开头空出一个字的位置（两个空格字符），通常用于编制书本式目录，也称书本格式。以简要级次为例，文献连续描述格式见图 4－1。

正题名／第一责任说明．—版本说明．—文献特殊细节．—出版地：出版者，出版日期．—数量及特定文献类型标识；尺寸＋附件．—（丛编正题名；丛编编号）．—附注．—标准编号

图 4－1　连续描述格式

分段描述格式将描述项目分为四段，每段开头空出一个汉字的位置（两个空格字符），与正题名第一个字齐头。分段描述项目通常用于编制卡片目录，也称卡片格式。以基本级次为例，文献的分段描述格式见图 4－2。

正题名［一般文献类型标识］＝并列题名：其他题名信息／第一责任说明；其他责任说明．—版本说明／与本版有关的责任说明．—文献特殊细节．—出版地：出版者，出版日期（印制地：印制者：印制日期）

数量及特定文献类型标识：其他形态细节；尺寸＋附件．—（丛编正题名：丛编其他题名信息／丛编责任说明；丛编编号）

附注

标准编号（限定说明）：获得方式

图 4－2　分段描述格式

中文文献的卡片目录中，款目的描述格式采用段落式标识符号法，在上述分段描述格式的基础上加上题名款目、责任者款目、分类款目、主题款目等，使检索更加方便。其描述格式见图 4－3。

索书号　描述标目

正题名［一般文献类型标识］＝并列题名：其他题名信息／第一责任说明；其他责任说明．—版本说明／与本版有关的责任说明．—文献特殊细节．—出版地：出版者，出版日期（印制地：印制者：印制日期）

登录号　数量及特定文献类型标识：其他形态细节；尺寸＋附件．—（丛编正题名＝丛编并列题名：丛编其他题名信息／丛编责任说明，丛编 ISSN；丛编编号．分丛编名）

附注

标准编号（限定说明）：获得方式

Ⅰ．书名　Ⅱ．责任者　Ⅲ．主题词　Ⅳ．分类号

图 4－3　中文文献卡片目录描述格式

【例】　中文文献题名款目

F114 G35　国家竞争情报：是什么 为什么 如何做

004012383　国家竞争情报［专著］：是什么 为什么 如何做 /陶翔主编．—上海：上海科学技术文献出版社，2008

246 页；25cm. —（情报工作研究丛书）

上海科学技术情报研究所建所 50 周年纪念

ISBN：978－7－5439－3667－6：CNY48.00

Ⅰ．国…　Ⅱ．陶…　Ⅲ．国际化—竞争—情报工作—研究—世界　Ⅳ．F114　G35

图 4－4　描述示例

4.1.6　描述标识与描述文字

4.1.6.1　描述标识

一般资料标识（General Material Designation）之所以如此称呼，是因为该选用单元描述在正题名之后，由于篇幅所限和便于集中提供大类下的不同小类文献，它只能以一种标识概括地反映所属资料类型。至于大类下的小类，可在载体形态项的第一个描述单元即数量及特定资料标识中反映。

我国《文献描述总则》和《中国文献编目规则》均规定，一般资料标识应根据国家标准 GB 3469—83《文献类型与文献载体代码》描述，所以它们均用一般文献类型标识来替代一般资料标识。所谓一般文献类型标识是代表文献类型的标记代码，分别由双字码和单字码组成。限于篇幅，本书仅提供 GB 3469—83 中按序号排列的文献类型代码表（见表 4－6）。

表 4－6　文献类型代码表

序　号	名　称	简　称	双字码	单字码
1	专著	著	ZZ	M
2	报纸	报	BZ	N
3	期刊	刊	QK	J
4	会议录	会	HY	C
5	汇编	汇	HB	G
6	学位论文	学	XL	D
7	科技报告	告	BG	R
8	技术标准	标	JB	S
9	专利文献	专	ZL	P
10	产品样本	样	YB	X
11	中译文	译	YW	T
12	手稿	手	SG	H
13	参考工具	参	CG	K
14	检索工具	检	JG	W
15	档案	档	DA	B
16	图表	图	TB	Q
17	古籍	古	GJ	O
18	乐谱	谱	YP	I
19	缩微胶卷	卷	SJ	U
20	缩微平片	平	SP	F
21	录音带	音	LY	A
22	唱片	唱	CP	L
23	录像带	像	LX	V
24	电影片	影	DY	Y
25	幻灯片	幻	HD	Z
26	其他（盲文等）	他	QT	E

表 4－6 中的专著包括教材等；会议录包括座谈会、讨论会等；汇编包括论文集等；科技报告包括科研报告、技术报告、调查报告、考察报告等；技术标准包括规范、法规等；产品样本包括产品说明书等；参考工具包括年鉴、手册、百科全书、字典等；检索工具包括各种目录、书目、文摘杂志、联合目录等；图表包括地图、地质图、气象图、蓝图、表格等；古籍包括金石、竹简等。

4.1.6.2 描述文字

描述文字（Script of Description）是指文献描述时所使用文字的字形、字体和语种。字形指字的形体，如汉字用繁体字还是简体字，外文采用哪种拼写方法，数字用汉字、罗马数字还是阿拉伯数字等。字体指文字书写方法，而文种则指用哪一文种描述。

《中国文献编目规则》对描述文字有以下规定：

(1) 题名与责任说明项、版本项、文献特殊细节项、出版发行项和丛编项一般按文献本身的文字描述，外文字母的大小写、标点符号等应遵照其语言文字的书写规则。无法按文献本身文字描述的图形及符号，可改用相应内容的其他形式描述，置于方括号内。

(2) 一般文献类型标识、载体形态项、附注项、标准编号与获得方式项，除要说明的外文题名及被引用部分外，专用术语按有关规定描述，计量单位等采用 GB 3100《国际单位制及其应用》，其余均采用中文描述。

(3) 版次、出版发行日期、文献数量、尺寸、价格等一般用阿拉伯数字描述。

(4) 描述我国各少数民族文献，应遵循其民族文字书写规则。

4.2 文献描述规则

4.2.1 文献信息描述的发展

文献描述规则是综合各类型文献所具有的共同属性和特殊性质，并结合用户的检索需要和使用习惯而制定的描述规则。《信息资源编目》（第 2 版）中指出，从历史上看，编目规则发展的动力主要来自三个方面：(1) 文献载体及其属性的发展；(2) 信息资源处理技术的革新；(3) 信息资源检索要求的深化。这几个方面的因素推动了编目活动的发展，它们的发展程度也影响着编目活动和描述规则的发展程度。

4.2.1.1 国外文献信息描述的发展概况

在西方编目史上，第一位图书馆编目员是出生于希腊的哲学家、诗人卡利马科斯(Callimachos，公元前 305—前 240)。从公元前 4 世纪起，图书馆目录以记录财产注册为主，极少提供给读者使用。12 世纪至 16 世纪，西方出现了排列比较系统的书本式目录，其职能是财产清单。在 15 世纪的目录中，除了主要款目外，还出现了分析款目和附加款目。到 16 世纪时，西方的编目理论和实践都得到了一定的发展，比较有代表性的理论著作有：1548 年瑞士植物学家格斯纳的《编目方法》，1595 年英国人蒙塞尔在《英文印本图书目录》序言中讨论了描述编目的选取方法。

17 世纪西方图书馆逐渐向全社会开放，图书馆目录随之由“财产目录”向“查检目录”转变。19 世纪中叶，第一部现代编目条例《大英博物馆印本图书描述规则》，即《91 条规则》，被称为世界目录学史上的“大宪章”，是现代编目规则的开端。随后各国纷纷开始研究编目规则，比较有代表性的编目规则有：《博德利图书馆目录》、《朱厄特规则》、《印刷本字典式目录规则》、《美国图书馆协会编目规则》、《普鲁士规则》、《编目规则与原则》、《英美编目条例》、《国际标准书目描述》等。

4.2.1.2 我国文献信息描述的发展概况

我国文献编目活动从揭示一书内容的单书目录到纲纪群籍的群书目录，已有两千多年的历史。《七略》标志着我国古代有组织、正规的文献编目事业拉开序幕。到明末清初时期，传统的书本式目录逐步被卡片目录所取代。对于古代编目事业的发展，可参考目录学的相关资料，在此不再赘述。

我国近现代文献描述事业的发展始于 20 世纪初期。《信息描述》一书中，将近现代文献描述事业的发展过程分为三个阶段：

(1) 近现代图书馆编目事业的初创阶段（20 世纪初—1949 年 9 月）

特点：介绍西方编目理论和方法；卡片目录逐渐流行；出现了仿英美 AA 条例体系的新编目条例；未产生统一的描述条例。

(2) 新中国图书馆编目事业的奠基、发展、停顿与恢复阶段（1949 年 10 月—1979 年）

特点：编印了中文、西文、俄文 3 个文种的图书统编卡片；出版了《中文图书提要卡片描述条例》、《西文普通图书描述条例》、《中文普通图书统一描述条例》。

(3) 中国文献编目事业的腾飞阶段（1979 年至今）

特点：陆续编制出 GB 3792 系列文献描述国家标准；出版了《中国机读目录通讯格式》(CNMARC)；相继出版了《西文文献编目条例》及其修订扩大版、《中国文献编目规则》及其修订版等。

4.2.2 《国际标准书目描述》规则（ISBD）

《国际标准书目描述》(International Standard Bibliographic Description, ISBD)，是由国际图书馆协会和机构联合会（International Federation of Library Associations and Institutions, IFLA）的编目委员会编制的一系列文献信息描述规则。从 1971 年开始，IFLA 先后出版了《国际标准书目描述（总则）》(ISBD (G)) 与一系列描述各种不同类型文献的 ISBD 分则。目前已出版和修订的情况如下：

表 4-7 ISBD 系列规则

ISBD 规则	出版/修订情况
《国际标准书目描述（总则）》(ISBD (G))	1977 年初版；1992 年修订版；2004 年修订版
《国际标准书目描述（专著）》(ISBD (M))	1974 年第一标准版；1978 年第一标准版修订本；1987 年修订版；2002 年修订版；2004 年修订版
《国际标准书目描述（连续出版物）》(ISBD (S))	1974 年初版；1977 年第一标准版；1988 年修订版；2002 年被 ISBD (CR) 取代
《国际标准书目描述（连续性资源）》(ISBD (CR))	依 ISBD (S) 修订而成，2002 年初版
《国际标准书目描述（舆图资料）》(ISBD (CM))	1977 年初版；1987 年修订版

（续表）

ISBD 规则	出版/修订情况
《国际标准书目描述（非书资料）》（ISBD（NBM））	1977 年初版；1987 年修订版
《国际标准书目描述（乐谱）》（ISBD（PM））	1980 年初版；1991 年第 2 修订版
《国际标准书目描述（古籍）》（ISBD（A））	1980 年初版；1991 年第 2 修订版
《国际标准书目描述（分析描述）》（ISBD（CP））	1982 年初版；1988 年修订版，2002 年修订版
《国际标准书目描述（计算机文件）》（ISBD（CF））	1990 年初版，1997 年被 ISBD（ER）取代
《国际标准书目描述（电子资源）》（ISBD（ER））	依 ISBD（CF）修订而成，1997 年初版
《国际标准书目描述（初级统一版）》（ISBD 统一版）	2007 年初版

ISBD 总则及其各分支的内容结构均包括三部分：

（1）概述（Preliminary Notes）

该部分阐述描述规则的编制范围、目的、术语定义，总则与各分则对照一览表，描述表示符，描述信息源，描述用语言、文字以及语种和字体等。

（2）描述单元说明（Specification of Elements）

该部分说明各描述分则的细则，是对描述项目以及描述单元的说明。

（3）附录（Appendices）

这部分包括多层次描述、双向行文记录、具体的描述样例等。

4.2.3 《英美编目条例》规则（AACR）

为了统一英语国家的编目条例，美国图书馆协会（American Library Association，简称 ALA）和英国图书馆协会（The Library Association），从 1908 年开始合作编制《英美编目条例》（Anglo-American Cataloguing Rules，简称 AACR）。AACR 的编制过程及其版本修订情况如下：

1908 年，《著者、书名款目编目规则》（简称 AA），初版。

1949 年，《美国图书馆协会著者、书名款目编目规则》（简称 ALA 条例），是 AA 的修订版，1941 年初版，1949 年第 2 版。

1967 年，《英美编目条例》（简称 AACR），有“英国版”（British Text）和“北美版”（North-American Text），北美版于 1974 年修订第 6 章，1975 年修订第 12 章并改名“视听资料与特种资料”。

1978 年，《英美编目条例》第 2 版（简称 AACR2）；1998 年出版修订版，简称“AACR2 1998 修订本”；2002 年出版的修订本简称为“AACR2 2002 修订本”。

2009 年，《资源描述与检索》(Resource Description and Access，简称 RDA)。

AACR2 2002 修订本分为描述、标目和附录三大部分。其中，正文分为两大部分，共 19 章。这两个部分不分主次、互为补充，形成一部完整的描述条例。此外还有书末的附录部分。

(1) 描述部分：包括描述总则、特定类型文献的描述规则、部分文献信息通用的分析描述规则等。

(2) 标目、同一题名与参照部分：规定了主要款目与附加款目检索点的选择条件，个人、地理、团体名称标目的形式与统一题名，以及个人与机构名称、地理名称和统一题名等参照的规则。

(3) 附录部分：规定了描述使用文字的规范条款，包括 5 种附录和一个综合索引。

4.3　文献描述项目

4.3.1　题名与责任者项

题名与责任说明项记载文献最主要的特征，是选择信息资源的主要依据。该描述项目由题名与责任说明两部分组成。

4.3.1.1　题名

题名 (Title) 是书名、刊名、图名、片名、曲名、篇名等的总称，是直接表达或象征、隐喻文献内容及其特征，并使其个别化的名称。题名的种类繁多，常见的有正题名、交替题名、合订题名、并列题名等。

(1) 正题名

正题名 (Title Proper) 是由以题名和责任说明项的规定信息源上的形式出现的资源的题名组成，包括交替题名与合订题名。其主要描述规则如下：

① 描述时，依据规定的信息源上的题名逐字照录，照录不包括字体和大小写，仅指用词、顺序和拼写。正书名含有表示语法关系的标点和起标点作用的空格时，一般应该照录。

【例 1】　原书名：目录学与学术史
　　　　　描述题名：目录学与学术史

【例 2】　原书名：研究生英语——读写佳境
　　　　　描述题名：研究生英语——读写佳境

【例 3】　原书名：古海遗韵·诗话奇石
　　　　　描述题名：古海遗韵·诗话奇石

② 无法照录的图形及符号可用相应的文字代替，并置于方括号中，同时在附注项说明。

【例】 原书名：爱心（在书名页，“心”为一个心形图案）

描述题名：爱［心］

③ 正书名中含有方括号时，描述时用圆括号代替。

（2）交替题名

如果正题名由两部分组成（其中每一部分都可以作为题名），用“or”（或），“that is”（即）等词（或其他语言中的等同词）连接。第二部分则被定义为交替题名（Alternative Title）。描述交替题名时，在连接词前后各置一个逗号。第三个及其余的交替题名应描述于附注项。

【例】 原书名：袖珍神学，或，简明基督教辞典

描述题名：袖珍神学，或，简明基督教辞典

（3）合订题名

合订题名（Title of the Individual Works）是由两种或两种以上的著作汇编而成，但是没有总题名的文献，其描述信息源中的各部著作的题名称为合订题名，这类文献称为“无总题名的文献”。相关描述规则如下：

① 合订文献中若有一著作占显著地位，则将该著作的书名作为正题名，其余书名描述于附注项。

② 若合订文献无主次之分，则按规定信息源所题顺序依次描述。书名超过三个时，只描述前三个，未予描述的其他书名在附注项说明。

③ 属于同一责任者的合订书名依次描述，在第二个和第三个书名前用分号“；”标识。责任者描述在所有书名之后。

【例】 原书名：自己的园地；雨天的书

周作人著

描述题名：自己的园地；雨天的书／周作人著

④ 属于不同责任者的合订书名，依次描述不同的书名及其责任者，在第二个和第三个书名前用句点“.”标识。

【例】 中华人民共和国国歌［Sound Recording］／田汉词；聂耳曲．国际歌／欧仁·鲍迪埃词；比尔·狄盖特曲

（4）并列题名

并列题名（Parallel Title）是出现在规定信息源上用与正题名不同的另一种语言和/或文字并且表现为等同于正题名的题名。并列题名通常按照规定信息源所载的顺序描述，并冠等号“＝”。对于中译本文献，通常将中文题名视为正题名，而将外文题名视为并列题名。如果并列题名在语言学上与描述的另一个部分相连接，则不能作为并列题名。

【例】 原书名：隐性资源

——企业赢得持续竞争优势的源泉

Tacit and ambiguous resources as sources of competitive advantage

描述题名：隐性资源：企业赢得持续竞争优势的源泉＝Tacit and ambiguous resources as sources of competitive advantage

（5）其他题名

其他题名信息由与正题名、并列题名或资源所包含的个别作品题名前后出现、并且从属于这些题名的词、短语或字符串组成。其他题名信息一般按规定信息源所题顺序描述，前用冒号标识；规定信息源有并列题名和并列其他题名信息的，应将每一个其他题名信息描述于与其文种相同的题名之后；规定信息源有多个并列题名和一个文种的其他题名信息，应将其他题名信息描述于最后一个并列题名后。

【例】　音乐圣殿［Printed text］：古典音乐欣赏

4.3.1.2　责任说明

责任说明（Statement（s）of Responsibility）是对文献的知识和艺术内容的创作或完成负有责任或作出贡献的个人、团体及其责任方式的表述。它由责任者的身份和/或职能相关的名称、短语或字符串组成。

中文编目中，责任说明的描述内容及其顺序是：（1）责任者的时代或国别（用圆括号括起描述）；（2）个人、团体名称（包括会议名称）；（3）外国责任者的外文原名（也用圆括号括起描述）；（4）责任方式。

责任者可根据责任方式分为分担责任者（相同著作方式的责任者）和混合责任者（不同著作方式的责任者）；依据责任方式的主次地位分为第一责任者、第二责任者和第三责任者等。责任说明项的描述规则如下：

（1）责任说明通常依照规定信息源所载的形式和顺序描述。第一责任说明描述于正题名之后，其前用斜线“/”标识。相同责任方式的责任者之前用逗号“，”标识，不同责任方式的责任说明前用“；”标识。

（2）描述同一责任方式的责任者一般不宜超过3个。超过3个时，只描述第一个，并在其后注明“…［等］”或“…［et al.］”，其余责任者在附注项说明。

（3）描述不同责任方式的责任者，一般不宜超过4种方式的责任者。对不同责任方式的责任者，要视其具体责任情况选定描述顺序。

（4）中国古代（1912年以前）的个人责任者，若规定信息源载明了其朝代，在其姓名前描述朝代名称，并置于圆括号内。描述僧人责任者时，对其法名照录，法名前原题“释”字，描述于圆括号内。

（5）对于外国责任者名称，按书名页所载形式描述。

（6）责任者名称前后所载单位、职位、学位、头衔、籍贯、尊称、荣誉称号等，如不是识别该著者所必需，均不描述。但省略后责任说明含义不清时，应原样照录。

（7）责任者的责任方式一般按规定信息源所载信息描述。若在规定信息源中未载明而又有必要说明时，可根据著作类型补充一个说明责任方式的短语，并置于方括号内。

4.3.2　版本项

版本项主要包括版本说明、与本版有关的责任说明。它反映版本的各种特征，是鉴别图书价值与作用的重要因素。

版本说明（Edition Statement）表示一种文献属于某一版本的词语，通常以序数词或表示不同于其他版本的词语与“版”或“本”（Edition，Issue，Version）字样相组合的形式给出。与本版有关的责任说明是指受编文献新版的新参与者及其责任方式，描述时，和题目与责任说明项中的责任说明描述规则一致。

版本说明通常有两种表示方法：数字表示法和文字表示法。

(1) 数字表示法：

First Edition　　第 1 版

Second Edition　　第 2 版

Third Edition　　第 3 版

2000 Edition　　2000 版

(2) 文字表示法：新版；修订版；增订版；改写版；删节版；预印版等

【例 1】　原题：第 2 版

描述为：2 版

【例 2】　原题：修订版

描述为：修订版

【例 3】　原题：第 2 版，修订版

描述为：2 版，修订版

4.3.3　资料或资源类型特殊项

资料或资源类型特殊项是对特定资料类别或资源类型所特有的数据，目前这些资料包括地图资源（对于数学数据）、乐谱资源（对于表示特殊乐谱格式的说明）以及连续出版物（对于与编号相关的信息）。

4.3.3.1　数学数据（地图资源）

数学数据项提供地图的比例尺、投影、坐标和二分点。常用的结构形式有：

.—比例尺说明

.—比例尺说明；投影说明

.—比例尺说明；投影说明（坐标；二分点）

.—比例尺说明（坐标；二分点）

.—比例尺说明；投影说明（坐标）

.—比例尺说明（坐标）.—比例尺说明（坐标）

(1) 比例尺说明

① 比例尺描述为分数比例尺，用比率“1∶…”表示，分号前后不用空格。比例尺之前可以用术语“Scale”（比例尺）或其在其他语言或文字中的等同词。

【例】　.—比例尺 1∶1000 1000

.—Scale 1∶5000

② 如果比例尺只与资源的特定部分有关，则应表示它所相关的部分。

【例】　.—Scale 1∶1000 000 at equator

③ 如果比例尺已知或已计算出来，应描述比例尺说明。

④ 如果分数比例尺从文字的比例尺说明计算出来，则应描述在方括号中。比例尺的文字表达形式可以描述在分数比例尺后。

【例】　.—Scale［1∶63 360］. 1 inch to 1 mile

⑤ 如果没有数字或文字的比例尺说明，则分数比例尺根据图解比例尺、经纬网（即纬度的1°平均为111 公里）或坐标方格推导，或者通过比较已知比例尺的地图推导，这时的分数比例尺外加方括号。

【例】　.—比例尺［约 1∶45 000］

.—Scale［ca 1∶277 740］

编者说明：分数比例尺根据经纬网计算出来

（2）投影说明

① 投影说明如果出现在资源上，可以在描述中记录。如果是从其他信息源识别的，则投影说明若要记录，应置于方括号内。

② 投影说明由投影的名称组成。可以附加与投影说明相关的关联短语。这样的短语通常由仅适用于所描述资源的投影的性质（例如经线和纬线）相关的说明组成。可以使用标准的缩略语。

（3）坐标和二分点说明

坐标说明（Statement of Coordinates）确定所覆盖区域的最大范围，可分为地图坐标和天图坐标说明，描述时用圆括号“( )”括起描述。

对于地球地图，坐标应以如下顺序描述：

地图资源的最西范围（经度）

地图资源的最东范围（经度）

地图资源的最北范围（纬度）

地图资源的最南范围（纬度）

经度和纬度用六十进制（360°一周）的度（°）、分（′）、秒（″）表示；经度依据为格林尼治本初子午线。经度和纬度的度、分、秒应前置表示西（W）、东（E）、北（N）、南（S）的适当的首字母缩略词或者其他语言和/或文字的等同词。两组经度和纬度之间用斜线号分隔，前后不空格。两个经度或纬度之间用破折号分隔，前后也不空格。

【例 1】　(E79°－E86°/N20°－N12°)

【例 2】　(东经 110°30′－东经 120°30′/北纬 25°15′－北纬 22°10′)

其他天体（例如月亮）的地图，可以用于给定天体的坐标系统相适应的坐标来记录。坐标记录为十进制的度数。

对于格林尼治以东和赤道以北的位置，表示为正数，可前置正号。格林尼治以西和赤道以南的位置标示负数，前置负号。如果不标明正负号，则每个坐标应前置 W（西）、E（东）、N（北）或 S（南），或者用其他语种或文字表示的等同词。

【例】　(W95. 15°－W74. 35°/N56. 85°－N41. 73°)

天图坐标说明描述图中心的赤经或图所覆盖区域的西、东赤经范围，以及图中心的赤纬或图所覆盖区域的北、南赤纬范围。赤经标识为“RA”或其他语言或文字的等同词，后随二十四小时时钟的时（hr.）、分（min.）、秒（sec.）。赤纬标识为“Decl.”（赤纬）或其他语言或文字的等同词，后随六十进制（360°圆周）的度（°）、分（′）、秒（″）。北半天球用正号（＋）表示，南半天球用负号（－）表示。赤经和赤纬之间用斜线分隔，前后无空格。如果描述两个赤经或赤纬，每一个赤经或赤纬之间用“to”（至）或者其他语言或文字的等同词连接。对于以极点为中心的图，应标明赤纬极限。

如果描述坐标，则可以描述二分点说明，二分点用某一年代表示。二分点表示为“equinox”（二分点）或其他语言或文字的等同词后的年份。如果历元已知与二分点不同，应附加历元说明，两者之间用逗号分隔；历元标识为“epoch”或其他语言或文字的等同词。

【例】 (RA 16h 30min to 19h 30min/Decl. －16° to －49°; equinox 1950, epoch 1948)

4.3.3.2 乐谱格式说明

乐谱格式说明应以其出现在资源上的术语描述。如果认为对于目录的使用者重要，乐谱格式说明最后附加的解释性短语也应包括在内。如果资源上没有出现乐谱格式说明，可以提供一个合适的说明，用题名页的语言或文字或者用编目机构所选择的语言或文字，置于方括号内。如果资源载有多于一种语言或文字的乐谱格式说明，首先出现的描述为乐谱格式说明。并列乐谱格式说明可以描述，如果不描述，不必标记省略部分。

【例 1】 .—Full score

【例 2】 .—［Partition et parties］

4.3.3.3 编号（连续出版物）

连续出版物的编号数据按其出现在期或部分上的形式和顺序描述，用阿拉伯数字代替其他数字或拼写的数字，它们与期或部分的标识或标准缩略形式的等同词一起描述。连续出版物的编号说明的基本格式如下：

第一期或部分的日期－最后一期或部分的日期

第一期或部分的日期－

第一期或部分的编号－最后一期或部分的编号

第一期或部分的编号－

第一期或部分的编号（第一期或部分的日期）－最后一期或部分的编号（最后一期或部分的日期）

第一期或部分的编号－最后一期或部分的编号＝第一期或部分的其他编号－最后一期或部分的其他编号

第一期或部分的编号－最后一期或部分的编号；用新编号序列的第一期或部分的编号－最后一期或部分的编号

第一期或部分的编号－最后一期或部分的编号；新编号序列说明，第一期或部分的编号－最后一期或部分的编号

4.3.4 出版发行项

出版发行项描述文献的出版发行情况，主要包括出版发行地、出版发行者名称、出版发行日期等。基本的描述格式如下：

.—出版、生产地：出版、生产者名称，日期

.—出版、生产地：出版、生产者名称；出版、生产地：出版、生产者名称，日期

. —出版、生产地；出版、生产地 : 出版、生产者名称，日期（制作地 : 制作者名称，日期）

. —出版、生产地 : 出版、生产者名称，日期；发行地 : 发行者名称［职能］，日期

4.3.4.1　出版、生产地和/或发行地

出版、生产或发行地是在规定信息源中与出版、生产者名称或发行者名称相关联的城市或其他地点的名称。如果规定信息源没有出版者、生产者或发行者名称，则为该资料的出版、发行所在地。

《中国文献编目规则》在同一出版者载有两个出版地或发行地时一并描述，三个以上，则按原题顺序只描述第一个，省略第二或其余地点，该省略用“ect.（等）”或其他文字的等同词表示，并置于方括号内。省略地点在附注项说明。

【例】　. —广州［等］: 世界图书出版公司

（附注 : 出版地还包括：北京 上海）

如果出版、生产或发行地未出现在资料的任何地方，应补充所知道的城镇名称；若属于编者推测，则加问号；若无从推测，则注明“S.l.（出版地不详）”或其他文字的等同词。这些取自规定信息源以外的信息都置于方括号“［］”内。

【例 1】　. —［南京］

【例 2】　. —［广州?］

【例 3】　. —［出版地不详］

4.3.4.2　出版、生产者名称和/或发行者名称

对于出版、生产/发行者名称，一般描述出版发行机构的名称，不描述机构代表人。载有出版者时，不描述发行者。若仅有发行者名称，则必须描述发行者，并注明“［发行者］”。

当规定信息源上出现多个出版、生产者名称时，应以在版式上较突出的名称描述；若无版式差异时，以最先出现的名称描述。如果现无版式差异，又非按顺序出现，则以书目机构认为最重要的名称描述。

当无出版、生产者或发行者名称时，则以缩写“s.n（无出版发行者名称）”或其他文字的等同词予以补充，并置于方括号内。

【例】　. —上海 :［出版者不详］

4.3.4.3　出版、生产或发行日期

出版年或发行年描述于出版者或发行者之后，其前用逗号“,”标识，省略“年”字。有出版年则不描述发行年。如果是多次重版的文献，则描述受编文献的再版年。对于联机服务和其他动态资源（比如网址），可做一附注，还可说明资源里出现的月、日和年。

公元纪年的日期，用阿拉伯数字描述。非公元纪年的日期应按资料所载纪年描述，并附加可确定的公元纪年，并置于方括号内。

如果规定信息源未注明出版年，则按下列顺序选择一种方式描述：

（1）描述版权年、印刷年或发行年，在年份后注明“版权”或“发行”字样，并置于方括号内。

（2）若版权年、发行年等也没有注明，可描述推测年代，后加问号“?”。若无法推测

或考证，可描述“出版年不详”字样，均置于方括号内。

4.3.4.4 印制地、印制者、印制期

如果文献的出版发行事项均不详，可描述印刷地、印刷者、印刷年，并置于圆括号“()”内。某些类型文献（如录音资料、录像资料和计算机文档等）的印制地、印制者和印制期，与其出版地、出版者和出版期同等重要，也可将印刷事项描述在出版发行事项之后，并置于圆括号内。

【例】 .—北京 ：外语教学与研究出版社，1985（上海 ：上海外语教育出版社，1987 重印）

4.3.5 载体形态项

载体形态项描述的目的是通过记录书目格式、记录资源中页或叶的总数和顺序、尽力记录属于资源的图版和插页以及附件的数量，以此支持资源的识别，还可以用来提供查找特定页或叶的明确手段。它包括文献数量及特定文献类型标识、其他形态细节、尺寸、附件等。基本的描述格式是：

.—特定资料标识和数量 ：其他物理细节；尺寸 ＋ 附件说明

4.3.5.1 文献数量及特定文献类型标识

物理单位数量以阿拉伯数字描述于特殊资料标识之前。特定资料标识是用书目机构所用的语言标识物理载体所属的资料类别，一般使用“页”或“p.”、“栏”、“叶”、“册”等词表示。

【例】 .—183 页

4.3.5.2 其他形态细节

其他形态细节是描述文献物质外形特征的描述单元，包括图、色彩、材质、转速、声道数等各类型文献由于物质外形的特征不同，其他形态细节的描述内容各异，应根据其他形态细节在文献中的重要程度以及文献载体形态的实际情况予以描述。

对于图表的描述，应根据书中图表的具体类型，采用相应的属于描述图表。《中国文献编目规则》描述为“插图”、“折图”、“彩图”、“照片”、“地图”、“肖像”、“摹真”、“纹章”等。

【例】 332 页 ：照片

4.3.5.3 尺寸

尺寸是指文献的长、宽、高及文献直径的长度。图书尺寸的描述以图书封面高度为准，以厘米（cm）为单位，计算时逢小数进一，即不足 1 厘米的尾数也按 1 厘米计算。

【例 1】 270 页 ：图；19cm

如果图书封面的宽度小于高度的二分之一或大于高度时，先描述高度，再描述宽度，中间用乘号“×”连接，即“高×宽”。

【例 2】 410 页 ：图；34×16cm

4.3.5.4 附件

附件是与文献内容相关，而又分离于文献主体之外的附带材料。附件可描述在尺寸之后，也可以在附注项说明，必要时可注明其载体形态特征，置于圆括号内。

【例】　312 页 ：折图；26cm ＋ 机械图册（46 页 ：插图；19cm）

4.3.6　丛编项

丛编项是在丛编分散描述时使用的项目，用于反映整套丛编的基本情况。丛编项主要包括丛编正题名、丛编并列题名、丛编其他题名信息、丛编责任说明、丛编国际标准连续出版物号、丛编和分丛编的编号等。

4.3.6.1　丛编题名

丛编的正题名按其出现在规定信息源上的形式描述。描述严格按措辞，但未必按原文的大小写和标点符号，排版错误不予纠正。如果正题名由共同题名和从属题名（分部（栏目）题名或从属分丛编题名或从属部分题名）组成，则先描述共同题名，随后是分部（栏目）、分丛编或部分表示或分部（栏目）、分丛编或部分题名。

【例】　. —（和谐社会建设丛书）

. —（Mathematics and science series. Concepts；2）

. —（航海业务知识丛书 ：航海仪器部分）

如果丛编、分丛编或多部分单行资源的正题名以多种语言或文字出现在规定信息源上，则可以描述并列题名。如果正题名由共同题名和从属题名组成，可以在整个正题名后描述并列共同题名和并列从属题名。对于其他题名信息，如有必要，可予以描述。版本说明应描述为其他题名信息。

【例】　. —（当代和声理论与教学研究＝The researches of the theory of harmony and it in teaching ）

4.3.6.2　丛编责任说明

如果丛编、分丛编或多部分单行资源的正题名是通用术语，则第一责任说明是必备的。在其他情况下，如果第一和后续责任说明出现在规定信息源上，并且对于识别丛编、分丛编或多部分单行资源有必要，或者被认为对于目录使用者重要，它们应予以描述。

【例】　. —（情报工作研究丛书 / 上海科学技术文献出版社主编）

4.3.6.3　丛编国际标准连续出版物号

国际标准连续出版物号（International Standard Serials Number，简称 ISSN）是连续出版物的识别代码。丛编分散描述时，其 ISSN 号描述在丛编项内。连续出版物集中描述时，其 ISSN 号描述在标准编号与获得方式项内。

【例】　. —（外国文学研究资料丛刊，ISSN 8891—2001）

4.3.6.4　丛编或分丛编编号

丛编号是标识一套丛书各个分册的序号，按其出现在规定信息源上的形式描述，可以使用标准的缩略词。用阿拉伯数字代替其他数字或用文字表示的数字。如果资源的编号同时包含罗马数字和阿拉伯数字，应按其出现形式描述数字。如果正题名由共同题名或丛编题名以及从属题名组成，则省略共同题名或丛编题名的编号。

【例】　. —（司考一本通；1）

4.3.7　附注项

附注项包含任何没有在描述记录的其他项中描述、但却被认为对于书目记录的使用者重要的描述信息。附注限定并补充前六项的描述，并可以处理资源的任何方面，记录资源的书目沿革，或表示与其他资源的关系等。除非有某种方式表示，附注及其呈现的顺序是可选的。如果编目机构认为合适，两个或更多的附注可以组合成为一个附注。中文编目中，常用的附注导语有："译自"、"本书原名"、"合订著作还有"、"著者还有"等。

【例】 .—Title from publisher' s catalogue

(中文翻译：题名取自出版社目录)

附注项的内容主要包括：特定资料附注；关于题名和责任说明项的附注；关于版本项和资源书目沿革的附注；关于资料或资源类型特殊项的附注；关于出版、制作、发行等项的附注；关于载体形态项的附注；关于丛编项的附注；关于内容的附注；关于资源标识号和获得方式项的附注；关于形成描述基础的期、部分、更新等的附注；其他附注；关于手头复本的附注。

4.3.8 标准编号与获得方式项

标准编号与获得方式项由标准编号、识别题名、获得方式和/或价格、限定说明这几个描述单元构成。

4.3.8.1 标准编号

标准编号包括国际标准书号（International Standard Book Number，简称 ISBN）、国际标准连续出版物（International Standard Serials Number，简称 ISSN）、国际标准录音代码（International Standard Recording Code，简称 ISRC）等。描述时先描述标准编号的标识，再描述具体的号码。

【例】 .—ISBN 7-04-015339-4

4.3.8.2 识别题名（连续性资源）

应描述由 ISSN 网络分配的识别题名，即使它与连续性资源正题名相同也要描述。然而，仅当识别题名所使用的 ISSN 被描述时，才描述识别颢名.

【例】 .—ISSN 0308-1249=Medicos（Nottingham）

4.3.8.3 获得方式

获得方式分为价格和非卖品两种。对于价格，我国人民币货币代码一般用"CNY"；美元、澳元、加拿大元、新加坡元、新西兰元等均是"$"，一般使用本国所使用的通用货币符号。数额一律用阿拉伯数字描述。

【例】 .—ISBN 7-04-015339-4：CNY30.60

对于非卖品，描述获得方式时应如实描述"赠阅"、"交换"、"调拨"及其他文种的对应词。

4.3.8.4 限定说明

限定说明是对装帧或获得方式的说明。装帧除了平装可以省略限定说明外，其余均按原书装帧形式描述。装帧描述于标准编号之后，置于圆括号内；若无标准编号，装帧说明直接描述于该项目之首。获得方式/价格如有需要说明的信息，直接描述其后，并置于圆括号"（）"中。

【例】 ISBN 7-80170-219-0（精装）：CNY 600.00（全 14 册）

本章小结

本章主要参考《中国文献编目规则》（第 2 版）和《国际标准书目描述》（ISBD）等文献编目规则，以实例阐述文献信息描述的发展概况、描述信息源、文献描述项目及其相关的描述规则。

文献描述的信息源包括主要信息源和规定信息源，各类型文献的描述信息源有所区别，相关规定可参照《中国文献编目规则》（第 2 版），本章重点说明了普通图书描述的信息源。对文献描述的项目和描述级别、标识符号、描述格式、资料标识与描述文字等相关事项的规定，是确保文献描述准确、规范、统一的基本前提。因此，本章对上述基本问题以及目前较为通用的描述规则进行了介绍。根据 ISBD 描述规则，文献描述项目分为八个大的描述项目：题名与责任者项、版本项、文献特殊细节项、出版发行项、载体形态项、丛编项、附注项、标准编号与获得方式项。

参考文献

[1] 国家图书馆《中国文献编目规则》修订组．中国文献编目规则 [M]．2 版．北京：北京图书馆出版社，2005.

[2] 国际图书馆协会和机构联合会．国际标准书目著录（统一版）[M]．顾犇，译．北京：北京图书馆出版社，2008.

[3] 吴龙涛等译．国际标准书目著录（ISBD）[M]．北京：华艺出版社，2002.

[4] 孙更新．文献信息编目 [M]．武汉：武汉大学出版社，2006.

[5] 段明莲．信息资源编目 [M]．2 版．北京：北京大学出版社，2008.

[6] 杨玉麟等．信息描述 [M]．北京：高等教育出版社，2004.

[7] 王松林．信息资源编目：修订本 [M]．北京：北京图书馆出版社，2005.

第5章　计算机在文献描述中的应用

5.1　机读目录的发展与应用

计算机编目（Computerized Cataloging）是利用先进的计算机设备和技术来进行编目工作，将书目信息输入到电子计算机中，在程序的自动控制下处理书目数据，生成目录产品的过程。其主要的目录产品是机读目录，其次是卡片目录、书本目录等。

机读目录（Machine Readable Catalog，简称MARC），也称机器可读目录，是各国编制书目数据普遍遵循的一种规范，是指以代码形式和特定结构记录在计算机存储载体上的，由计算机识别、处理、编辑与输出的目录。机读目录通过屏幕显示或由终端打印设备及其他记录设备，可将计算机存贮载体上的目录信息转换成普通的文字记录。

5.1.1　美国

20世纪五六十年代，随着计算机技术的迅速发展，美国国会图书馆（Library of Congress，LC）展开了计算机技术在图书馆编目方面的应用研究。1964年，Informatics公司的L.F.巴克兰提交的《美国国会图书馆机编书目数据》的研究报告，表明了研制机读目录的可行性，国会图书馆以机器可读形式目录记录图书馆的书目记录，从而开创了文献信息描述的新阶段。

1965年，国会图书馆提出了《第三号计划备忘录：标准机读目录记录推荐格式》的研究报告，进一步提出了书目记录应包括的著录项目以及识别各个著录项目的方法。

1966年，美国国会图书馆开始实施MARC试验计划，年底成功试验出“MARCⅠ”机读目录格式，并生产出“MARCⅠ”试验磁带。

1968年，国会图书馆与英国国家书目部的专家合作，通过对MARCⅠ进行改进，成功研制出“MARCⅡ”机读目录格式，也称为LCMARC。

1971年，美国国家标准局将LCMARC定为国家标准，即《美国书目信息磁带交换格式》（ANSI Z39.2—1971）。

1973年，国际标准化组织（ISO）将MARC Ⅱ作为国际标准颁布，即《文献目录信息交换用磁带记录格式》（ISO 2709）。

1982年，LCMARC改称为USMARC。此后，经过多次修订，出版了新版的USMARC，正式更名为《MARC 21》。

5.1.2　英国

英国图书馆界从上世纪 60 年代后期开始研究采用电子计算机等新技术，制定了许多计划方案并逐步实施。为了生产印刷型的《英国国家书目》（British National Bibliography，BNB），从 1966 年起，英国国家书目委员会提出了 BNB MARC 计划，并以此为蓝本与美国合作进行了 MARC Ⅱ计划。1968 年 9 月，英国国家书目委员会在 MARC Ⅱ的基础上建立了英国国家书目的文献库，简称 UKMARC。1969 年，英国开始发行 UKMARC，并逐渐拓宽其使用范围。到 80 年代中期 70％的大学和学院图书馆都已利用计算机，开展联机检索服务，全国约一半的图书馆建立或利用文献编目自动化系统。1980 年，英国国家图书馆重新修订 UKMARC 指南，1988 年正式出版。UKMARC 于 1994 年通过第三次校订并出版，后来在此基础上正式出版了 BNBMARC 记录。2000 年，英国国家图书馆关于 UKMARC 格式的未来发展和维护的调查研究结果表明，大多数图书馆和信息机构倾向于 UKMARC 应该向 MARC 21 格式并拢。2001 年 8 月，英国图书馆宣布采用 MARC 21[1]。

5.1.3　其他国家或地区

20 世纪 70 年代，随着 MARC 的问世，以及 ISO 2709 国际标准的颁布实施，世界各国都开始进行机读目录的研究。除了美国和英国以外，还有澳大利亚的 ANBIMARC、加拿大的 CANMARC、法国的 MONOCLE、意大利的 ANNAMARC、联邦德国的 MABI 等。由于各国机读目录格式的差异性阻碍了书目资源共享，MARC 格式有待于向国际化和通用性趋势发展。

1976 年，国际图联（The International Federation of Library Associations and Institutions，IFLA）以统一各国 MARC 元数据为目标，制定并正式出版了《通用 MARC 格式》（Universal Machine-Readable Catalogue，UNIMARC）。UNIMARC 将不同文种、不同载体的信息资源的机读目录实行格式一体化，并设置了连接款目块来表现不同连接字段之间的关系。

1983 年，联合国教科文组织（United Nations Education，Scientific and Cultural Organization，UNESCO）在 1983 年组织制订了书目文献信息公共交换格式规范（Common Communication Format，CCF），于 1984 年出版，以便国际图书情报界各系统之间交换书目数据。

5.1.4　中国

我国对机读目录的研究始于 20 世纪 70 年代。1975 年，刘国钧发表的《马尔克计划简介——兼论图书馆引进电子计算机问题》，揭开了我国机读目录研制的序幕。1979 年，“北京地区机读目录研制协作组”开始研究 LCMARC 磁带。

1980 年，我国正式颁布国家标准《信息处理交换用的七位编码字符集》（GB 1988—80）、《信息处理交换用七位编码字符集的扩充方法》（GB2311—80），以及《信息处理交换用的汉字编码字符集（基本集）》（GB2312—80）。这些标准与后来颁布的相关标准一同构成我国文献书目信息交换用的编码字符集。

1982 年，国家标准总局通过由全国文献工作标准化技术委员会自动化分委员会第四工作组负责起草的《文献目录信息交换用磁带格式》（GB2901—82）。它主要参考《文献目录信息交换用磁带记录格式》（ISO 2709），确定了我国文献目录信息交换用磁带格式的形式，规定了格式的逻辑组织原则与实施方法，为中文机读目录格式的标准化奠定了良好的基础。

1988 年，全国文献工作技术标准化委员会在修订 GB2901—82 时，决定以 UNESCO 推荐的 CCF（Common Communication Format）为依据，编写《中国公共交换格式》(Common Communication Format of China，简称 CCFC)，并作为 GB2901—82 修订稿推荐使用。同时，组建了 CCFC 工作小组。该小组在 1990 年编制出《情报文献工作标准化文献汇编 1》，包括 CCFC 用户手册、CCFC 工作单位及其使用说明，GB2901—89《书目信息交换用磁带格式（报批稿）》，UNIMARC 和 CCFC 对照表等，形成一整套建库技术文件。

1986 年，北京图书馆以 UNIMARC 为基础，编写了《中国机读目录通讯格式（讨论稿）》，并于 1989 年在中国图书馆学会自动化研究分委员会召开的第二届学术讨论会上受到认定，从而产生了《中国机读目录通讯格式》（CNMARC）。

1989 年，北京图书馆又先后制订出两项规范数据标准化方面的研究，即《规范数据款目著录规则（草案）》和《中国机读规范格式（试用本）》。1995 年，通过对《中国机读规范格式（试用本）》进行修订，北京图书馆出版了《中国机读目录格式使用手册》。2001 年，科学文献出版社出版了《中国机读目录格式使用手册（修订版）》。2004 年，国家图书馆编写了《新版中国机读目录格式试用手册》。

5.2 MARC 的逻辑结构

CNMARC 中的每一条记录均由记录头标、地址目次区、数据字段区、记录分隔符四部分组成。其中，数据字段区分为三个层次：功能块、字段、子字段或数据元素。CNMARC 格式总体结构见图 5－1。

5.2.1 记录头标区

记录头标（Record Label）是指提供计算机处理书目记录有关参数的定长区，间接标识书目实体本身的记录内容。它位于每个记录开始处，是每一条记录都必须具备的。整个头标区固定为 24 个字符长，由定长数据元素组成，这些元素通过字符位置来标识。每个记录的头标都包含有 ISO 2709 定义的关于记录结构的数据和为 ISO 2709 的特定形式而定义的几项数据元素：记录类型、目录级别、在层级中的位置、记录完整程度以及是完全采用还是部分采用 ISBD 规则。CNMARC 记录头标包括的数据元素见表5－1。

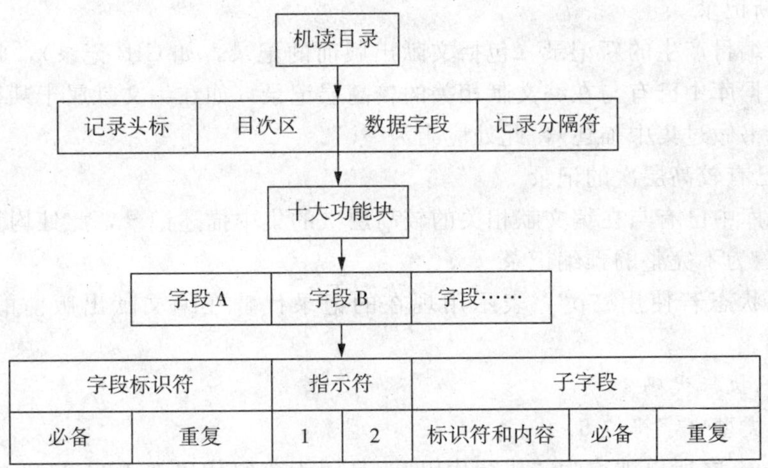

图 5－1　CNMARC 格式的总体结构图

表 5－1　记录头标数据元素一览表

数据元素名称	字符数	字符位置	数据形式	生成方式
（1）记录长度	5	0—4	五位十进制数	计算机计算生成
（2）记录状态	1	5	一位字母字符	人工设定
（3）执行代码	4	6—9	一位字母或数字	人工设定
（4）指示符长度	1	10	一位十进制数（2）	计算机程序生成
（5）子字段标识符长度	1	11	一位十进制数（2）	计算机程序生成
（6）数据基地址	5	12—16	五位十进制数	计算机计算生成
（7）记录附加定义	3	17—19	三位空格或字母符	人工设定
（8）目次区结构	4	20—23	四位字母符或空格	计算机程序生成

下面着重介绍需要人工设定的三个数据元素：记录状态、执行代码、记录附加定义。

5.2.1.1　记录状态（字符位 5）

记录状态反映记录是新记录，还是被更正的记录、不再有效的记录（删除的记录），或反映在此记录编制前是否已有相关的较高层次的记录，或替代早先的不完整记录。描述时用 1 位小写字母代码表示。可以根据不同的记录处理状态，选择下列一个代码。

（1）c＝更正过的记录

凡是对原记录状态为“n”，“o”，“p”的记录所做的任何更正而产生的新记录，其处理状态均为“c”。

（2）d＝删除的记录

凡记录处理状态为“d”，就表示该记录已不再有效。可用 300 一般附注字段说明该记录删除原因。

（3）n=新记录

所有原始编目产生的新记录（包括文献出版前的记录，如CIP记录），此处都用“n”标识。如果数据库中已有与在编文献相关的较高层记录（如在编文献属于某种丛书，而图书馆已对该丛书做过集中描述），此处应当为“o”。

（4）o=已有较高层次的记录

凡是数据库中已有与在编文献相关的较高层次的集中描述记录，此处均为“o”。

（5）p=曾为不完整的预编记录

记录处理状态若使用“p”，表示用现在的记录代替在编文献出版前的不完整记录（如CIP记录）。

5.2.1.2 执行代码

（1）记录类型（字符位6）

字符位6—9之所以被称为“执行代码”，是因为该组代码在ISO 2709中未定义，但在其各个执行标准中都做出了具体规定。字符位6反映记录的记录类型，有些类似“一般资料标识”。用1位小写字母代码表示。《新版中国机读目录格式使用手册》规定了15种记录类型代码。即：

a=文字资料（印刷品）

b=文字资料（手稿）

c=乐谱（印刷品）

d=乐谱（手稿）

e=测绘资料（印刷品）

f=测绘资料（手稿）

g=放映和视频资料（电影、教学用电影片、幻灯插片、透明胶片、录像制品）

i=录音资料（非音乐节目）

j=录音资料（音乐节目）

k=二维图像（图画、设计图等）

l=计算机存储介质

m=多媒体资料

r=三维制品和教具

u=拓片

v=善本书

（2）书目级别（字符位7）

书目级别表示对在编文献的描述是按成套处理还是按单本处理，或者采用分析的方法为文献的组成部分进行描述。具体按哪种方法处理，从记录的200字段数据中可以清楚地看到。所以，字符位7所反映的书目级别，一定要与记录所描述的书目实体相关。用1位小写字母代码表示。

a=分析级（组成部分）

表示该记录所描述的文献在物理实体上包含在另一文献实体中。比如：刊物中的一篇文章；刊物中的一个连续性栏目或专栏；专著中的一个重要附录；会议文集中的一篇论文。

m＝专著

普通图书等以一册或以限量分册出全的出版物，包括单行本专著、多卷书、多卷书的分册、单张地图、地图集、丛书、地球仪等。

s＝连续性出版物

表示以连续的卷期并计划无限期连续出版的出版物，包括仍在继续出版的期刊和报纸、已经停止出版的期刊和报纸、年鉴。

c＝合集、汇集型书目实体

表示汇集型的书目实体，如盒装的册子汇集，各种不同形式的资料汇为一集，或是个人作者的全部手稿等。

(3) 层次等级代码（字符位 8）

本代码表示该记录以层次性的关系与数据库中的其他记录连接在层次中的相对位置。用 1 位空格“#”或阿拉伯数字代码表示。

#＝层次关系未定或不采用层次结构

0＝无层次等级关系

1＝最高层次的记录

2＝低于最高层次的记录（所有低层次记录）

4＝未定义（字符位 9）

该字符位未定义，填空格“#”。

5.2.1.3　记录附加定义

(1) 编目等级（字符位 17）

用 1 位字符（空格或阿拉伯数字代码）表示该记录的完整程度及在描述时是否核对过原文献。

#＝完全级。表示在编制机读记录时曾与原文献核对过，或表示编制机读记录时直接依据的是文献本身。

1＝次级 1。表示在编制机读记录时，未核对过在编文献本身。比如该记录是根据目录卡片制作的，因此，其字段符、指示符等可能存在错误。

2＝次级 2。表示该记录为在文献出版前预先编制的记录（如 CIP 数据），书目数据可能不完整，比如可能没有载体形态项字段。

3＝次级 3。表示该记录的数据不完整，将来可能会被升级为完整级记录，但也可能不会被升级。

(2) 著录格式（字符位 18）

用 1 位字符（空格或小写字母代码）表示本记录在描述时所采用的描述规则。具体地讲，就是表明本记录的 200—225 字段是否依据了《国际标准书目著录》(ISBD) 的规定。

#＝记录完全采用了 ISBD 格式；记录中的全部数据元素都符合 ISBD 的规定。

i＝记录部分采用了 ISBD 格式；部分字段不符合 ISBD 规定。

n＝记录为非 ISBD 格式；记录中的数据元素不符合 ISBD 规定。

(3) 未定义(字符位 19)

该字符位未定义,填空格"#"。

5.2.2 地址目次区

地址目次区(Directory)是指记录中所有数据字段的标识符、长度与起始位置的标识区,是一条记录内所有数据字段的索引。它位于记录头标之后,由若干目次款目和字段分隔符构成的。每个目次款目由三部分组成,字符位数为 12 位:3 位数字表示的字段号;4 位数字表示的数据字段长度;5 位数字表示的字段起始字符位置(由第一个数据字段算起)。字段分隔符是在每个可变长字段的结尾用以分隔字段的控制符号。在信息描述过程中,目次区由计算机自动生成[2]。地址目次区的基本结构见图 5-2。

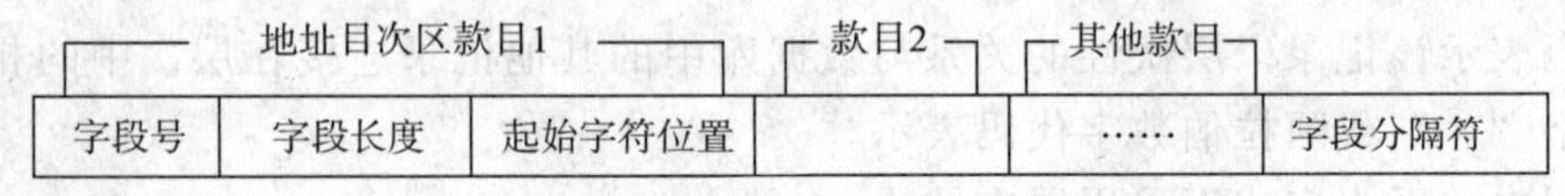

图 5-2 地址目次区的基本结构

5.2.3 数据字段区(Variable Fields)

5.2.3.1 CNMARC 数据字段区的字段形式

在地址目次区之后为变长数据字段区。它由变长字段和变长字段的特殊形式——定长字段共同构成,包括两种数据字段形式。

(1) 定长字段:00—字段为定长数据字段,也称数据(控制)字段,其结构如下图:

数据	字段分隔符

(2) 变长数据字段(010 至 999 结构):从 010 到 999 的所有字段均为变长数据字段,具结构如下图:

指示符 1	指示符 2	$a	数据	……	字段分隔符

5.2.3.2 数据字段区的构成

数据字段区分为三个层次:功能块、字段、子字段或数据元素。其中的十大功能块分别是:

0—标识块:存放记录控制号,国际标准刊号等各种标识号。

1—编码信息块:存放描述连续出版物性质及特征的各种编码。

2—著录信息块:是书目记录的主体,存放题名及责任说明、版本说明、卷期标识、出版发行、载体形态及丛编等信息。与手工编目中 ISBD(S)的第一到第六著录项对应。

3—附注块:存放各种附注信息,与 ISBD(S)的第七著录项对应。

4—款目连接块:存放与本记录有关的其他记录信息,达到与相应记录连接的目的。

5—相关题名块：存放除正题名外的其他题名信息，作为数据库的检索点。

6—主题分析块：存放编目员为此记录分配的各种分类号，以及为之标引的主题词。

7—知识责任块：存放对此连续出版物负有知识责任的个人、团体的规范名称。

8—国际使用块：存放国际上一致约定的内容。

9—国内使用块：存放馆藏、索刊号等信息。

本书根据《新版中国机读目录格式使用手册》，详细介绍数据字段区中各功能块及数据字段的构成[3]。

(1) 0—标识块（Identification Block）

标识块是含有用来标识记录或标识出版物实体并出现在实体上的号码。

定义的字段：

字段号	字段名称
001	记录标识号
005	记录处理时间
010	国际标准书号（ISBN）
011	国际标准连续出版物号（ISSN）
013	国际标准音乐号（ISMN）
014	论文标识号
015	国际标准技术报告号（ISRN）
016—018	为其他国际标准号保留
020	国家书目号
021	版权登记号
022	政府出版物号
040	CODEN
071	出版者作品号（录音和音乐）
091	统一书刊号
092	订购号
094	标准号

(2) 1—编码信息块（Coded Information Block）

编码信息块是以固定长编码数据元素描述记录各方面的形式特征的模块。字段中的数据以字符位置定义，当不能提供编码信息时，该字段可省略；提供的数据不完整时，应以填充符补充。

定义的字段：

字段号	字段名称
100	通用处理数据
101	作品语种
102	出版或制作国别
105	编码数据字段：文字资料、专著
106	编码数据字段：文字资料—形态特征

110　　编码数据字段：连续出版物
115　　编码数据字段：投影、录像制品和电影片
116　　编码数据字段：书画刻印作品
117　　编码数据字段：三维制品和实物
120　　编码数据字段：测绘资料——般性数据
121　　编码数据字段：测绘资料—形态特征
122　　编码数据字段：文献内容涵盖期间
123　　编码数据字段：测绘资料—比例尺与坐标
124　　编码数据字段：测绘资料—特殊资料标志
125　　编码数据字段：录音与印刷乐谱
126　　编码数据字段：录音资料—形态特征
127　　编码数据字段：录音与乐谱播放时间
128　　编码数据字段：音乐演奏与乐谱
130　　编码数据字段：缩微制品—形态特征
131　　编码数据字段：测绘资料—大地、坐标网格与垂直测量
135　　编码数据字段：电子资源
140　　编码数据字段：古籍——般性数据
141　　编码数据字段：古籍—复本特征
191　　编码数据字段：拓片
192　　编码数据字段：民族音乐

(3) 2—著录信息块（Descriptive Information Block）

该功能块记录 ISBD 规定的相关著录项目，但附注项和标准号不记录在该功能块中。

定义的字段：

字段号　　字段名称
200　　题名与责任说明项
205　　版本说明项
206　　资料特殊细节项：测绘资料—数学数据
207　　资料特殊细节项：连续出版物卷期编号
208　　资料特殊细节项：印刷乐谱的特别说明
210　　出版发行项
211　　预定出版日期
215　　载体形态项
225　　丛编项
230　　资料特殊细节项：电子资源特征

(4) 3—附注块（Notes Block）

该功能块是对著录项目和检索点进行的补充说明，没有固定的著录形式，著录内容涉及其内容各方面的特征。

定义的字段：

字段号	字段名称
300	一般性附注
301	标识号附注
302	编码信息附注
303	著录信息一般性附注
304	题名与责任说明附注
305	版本与书目史附注
306	出版、发行附注
307	载体形态附注
308	丛编附注
310	装订及获得方式附注
311	连接字段附注
312	相关题名附注
313	主题附注
314	知识责任附注
315	资料（或出版物类型）特殊细节附注
316	现有副本附注
317	出处附注
318	保护操作附注
320	文献内书目、索引附注
321	文献外索引、摘要与参考书目附注
322	制作者附注（投影与录像资料）
323	演出者附注（投影与录像资料）
324	原作版本附注
325	复制品附注
326	出版周期附注（连续出版物）
327	内容附注
328	学位论文附注
330	提要或文摘附注
332	引文附注
333	使用对象附注
336	电子资源类型附注
337	系统需求附注（电子资源）
345	采访信息附注

（5）4—款目连接块（Linking Entry Blcok）

款目连接块记录被连实体的文献特征及其与该文献有联系的记录数据。该功能块字段的结构适用于所有 4—字段，每个字段都嵌入被连实体的字段号、指示符和子字段代码。

定义的字段：

字段号	字段名称
丛编、补编等	
410	丛编
411	附属丛编
421	补编、增刊
422	正编、正刊
423	合订、合刊
先前款目	
430	继承
431	部分继承
432	替代
433	部分替代
434	吸收
435	部分吸收
436	由……，……和……合并而成
437	分自
后继款目	
440	由……继承
441	由……部分继承
442	由……替代
443	由……部分替代
444	并入
445	部分并入
446	分成……，……和……
447	与……，……合并而成……
448	改回
其他版本	
451	同一载体其他版本
452	不同版本
453	译为
454	译自
455	复制自
456	复制为
层次	
461	总集
462	分集
463	单册
464	单册分析

其他关系

470　被评论作品

481　本册中还装订有

482　和……一起装订

488　其他相关作品

该功能块有两种记录方法：

第一，嵌入字段技术：即当字段有足够的数据时，将该字段包含的数据字段嵌入被连实体的字段号、指示符和子字段代码内。这是一种被长期采用的记录方式，款目虽然比较复杂，但数据记录完整。采用这种技术只设一个＄1 子字段，用来记录被连接数据的完整字段内容。每个连接字段的结构如下：

指示符	子字段标识符	子字段数据	子字段标识符	子字段数据		F/T
＃0 或＃1	＄1	嵌套的字段号、指示符和子字段	＄1	嵌套的字段号、指示符和子字段	……	字段结束符

第二，标准子字段技术：直接在记录中列出若干子字段，显示被连接实体的有关书目信息，而不再将原书目记录的有关字段嵌入在编文献记录中。

标准子字段技术设有如下子字段：

子字段标识符　子字段内容

＄a　著者

＄c　出版地

＄d　出版日期

＄e　版本说明

＄h　分辑号

＄i　分辑名

＄p　载体形态项

＄t　题名

＄u　统一资源地址

＄v　卷期号

＄x　国际标准连续出版物号

＄y　国际标准书号/国际标准音乐号

＄z　CODEN

＄0　书目记录号

＄3　规范记录号

＄5　使用本字段的机构

（6）5—相关题名块（Related Title Blcok）

相关题名块，记录正题名以外的相关题名信息，这些题名通常出现在文献实体上。

定义的字段：

字段号	字段名称
统一题名	
500	统一题名
501	作品集统一题名
503	统一惯用标目
不同题名	
510	并列正题名
512	封面题名
513	附加题名页题名
514	卷端题名
515	逐页题名
516	书脊题名
517	其他题名
其他相关题名	
520	前题名（适用于连续出版物）
530	识别题名（适用于连续出版物）
531	缩略题名（适用于连续出版物）
532	展开题名（适用于连续出版物）
540	编目员补充的附加题名
541	编目员补充的翻译题名
545	章节题名

(7) 6—主题分析块（Subject Analysis Blcok）

这是以主题词、分类号记录文献特征的书目数据块，各字段由不同的休系构成。

定义的字段：

字段号	字段名称
主题标目	
600	个人名称主题
601	团体名称主题
602	家族名称主题
604	名称和题名主题
605	题名主题
606	学科名称主题
607	地理名称主题
608	形式、类型或物理特性标目
610	非控主题词
615	主题类目（暂定）
620	出版地/制作地检索点

主题分析

660　地区代码（GAC）

661　年代范围代码

670　保留词关系标引法（PRECIS）

分类号

675　国际十进分类法分类号（UDS）

676　杜威十进分类法分类号（DDC）

680　美国国会图书馆分类法分类号

686　其他分类号

690　中国图书馆图书分类法分类号

692　中国科学院图书馆图书分类法分类号

696　国内其他分类法分类号

(8) 7—知识责任块（Intellectual Responsibility Blcok）

知识责任块记录对在编文献责任说明的相关数据，记录的数据可以是个人、团体、家族等。

定义的字段：

字段号　字段名称

个人名称

700　个人名称——主要知识责任

701　个人名称——等同知识责任

702　个人名称——次要知识责任

团体或会议名称

710　团体名称——主要知识责任

711　团体名称——等同知识资任

712　团体名称——次要知识责任

家族名称

720　家族名称——主要知识责任

721　家族名称——等同知识责任

722　家族名称——次要知识责任

730　名称——知识责任

(9) 8—国际使用块（International Use Blcok）

国际使用块记录国际上统一使用，但不适于记录在 0—至 7—功能块的字段。

定义的字段：

字段号　字段名称

801　记录来源（必备字段）

802　ISSN 中心

830　编目员注释

856　电子文件地址与检索

886　　无法被包含的源格式数据

(10) 9—国内使用块 (National Use Blcok)

记录国内文献机构依据本格式处理，超出通用范围，但又具有交换意义的独特馆藏数据。

定义的字段：

字段号　　字段名称

905　　馆藏信息

905 字段设有如下 8 个字段：

子字段标识符	子字段内容	注　释
$a	收藏单位代码	可重复
$h	登录号	可重复
$c	排架区分号	可重复
$d	分类号	可重复
$e	书次/种次号	可重复
$f	复本数	可重复
$v	入藏卷期	可重复
$y	年代范围	可重复

5.2.4　记录分隔符

著录于每个 MARC 记录最后的专门符号，是该 MARC 记录结束的标志，由计算机自动生成。

本章小结

本章介绍了国内外机读目录 (MARC) 的发展和应用过程，并描述 MARC 的逻辑结构。美国和英国在机读目录的研究方面作出了重要贡献，并带动了 MARC 在全球范围的推广和应用。我国于 20 世纪 70 年代引进 MARC 的理论和方法，编写出 CNMARC 并在全国推广使用。CNMARC 的逻辑结构包括四个部分：记录头标区、地址目次区、数据字段区、记录分隔符。记录头标区包括多项数据元素，本文详细介绍了记录状态、执行代码、记录附加定义这三个主要元素。地址目次区由若干目次款目和字段分隔符构成。数据字段区分为三个层次：功能块、字段、子字段或数据元素。记录分隔符是每个 MARC 记录结束的标志。

参考文献

[1] 杨玉麟等．信息描述［M］．北京：高等教育出版社，2004.

[2] 孙更新．文献信息编目［M］．武汉：武汉大学出版社，2006.

[3] 国家图书馆．新版中国机读目录格式使用手册［M］．北京：北京图书馆出版社，2004.

第6章　普通图书的信息描述

6.1　标识信息块的描述

标识块（Identication Block）包含标识记录或标识出版物实体并记载在实体上的号码，0—标识块中普通图书著录常用的相关字段包括001、005、010、091，这是普通图书著录时一般应具备的数据字段。

6.1.1　001记录标识号（Record Identifier）

本字段包含与记录唯一相关的标识符号，即编制本书目记录机构分配给本记录的控制号。对所有在编文献，本字段均为必备，不可重复。

指示符

遵照GB/T 2901（ISO 2709），本字段无指示符。

子字段

遵照GB/T 2901（ISO 2709），本字段不设子字段。

相关字段

编目机构可以使用其他标识号，诸如国际标准书号、国家书目号作为记录标识号，但同时仍然要把它们记录到规定的字段。

【例】

◆ 001　002347490

注：中国国家图书馆编制的一种中文普通图书书目记录的记录标识号。

◆ 001　B7512345

注：该记录采用英国国家书目号B7512345作为记录标识号，同时，该号还要记录020字段。

◆ 001　02512465

注：该记录采用去掉连字符“-”的国际标准连续出版物编号作为记录标识号，同时，含有连字符的该国际标准连续出版物编号还要记入011字段。

6.1.2　005记录处理时间标识（Version Identifier）

本字段包含记录的最后处理日期和时间，以便系统判断所处理记录的版本情况。本字段选择使用，不可重复。

指示符

遵照 GB/T 2901（ISO 2709），本字段无指示符。

子字段

遵照 GB/T 2901（ISO 2709），本字段不设子字段。

相关字段

100　通用处理数据，入档时间（字符位置 0—7）

本字段记载的是记录生成日期，即使对记录进行了更新也不再改变。

801　记录来源，$c 处理日期

本字段仅记载修改、转录和/或发行的年、月、日。

【例】

◆ 005　20001201141236.0

注：该记录最后处理时间为：2000 年 12 月 1 日 14 时 12 分 36 秒。

6.1.3　010 国际标准书号（International Standard Book Number，ISBN）

本字段包含由各国指定的机构分配的国际标准书号和区分记录中的多个国际标准书号的限定信息，本字段与 ISBD 的“标准号和获得方式”相对应。即使没有国际标准书号，本字段也可记入获得方式和/或价格。本字段选择使用，当有多个有效的国际标准书号时，本字段可重复。

指示符

指示符 1：空（未定义）

指示符 2：空（未定义）

子字段

子字段标示符	子字段内容	注　释
$a	ISBN	不可重复
$b	限定	不可重复
$d	获得方式和/或价格	不可重复
$z	错误的 ISBN	可重复

相关字段

011　国际标准连续出版物号（ISSN）

在使用上与国际标准书号相似，是分配给连续出版物的号码。

013　国际标准音乐号（ISMN）

在使用上与国际标准书号相似，是分配给印刷乐谱的号码。

015　国际标准技术报告号（ISRN）

在使用上与国际标准书号相似，是分配给技术报告的号码。

016　国际标准音像编码

在使用上与国际标准书号相似，是分配给录音制品、录像制品或电子资源的号码。

【例】

◆ 010 ##$a7-310-00788-3

◆ 010 ##$a7-118-00249-1$b精装

◆ 010 ##$a7-81023-606-7$Dcny6.80（上册）；CNY9.80（下册）

◆ 010 ##$a0-11-884094-0$z0-11-884094-x

注：该ISBN中的校验位x是错误的。

◆ 010 ##$a7-313-01037-0$DCNY3.95$y7-313-1037-0

注：ISBN7-313-1037-0为被注销的ISBN号。

6.1.4 091 统一书刊号（Union Books and Serials Number，UBSN）

本字段包含由我国出版部门为书刊分配的统一号码。本字段选择使用，可重复。

指示符

指示符1：空（未定义）

指示符2：空（未定义）

子字段

子字段标识符	子字段内容	注 释
$a	统一书刊号	不可重复
$b	限定	不可重复
$d	获得方式和/或价格	不可重复
$z	错误的统一书刊号	可重复

【例】

◆ 091 ##$a3000.236$b精装$d￥3.65

◆ 091 ##$a15045总2666-资493$dCNY5.67

6.2 编码信息块的描述

编码信息块（Coded Information Block）是在编制普通图书的MARC记录时使用，主要是使用编码信息块中的100、101、102和105字段。如果在编图书不能提供该字段的信息，可省略该字段。

6.2.1 100 通用处理数据（General Processing Data）

本字段包含的定长编码数据适用于任何载体文献的记录。对所有在编文献，本字段均为必备，不可重复。

指示符

指示符 1：空（未定义）

指示符 2：空（未定义）

子字段

子字段标识符	子字段内容	注　释
＄a	通用处理数据	不可重复

子字段＄a 定长数据元素表：

数据元素名称	字符数	字符位置
记录生成时间（必备）	8	0—7
出版时间类型	1	8
出版时间 1	4	9—12
出版时间 2	4	13—16
阅读对象代码	3	17—19
政府出版物代码	1	20
修改记录代码	1	21
编目语种代码（必备）	3	22—24
音译代码	1	25
字符集（必备）	4	26—29
补充字符集	4	30—33
题名文字代码	2	34—35

【例】

◆ 100　＃＃＄a19870923d1985＃＃＃＃km＃y0chiy50＃＃＃＃＃＃ea

注：

0—7　19870923　入档日期

8　d　一次或一年内出全的专著

9—12　1985　出版年 1

13—16　＃＃＃＃　出版年 2

17—19　km＃　阅读对象为成人

20　y　非政府出版物

21　0　记录无变更

22—24　chi　编目语种为汉语

25　y　未使用音译

26—29　50＃＃　使用 ISO/IEC10646 通用多八位编码字符集

30—33　＃＃＃＃　未使用补充字符集

34—35　　ea　　　　　　题名语种为中文

6.2.2　101 文献语种（Language of the Item）

本字段包含在编文献的整体、部分或题名的语种代码。如果该文献为译著，则还应记录其原著的语种代码。只要在编文献有语言文字，则本字段为必备，不可重复。

指示符

指示符 1：翻译指示符

该指示符标识文献是否为译著或含译文。

0　文献为原著

1　文献为译著（译自原著或非原著的中间语言）

2　文献含有译文（不包括提要译文）

对于从其他途径转换过来的记录，如果未能在该指示符位置分配相应的值，则该处应标识填充符（|）。如果文献中的译文仅为提要，则该指示符 1 不能置“2”。

指示符 2：空（未定义）

子字段

子字段标示符	子字段内容	注　释
$a	正文、声道等语种	可重复
$b	中间语种（作品非译自原著）	可重复
$c	原作语种	可重复
$d	提要或文摘语种	可重复
$e	目次页语种（与正文语种不同时）	可重复
$f	题名页语种（与正文语种不同时）	可重复
$g	正题名语种（与正文或声道的第一语种不同时）	不可重复
$h	歌词等的语种（适用于含有文字资料的声乐制品）	可重复
$i	附件语种（非文摘、提要或歌词）	可重复
$j	字幕语种（与声道语种不同时）	可重复

相关字段

100　通用处理数据，编目语种代码（字符位置 22～24）

该字符所记入的是编目人员编制记录时使用的语种编目的代码，并非文献本身的语种。

200　题名与责任说明，$z 并列正题名语种

200　字段 $z 子字段记入的是并列题名的语种代码。

510—541　相关题名

某些相关题名字段设有 $z 字段，用来记入该相关题名语种不同于文献主要语种时的语种代码。

【例】

◆ 101　0＃＄achi

注：表示在编图书为中文图书。

◆ 101　1＃＄achi＄ceng

注：表示原著为英文，译著为中文。

◆ 101　1＃＄achi＄beng＄cger

注：表示原著为德文，由英译本转译为中文。

6.2.3　102 出版或制作国别（Country of Publication or Production）

本字段包含在编文献的一个或多个出版或制作国的国别代码。本字段选择使用，不可重复。

指示符

指示符 1：空（未定义）

指示符 2：空（未定义）

子字段

子字段标识符	子字段内容	注　释
＄a	出版或制作国别	可重复
＄b	出版地区代码（非国际标准）	可重复
＄c	出版地区代码（国际标准）	可重复
＄2	非国际标准出版地区代码来源	可重复

相关字段

210　出版发行等

620　出版地/制作地检索点

【例】

◆ 102　＃＃＄acn＄b110000

注：表示图书为北京出版

◆ 102　＃＃＄aCN＄b110000＄b450000

注：表示图书为北京、广州两地联合出版

◆ 102　＃＃＄aCN＄b110000＄aJP

注：表示图书为北京、日本两地出版。

6.2.4　105 编码数据字段：专著性文字资料（Coded Data Field：Textual Material，Monographic）

本字段包含有关专著性印刷文字资料的编码数据。本字段选择使用，不可重复。对专著性印刷文字资料建议提供该字段。

指示符

指示符 1：空（未定义）

指示符 2：空（未定义）

子字段

子字段标识符	子字段内容	注　释
$a	专著编码数据	不可重复

子字段 $a 定长数据元素表：

数据元素名称	字符数	字符位置
图表代码	4	0—3
内容类型代码	4	4—7
会议代码	1	8
纪念文集指示符	1	9
索引指示符	1	10
文学体裁代码	1	11
传记代码	1	12

相关字段

记录头标，记录类型（字符位置 6）

记录头标，书目级别（字符位置 7）

106　编码数据字段：文字资料——形态特征

215　载体形态项

与载体形态有关的代码，其术语记录在载体形态项。

328　学位论文附注

本字段记录与字符位置 4—7 中代码“m”、“v”相关的附注内容。

【例】

◆ 105　＃＃$afbckigz＃001yd

注：

字符位置	值	注释
0—3	fbck	含插图、地图、名人肖像和统计表格
4—7	igz＃	含统计资料、人名录、地名录及其他
8	0	非会议出版物
9	0	非纪念文集
10	1	含索引
11	y	非文学作品
12	d	含传记资料

6.3　著录信息块的描述

著录信息块（Descriptive Information Block）包含 ISBD 规定的有关著录项目，但附注项和标准号除外。在 CNMARC 中，普通图书著录时，使用 2—著录信息块中的 200、205、210、215 和 225 字段。

6.3.1　200 题名与责任说明（Title and Statement of Responsibility）

本字段包含题名、其他题名信息、与题名相关的责任说明以及用其他语言重复的上述信息（并列题名、并列责任说明等）。这些数据元素通常以其在文献上出现的形式和次序进行著录。本字段与 ISBD 的“题名与责任说明项”相对应。

指示符

指示符 1：题名检索意义指示符

指明编目机构是否把记入第一个＄a 子字段的正题名作为检索点处理。这相当于做题名附加款目，或根据某些编目条例，以题名做主要款目。

0　题名无检索意义

不由该题名生成检索点

1　题名有检索意义

由该题名生成检索点

指示符 2：空（未定义）

子字段

子字段标识符	子字段内容	注　释
＄a	正题名	必备，可重复
＄b	一般资料标识	可重复
＄c	其他责任者的正题名	可重复
＄d	并列正题名	可重复
＄e	其他题名信息	可重复
＄f	第一责任说明	可重复
＄g	其他责任说明	可重复
＄h	分辑（册）、章节号	可重复
＄i	分辑（册）、章节名	可重复
＄v	卷标识	不可重复
＄z	并列正题名语种	可重复
＄5	使用本字段的机构	不可重复
＄9	正题名汉语拼音	不可重复

相关字段

101　文献语种

200　字段＄a 中正题名语种与作品正文第一语种不相同时，正题名语种代码记入 101 字段＄g，正文第一语种代码记入 101 字段的第一个＄a 子字段。并列题名的语种代码应该记入 200 字段＄z。

304　题名与责任说明附注

用于 200 字段内容方面的注释。

312　相关题名附注

用于相关题名和/或关于相关题名的说明。

423　合订、合刊

用于题名的附加款目，它包括 200 字段附加的＄a 子字段、＄c 子字段的题名，以及与这些题名相关联的题名。

5—　相关题名块

用于在 200 字段＄d 子字段中出现的并列题名和诸如书脊题名等的其他不同题名的附加款目。

530　识别题名（连续出版物）

源格式中的识别题名（Key title），无论其与正题名相同与否，都应记入 530 字段。

【例】

◆ 200　1＃＄a 生活・题材・创作

◆ 200　1＃＄a Gone with the wind

◆ 200　1＃＄a 康德（纯粹理性批判）导读

（书名页原题为康德［纯粹理性批判］导读）

◆ 200　1＃＄a Harriet said —

（书名页原题为 Harriet said...）

◆ 200　1＃＄a 系统论、信息论、控制论浅说

（书名页原题为系统论 信息论 控制论浅说）

◆ 200　1＃＄a 鲁迅全集＄f［鲁迅］著＄g 人民文学出版社编辑

◆ 200　1＃＄a The complete short stories of H. G. Wells

6.3.2　205 版本说明（Edition Statement）

本字段包含文献的版本说明、附加版本说明以及与该版本有关的责任说明。本字段与 ISBD 的“版本项”相对应。本字段选择使用，可重复。

指示符

指示符 1：空（未定义）

指示符 2：空（未定义）

子字段

子字段标识符	子字段内容	注　释
$a	版本说明	不可重复
$b	附加版本说明	可重复
$d	并列版本说明	可重复
$f	与版本有关的责任说明	可重复
$g	与版本有关的次要责任说明	可重复

相关字段

200　题名与责任说明

305　版本与书目沿革附注

【例】

◆ 205　##$a2 版

◆ 205　##$a 影印本与晒印本

◆ 205　##$a2 版 $b 修订本 $f 王崇行……［等］修订

◆ 205　##$a 海外版 $d=Overseas ed.

◆ 205　##$a2nd ed. $breissued $fwith a foreword by Magnus Magnusson $gextra notes by P. Gardner

6.3.3　210 出版发行等（Publication，Distribution，ETC.）

本字段包含文献的出版、发行和制作及其相关时间的信息。本字段与 ISBD 的“出版发行项”相对应。本字段选择使用，不可重复。

指示符

指示符 1：空（未定义）

指示符 2：空（未定义）

子字段

子字段标识符	子字段内容	注　释
$a	出版、发行地	可重复
$b	出版、发行者地址	可重复
$c	出版、发行者名称	可重复
$d	出版、发行时间	可重复
$e	制作地	可重复
$f	制作者地址	可重复
$g	制作者名称	可重复
$h	制作时间	可重复

相关字段

100 通用处理数据，出版时间 1，2（字符位置 9—16）

出版时间应分别著录在 100 字段和 210 字段的＄d 的子字段内。

102 出版或制作国别

本字段以代码形式标识出版或制作地国别和地区。

205 版本说明

重印本等的印刷日期可以出现在本字段的版本说明或附加版本说明中。

345 采访信息附注

本字段含有出版者或发行者等的详细通讯地址。

620 出版地/制作地检索点

本字段可提供出版地、制作地的检索点形式。

7— 知识责任块

如果提供有关出版者、制作者的检索点，可将出版、发行者的个人或团体名称著录在 7—字段。

【例】

◆ 210 ＃＃＄a 北京＄c 中国人民大学出版社＄d1998.9

◆ 210 ＃＃＄a 北京＄c 文物出版社＄a 香港＄c 三联书店［发行］＄d1987.3

◆ 210 ＃＃＄aLondon＄aMacmillan＄d1998

6.3.4 215 载体形态项（Physical Description）

本字段包含在编文献载体形态特征方面的信息。本字段与 ISBD 的“载体形态项”相对应。本字段选择使用，可重复。

指示符

指示符 1：空（未定义）

指示符 2：空（未定义）

子字段

子字段标识符	子字段内容	注　释
＄a	特定文献类型标识和文献数量	可重复
＄c	其他形态细节	不可重复
＄d	尺寸	可重复
＄e	附件	可重复

相关字段

105 编码数据字段：专著性文字资料，图表代码（字符位置 0—3）

本字段的图表代码，与 215＄c 子字段中的图表数据相对应。

126 编码数据字段：录音制品——形态特征

130 编码数据字段：缩微制品——形态特征

307 载体形态附注

凡不能记入 215 字段的载体形态细节，均作为附注记入 307 字段。

【例】

◆ 215 ＃＃＄a1320 页＄c 彩照＄d26cm

◆ 215 ＃＃＄a534 页＄c 折图＄d26cm＄e 附图 1 袋（16 张）

◆ 215 ＃＃＄a3vol.（49，37，18p）＄cill.，col. maps＄d22cm＄esound

◆ 215 ＃＃＄a 32p. ＄c ill. ＄d 23cm＄e1sound disc（13min.：33 1/3rpm，mono.；7in.）

6.3.5 225 丛编项（Series）

本字段包含按文献上出现的形式和顺序著录的丛编题名以及与该丛编题名有关的其他题名信息和责任说明，包括用其他语种重复的上述各项信息。本字段与 ISBD 的“丛编项”相对应。本字段选择使用，当文献从属于多个丛编时，本字段可重复。

指示符

指示符 1：题名形式指示符

丛编题名的检索点形式应记入 4—款目连接块。指示符 1 指明本字段的丛编说明是否与 4—字段中记录的检索点形式相同。

0 与检索点形式不同

编目机构认为 225 字段著录的丛编说明数据与 4—字段中的检索点形式不同。

1 无检索点形式

225 字段著录的丛编说明数据在 4—字段中没有检索点形式。

2 与检索点形式相同

编目机构认为 225 字段著录的丛编说明数据与 4—字段中的检索点形式相同。

指示符 2：空（未定义）

子字段

子字段标识符	子字段内容	注 释
＄a	丛编题名	不可重复
＄d	并列丛编题名	可重复
＄e	其他题名信息	可重复
＄f	责任说明	可重复
＄h	附属丛编号	可重复
＄i	附属丛编名	可重复
＄v	卷标识	可重复
＄x	丛编的国际标准连续出版物号	可重复
＄z	并列丛编题名语种	可重复

相关字段

011　标准连续出版物号（ISSN）

200　字段著录的丛编题名的 ISSN 应著录在 011 字段。225 字段 $ x 子字段只著录 225 $ a 或 $ i 子字段连续出版物题名的 ISSN。

410　丛编

从编题名的确定形式可著录在嵌入 410 字段的 200 字段中。

411　附属丛编

附属丛编题名的确定形式可著录在嵌入 411 字段的 200 字段中。

461　总集

当某编目机构采用的记录结构强调连接不同层级的单独的数据记录，且该机构要求有指向连续出版物记录的参照时，则使用 461 字段。

530　识别题名

如果丛编有识别题名，可在 308 丛编附注字段作附注说明，而不应记入 530 字段，只有题名记入 200 $ a 的文献的识别题名方可记入 530 字段。

7—　知识责任块

$ f 子字段中的个人或团体名称其检索点形式应记入 7—字段，或者记入嵌套在 4—字段中的 7—字段。

【例】

◆ 225　0＃＃ $ a 英语世界丛书 $ d The World of English Books

◆ 225　2＃＃ $ a 中国少数民族语言简志丛书 $ e 国家民委民族问题五种丛书之一

◆ 225　2＃＃ $ a English linguistics，1500—1750 $ e a collection of facsimile reprints

◆ 225　2＃＃ $ a 图书馆学情报学系列教程 $ f 来新夏主编

◆ 225　0＃＃ $ a Special paper $ f Geological Society of American

◆ 225　0＃＃ $ a 外国文学研究资料丛刊 $ x8891—2001

◆ 225　2＃＃ $ a The social history of Canada $ x 0085—6207

◆ 225　0＃＃ $ a 机械丛书 $ v 第 16 种

◆ 225　1＃＃ $ a Comprehensive history of Karnataka $ v1

◆ 225　2＃＃ $ a 中国少数民族民间文学丛书 $ i 故事大全

◆ 225　0＃＃ $ a The science $ i Man and his environment

6.4　附注信息块的描述

附注块（Notes Block）记录对在编文献的著录单元或检索点的补充说明。著录普通图书时，常用的字段包括 300、304—308、310、312、320、324、327、328、330、332、333 和 345 等字段。

6.4.1　300 一般性附注（General Notes）

本字段记录其他附注字段不适于著录的任何附注内容。本字段选择使用，可重复。

指示符

指示符 1：空（未定义）

指示符 2：空（未定义）

子字段

子字段标识符	子字段内容	注　释
$a	附注内容	不可重复

相关字段

其他附注字段

【例】

◆ 300　# # $a“十五”国家社会科学基金资助项目

◆ 300　# # $a Original recordings from 1921 to 1933

6.4.2　304 题名与责任说明附注（Notes Pertaining to Title and Statement of Responsibility）

本字段记录 200 字段著录的有关说明或补充。本字段选择使用，可重复。

指示符

指示符 1：空（未定义）

指示符 2：空（未定义）

子字段

子字段标识符	子字段内容	注　释
$a	附注内容	不可重复

相关字段

305　版本与书目沿革附注

有关 200 字段中题名的先前题名或后续题名的细节记入 305 字段中。

312　相关题名附注

在编文献上的其他题名或相关的统一题名的细节记入 312 字段。

314　知识责任附注

未记入 200 字段的有关知识责任的附注记入 314 字段。

【例】

◆ 304　# # $a 正题名取自封面

◆ 304　# # $a Cover title：Biblogy seminars

◆ 200　# # $a 穆勒名学 $f（英）穆勒（J. S. Mill）$g 严复译

◆ 304　##$a 本书原名：《逻辑学体系》(演义与归纳)

◆ 304　##$a 著者弥尔，严复译为穆勒

6.4.3　305 版本与书目史附注 (Notes Pertaining to Edition and Bibliographic History)

本字段著录图书版本及书目史的说明或补充。本字段选择使用，可重复。

指示符

指示符 1：空 (未定义)

指示符 2：空 (未定义)

子字段

子字段标识符	子字段内容	注　释
$a	附注内容	不可重复

相关字段

300　一般性附注

虽然 300 字段可以代替 305 字段，但建议尽可能使用 305 字段作书目沿革附注。

311　连接字段附注

与连接字段有关的书目沿革附注著录于 311 字段。

4—　款目连接块

某些书目沿革附注可以由 4—字段生成。

【例】

◆ 305　##$a 据三联书店香港分店版转印

◆ 305　##$a Revision of：3rd ed. London：Macmillan，1953

6.4.4　306 出版发行附注 (Notes Pertaining to Publication，Distribution，ETC.)

本字段记录图书出版发行地说明或补充。本字段选择使用，可重复。

指示符

指示符 1：空 (未定义)

指示符 2：空 (未定义)

子字段

子字段标识符	子字段内容	注　释
$a	附注内容	不可重复

相关字段

210　出版发行等

某些编目规则将发行者、印刷者归入附注内容，此种情况可使用 306 字段。

620　出版地/制作地检索点

出版地、发行地的检索点形式，可记入 620 字段。

【例】

◆ 306　＃＃$a 第三卷由百花出版社出版

◆ 306　＃＃$a Distributed in Canada by: West Coast Enterprises

6.4.5　307 载体形态附注（Notes Pertaining to Physical Description）

本字段记录图书载体形态方面的补充说明或详细说明。本字段选择使用，可重复。

指示符

指示符 1：空（未定义）

指示符 2：空（未定义）

子字段

子字段标识符	子字段内容	注　释
$a	附注内容	不可重复

相关字段

215　形态项

载体形态按格式化形式记入 215 字段。

【例】

◆ 307　＃＃$a 本书为上下册合订本

◆ 307　＃＃$a Pages also numbered 501—828.

6.4.6　308 丛编附注（Notes Pertaining to Series）

本字段的内容是说明在编图书是某一丛书的组成部分。本字段选择使用，可重复。

指示符

指示符 1：空（未定义）

指示符 2：空（未定义）

子字段

子字段标识符	子字段内容	注　释
$a	附注内容	不可重复

相关字段

225　丛编项

丛编题名本身记入 225 字段，有关丛编的附注记入 308 字段。

410　丛编

用丛编款目连接字段可建立一个附注。

【例】

◆ 308　＃＃$a 本书所收“宁古塔纪略/（清）吴振臣著”编入《丛书集成出编》

◆ 308　##$a Orignally issued in series：Research studies in library science.

6.4.7　310 装订及获得方式附注（Notes Pertaining to Binding and Svailability）

本字段记录图书装订和获得方式的补充说明和详细说明。本字段选择使用，可重复。

指示符

指示符 1：空（未定义）

指示符 2：空（未定义）

子字段

子字段标示符	子字段内容	注　释
$a	附注内容	不可重复

相关字段

010　国际标准书号（ISBN）

子字段 $b 限定和 $d 获得方式和/或价格分别记有文献的装订、获得方式和/或价格细节。如需对此作附注说明，则可将其记入 310 字段。

【例】

◆ 310　##$a 著者自刊，赠送

◆ 310　##$a Bound in modern vellum

6.4.8　312 相关题名附注（Notes Pertaining to Related Titles）

本字段记录图书题名页以外其他位置出现的题名文字和说明。本字段选择使用，可重复。

指示符

指示符 1：空（未定义）

指示符 2：空（未定义）

子字段

子字段标示符	子字段内容	注　释
$a	附注内容	不可重复

相关字段

304　题名与责任说明附注

本字段用于记入与文献的主要题名有关的附注，当并列题名是题名与责任说明字段的组成部分时，可用本字段作并列题名附注。

305　版本与书目沿革附注

本字段用于记入与相关文献的题名有关的附注，此类附注不应记入 312 字段。

5—　相关题名块

本块用于记入适于作检索点的相关题名。如需为这类题名作附注，应将其记入

312 字段。并列题名的附注可记入 304 字段，也可记入 312 字段，这取决于并列题名是否包括在题名与责任说明项内。

【例】

◆ 200　1＃ ＄a 大卫·奥格威自传

◆ 312　＃＃ ＄a 封面副题名：广告大师的人生告白

◆ 312　＃＃ ＄a Commonly known as the Guinea catalog.

◆ 540　1＃ ＄a Guinea catalog

6.4.9　314 知识责任附注（Notes Pertaining to Intellectual Responsibility）

本字段记录对图书负有知识责任的个人或团体的文字说明。本字段选择使用，可重复。

指示符

指示符 1：空（未定义）

指示符 2：空（未定义）

子字段

子字段标示符	子字段内容	注　释
＄a	附注内容	不可重复

相关字段

304　题名与责任说明附注

与责任说明的数据有关的附注应记入 304 字段，而不是记入 314 字段。

7—　知识责任块

凡与本块中各字段的数据有关的附注，均应记入 314 字段。许多编目规则要求，对没有在文献著录中出现的检索点应在附注中加以说明。314 字段可用作这样的附注。

【例】

◆ 314　＃＃ ＄a 由中国中文信息协会主办

◆ 314　＃＃ ＄a Based on the novel by Tomas Hardy

6.4.10　320 文献内书目、索引附注（Internal Bibliographies/Indexes Note）

本字段记录图书内部所含参考书目或索引附注，有时也著录书目及索引所在的页码。本字段选择使用，可重复。

指示符

指示符 1：空（未定义）

指示符 2：空（未定义）

子字段

子字段标示符	子字段内容	注　释
＄a	附注内容	不可重复

相关字段

105　编码数据字段：专著性文字资料，索引指示符（字符位置 10）

这个字符位所含的代码表明在编文献是否包含有书目和/或索引。

110　编码数据字段：连续出版物，索引获得方式代码（字符位置 9）

110　编码数据字段：连续出版物，累积索引获得方式代码（字符位置 10）

这两个字符位含有的代码指出由出版者提供的连续出版物索引的可获得性情况。

321　被外部文献索引、摘要和引用附注

有关可单独获得的书目和/或索引的附注记入本字段。

【例】

◆ 320　＃＃＄a 书末附有索引

◆ 320　＃＃＄a Includes bibliographical reference and index

6.4.11　324 原作版本附注（Original Version Note）

本字段包含的附注表示在编图书为复制品，字段记录原文献的书目信息。本字段选择使用，不可重复。

指示符

指示符 1：空（未定义）

指示符 2：空（未定义）

子字段

子字段标示符	子字段内容	注　释
＄a	附注内容	不可重复

相关字段

305　版本与书目沿革附注

关于摹真本其原版文献版本的附注，应优先记入 324 字段，而不是 305 字段。

325　复制品附注

当对原本文献进行著录时，在本附注字段给出其复制品的细节。

455　复制自

本字段用于对原版文献进行描述，或是对原版文献记录进行连接。

456　复制为

本字段用于对复制品文献进行描述，或是对复制品文献记录进行连接。

【例】

◆ 324　＃＃＄a 摹真：后晋天福七年（942 年）刻本

◆ 324　＃＃＄a 影印自：明嘉靖壬午刻本

6.4.12　327 内容附注（Content Note）

本字段记录图书所包含的说明文字。本字段选择使用，可重复。

指示符

指示符 1：完整程度指示符

指明本字段的附注是否完整地记录了所含文献的内容。

0　　内容附注不完整

1　　内容附注完整

指示符 2：结构指示符

#　　非结构式附注

1　　结构式附注

子字段

子字段标示符	子字段内容	注　释
$a	附注内容	可重复

相关字段

464　单册分析

本字段可用于描述一个单册分析级的文献实体，且每个 464 字段均可直接生成一条附注。

【例】

◆ 327　1# $a 虎门销烟/陈建州编写；$a 金田烽火/赵亚光编写；$a 黄海大战/齐吉祥编写；$a 公车上书/王世义编写

注：附注中是《中国近代历史小故事（上）》中的完整子目。

◆ 327　1# $a Includes the test of Theft Act 1968 and The Theft Act 1978

6.4.13　328 学位论文附注 (Dissertation (Thesis) Note)

本字段记录图书是否为学位论文，也可记录所授学位以及授予学术机构。本字段选择使用，可重复。

指示符

指示符 1：空（未定义）

指示符 2：结构指示符

#　　无可用信息

0　　结构式

1　　非结构式

子字段

子字段标示符	子字段内容	注　释
$a	附注内容	不可重复

相关字段

105　编码数据字段：专著性文字资料，内容特征代码（字符位置　4—7）

当在编文献为学位论文时，105 字段 4—7 字符位应包含代码“m”或“v”。

【例】

非结构式的

◆ 328　#1＄a 博士论文：外科学（肝胆外科）：第三军医大学：2000

结构式的

◆ 328　#0＄b 博士论文＄c 外科学（肝胆外科）＄e 第三军医大学＄d2000

6.4.14　330 提要或文摘附注（Summary/Abstract）

本字段记录图书的内容提要或文摘。本字段选择使用，可重复。

指示符

指示符 1：空（未定义）

指示符 2：空（未定义）

子字段

子字段标示符	子字段内容	注　释
＄a	附注内容	不可重复

相关字段

327　内容附注

有关在编文献的内容说明应记入 327 内容附注字段，而不应记入 330 提要或文摘附注字段。

【例】

◆ 330　##＄a 引文：《21 世纪中国经济发展战略初探》

6.4.15　333 使用对象附注（Users/Intended Audience Note）

本字段记录在编图书的使用和适用对象。本字段选择使用，可重复。

指示符

指示符 1：空（未定义）

指示符 2：空（未定义）

子字段

子字段标示符	子字段内容	注　释
＄a	附注内容	不可重复

相关字段

100　通用处理数据，读者对象代码（字符位置 17—19）

这几个字符位用以标识读者对象类型代码。

【例】

◆ 333　##＄a 儿童不宜

注：一部描写暴力的影片的附注。

◆ 333　＃＃＄a 本程序适用于地理学、地质学、气象学工作者

注：一个机读文件的使用对象附注。

6.4.16　345 采访信息附注（Acquisition Information Note）

本字段可记录图书的出版发行者或其他采访信息源的名称与地址。它还可以记录所编文献或文献的不同载体形式的库存号（Stock number）、载体和获得方式。本字段选择使用，不可重复。

指示符

指示符 1：空（未定义）

指示符 2：空（未定义）

子字段

子字段标示符	子字段内容	注　释
＄a	采访源/订购地址	可重复
＄b	订购号	可重复
＄c	载体形式	可重复
＄d	获得方式	可重复

相关字段

210　出版发行等

本字段含有出版者的名称，有时也含有出版者的地址。

【例】

◆ 345　＃＃＄a 中国国际图书贸易总公司（中国国际书店北京 399 信箱）＄b4671BM

◆ 345　＃＃＄a National Technical Information Service ＄b PB-363 547 ＄c paper copy＄d＄4.00 ＄c microfiche ＄d ＄3.00

6.5　连接款目信息块的描述

款目连接块（Linking Entry Block）是用来清晰地揭示相关书目记录之间的关系，这种关系可归纳为三类。(1) 层次关系。如：总集、分集、单册和单册分析。(2) 平行关系。同一作品的不同语种、不同载体形式的记录。(3) 时间关系。如：更名连续出版物的先前款目与后续款目等。著录普通图书时，常用的字段包括 410、423、451、454 等字段。

6.5.1　410 丛编（Series）

除在本块之首给出的 4—款目连接字段的结构外，还有一下说明。本字段用于实现在编文献记录与含有该文献的丛编记录的连接。

字段内容注释：当在编文献为一辑或专著时，410 字段包含对其丛编的向上连接。如需上连丛编及其附属丛编，则 410 字段可重复用于连接丛编及其附属丛编，较高层的先于较低层的，如果记录结构强调连接层次等级中的个别记录，则可通过 461 总集字段连接丛编，通过 462 分集字段连接附属丛编。

相关字段

225　丛编项

225　字段用于记录 ISBD“丛编项”的内容，它包含文献上记载的丛编信息。410 字段用做丛编款目的检索点形式。如果提供记录的机构认为检索点形式与 225 字段中的形式完全相同，将通过 225 字段的指示符 1 对此说明。尽管如此，该数据仍要记入 410 字段中。

461　总集

如果使用 46—层级连接，则可由 461 字段实现对丛编的向上连接。

462　分集

如果使用 46—层级连接，则可由 462 字段实现对附属丛编的向上连接。

【例】

嵌入字段技术

◆ 200　1＃＄a 比较法学的新动向＄9bi jiao fa xue de xin dong xiang

225　2＃＄a 比较法学丛书

410　＃0＄12001＃＄a 比较法学丛书

标准子字段技术

◆ 200　1＃＄a 比较法学的新动向＄9bi jiao fa xue de xin dong xiang

225　2＃＄a 比较法学丛书

410　＃0＄t 比较法学丛书

注：在编文献从属于一丛编，根据编目条例为丛编做检索款日。225 字段指示符 1 置“2”，表明其丛编说明语 410 字段的检索点形式相同。

6.5.2　423 合订、合刊（Issued With）

除在本块之首给出的 4—款目连接字段的结构外，还有一下说明。本字段用于实现在编文献记录与同其一起发行地另外文献（如：与之合订、合刊的文献）记录的连接。

字段内容注释：两部或几部文献合订出版，彼此间并非主次、包含或补充关系时使用本字段。

【例】

嵌入字段技术

◆ 200　1＃＄a 对联＄9dui lian

423　＃1＄1001111998010982＄12001＃＄a 民间对联故事

标准子字段技术

◆ 200　1＃＄a 对联＄9dui lian

423　＃1＄0111998010982＄t 民间对联故事

注：一连续出版物《对联》与另一连续出版物一起出版，以 423 字段连接与其合刊的连续出版物《民间对联故事》。产生的附注为：与……合订/合刊：民间对联故事。

6.5.3　451 同一载体的其他版本、印刷状态或印次（Other Edition, State or Impression in the Same Medium）

除在本块之首给出的 4—款目连接字段的结构外，还有一下说明。本字段用于实现在编文献记录与其同载体的其他版本、印刷状态或译本的连接，如不同语种的印刷版等，或者用于印刷文献与来自同一印刷的其他印次的连接。

字段内容注释：本字段可以用于连续出版物或专著与同载体其他版本的连接。

相关字段

452　另一载体的其他版本

452　字段也用于对在编文献其他版本的连接，只是这些版本的载体与在编文献不同。如在编文献为一印刷形式的图书，而其他版本为缩微制品。

【例】

嵌入字段技术

◆ 200　1＃ ＄a 西游记＄9xi you ji

311　1＃ ＄a《西游记》另有清初刊本《西游证道书》

451　＃0＄12001＃ ＄a 西游证道书

标准子字段技术

◆ 200　1＃ ＄a 西游记＄9xi you ji

311　1＃ ＄a《西游记》另有清初刊本《西游证道书》

451　＃0＄t 西游证道书

注：《西游证道书》为《西游记》的清初刊本。

6.5.4　454 译自（Translation of）

除在本块之首给出的 4—款目连接字段的结构外，还有一下说明。

相关字段

453　译为

453　字段用于由 454 字段表示的可逆关系。通常用于原著记录与其译本记录的连接。

【例】

嵌入字段技术

◆ 200　1＃ ＄a 统计光学＄9tong ji guang xue

454　＃1＄12001＃ ＄a Statistical optics

标准子字段技术

◆ 200　1＃ ＄a 统计光学＄9tong ji guang xue

454　＃1＄t Statistical optics

注：产生的附注为：译自：Statistical optics

6.6 相关题名信息块的描述

相关题名块（Related Title Block）用以记录图书正题名以外的其他题名。这些题名通常出现在著作上，但不是出现在题名页上，与200的正题名很不相同，且具有检索意义。故编目机构可增设相应的字段，以扩大作品的检索途径，提高系统的检索功能。普通图书著录时，一般选用其中的500、510、512、513、514、515、516、517字段。

6.6.1 500统一题名(Uniform Title)

本字段记录的统一题名是由书目机构选取的。当一部著作有多个题名时，编目机构可选择出一个为人所熟知的题名作为统一题名来标识该著作。本字段著录著作的统一题名，可作为检索点或附注。本字段选择使用，可重复。

指示符

指示符1：题名检索意义指示符

指明是否将统一题名作为独立的提名检索点处理，即是否由该题名生成检索点（或附加款目）。

0　统一题名无意义

不产生独立的题名检索点

1　统一题名有意义

由此题名产生检索点。编目部门可以决定统一题名是否具有检索意义。

指示符2：主款目指示符

指明统一题名是否为主款目，如果是，将不以作者作为主款目。如果编目条例不承认主题款目概念，则本指示符置“0”。

0　题名不作主款目

统一题名不作主款目，但可根据实际情况，由指示符1指明是否为其制作检索点。

1　题名是主款目

同一题名作主款目，此时指示符1一定置“1”，即为该题名建立独立的检索点。

子字段

子字段标识符	子字段内容	注　释
$a	统一题名	不可重复
$b	一般资料标识	可重复
$h	分辑号	可重复
$i	分辑名称	可重复

（续表）

子字段标识符	子字段内容	注　释
$k	出版日期	不可重复
$l	形式副标目	不可重复
$m	作品语种	不可重复
$n	其他信息	可重复
$q	版次	不可重复
$v	卷标识	不可重复
$x	主题复分	可重复
$z	地理复分	可重复
$2	年代复分	可重复
$3	系统代码	不可重复
$3	规范记录号	不可重复
$9	统一题名汉语拼音	不可重复

相关字段

501　作品集统一题名

作品集统一题名只用于将多产著者的作品集合在一起，例如：选集。

503　统一惯用标目

根据有些编目条例的规定，当会议、展览、纪念文集等不作为团体著者时，统一惯用标目就总是作为主款目出现在没有主要责任者的作品中。

【例】

◆ 200　1＃ $a 石头记 $9shi tou ji $f 曹雪芹著

◆ 500　10＃ $a 红楼梦 $9hong lou meng

注：“红楼梦”作为统一题名，并作为附加检索点。

6.6.2　510 并列正题名（Parallel Title Proper）

本字段记录希望用以生成附注或检索点的并列题名，即不同语言或文字的正题名。本字段选择使用，可重复。

指示符

指示符 1：题名检索意义指示符

说明是否用并列题名生成检索点（或附加款目）

0　并列题名无检索意义

不由并列题名做检索点。

1　并列题名有检索意义

由并列题名生成检索点

指示符 2:(空) 未定义

子字段

子字段标识符	子字段内容	注 释
$a	并列题名	不可重复
$e	其他题名信息	可重复
$h	分辑(册)、章节号	可重复
$i	分辑(册)、章节名	可重复
$j	与题名有关的卷号或日期	不可重复
$n	其他信息	不可重复
$z	并列题名语种	不可重复
$9	并列题名汉语拼音	不可重复

相关字段

200 题名与责任说明,$d 并列正题名

如若将并列题名与主要正题名、其他题名信息和责任说明,按照它们在文献上出现的形式和顺序,记入记录的著录区时,应将其记入 200 字段 $d。不能用 510 字段的数据与 200 $a 的正题名组合构成 ISBD 要求的排序数据。

304 题名与责任说明附注

有关并列题名的附注,或是没有记入 200 字段的与并列题名有关的文字说明性附注,可记入 304 字段。

541 编目员补充的翻译题名

并列题名定义为在文献中出现的其他语种的正题名。如果在文献中没有出现该类题名,而是由编目员翻译或取自其他文献源的其他语种题名,应记入 541 字段。

【例】

◆ 200 1# $a 笑 $9xiao $e 幽默心理学 $d=Laughing $eA psychology of humor $zeng

◆ 510 1# $a Laughing $eA psychology of humor $zeng

◆ 200 1# $a Information transfer

◆ 510 1# $a Transfert de l' information $zfre

注:将根据 510 $a 子字段生成一个检索点,而且下述附注也可由 510 字段产生:并列题名:Transfert de l' information $zfre

6.6.3 512 封面题名 (Cover Title)

本字段含有出现在文献封面上的题名,它明显地不同于 200 字段中的正题名,是记录附注或检索点的依据。本字段选择使用,可重复。

指示符

指示符 1：题名意义指示符

说明是否用封面题名生成检索点（或附加款目）

0　　封面题名无检索意义

不由封面题名做检索点。

1　　封面题名有检索意义

由封面题名生成检索点

指示符 2：（空）未定义

子字段

子字段标识符	子字段内容	注　释
$a	封面题名	不可重复
$e	其他题名信息	可重复
$A	封面题名汉语拼音	不可重复

相关字段

312　相关题名附注

有关封面题名的文字性附注，也可记入 312 字段。

【例】

◆ 200　1# $a 太平御览引得 $9tai ping yu lan yin de

◆ 512　1# $a 太平广记篇目 $9tai ping guang ji pian mu

注：本书题名页题名为《太平御览引得》。封面题名《太平广记篇目》用作检索点。

6.6.4　513 附加题名页题名 (Added Title-Page Title)

本字段记录出现在附加题名页的题名，该题名与正题名有很大的差别，有必要作为检索点或生成附注。本字段选择使用，可重复。

指示符

指示符 1：题名检索意义指示符

说明是否用附加题名页题名生成检索点（或附加款目）。

0　　附加题名页题名无检索意义

不由附加题名页题名做检索点。

1　　附加题名页题名题名有检索意义

由附加题名页题名生成检索点。

指示符 2：（空）未定义

子字段

子字段标识符	子字段内容	注　释
$a	附加题名页题名	不可重复
$e	其他题名信息	可重复
$h	分辑（册）、章节号	不可重复
$i	分辑（册）、章节名	不可重复
$9	附加题名页题名汉语拼音	不可重复

相关字段

312　相关题名附注

有关附加题名页题名的文字性附注，也可记入312字段。

【例】

◆ 200　1＃ $a双喜冤家$9huan xi yuan jia

◆ 513　1＃ $a贪欢报$9 tan huan bao

注：岳麓书院影印出版地一本近代小说，题名页题名为《欢喜冤家》。《贪欢报》为影印原书的附加题名页题名。

◆ 513　1＃ $aDasheutige Bibliothekarsamt in Deutschland$zger

注：一种文献有同等状态的两个题名页，一个为德文，一个为英文。由于英文题名页被用做主信息源，所以为德文题名制作了附加题名页附加款目。

6.6.5　514 卷端题名（Caption Title）

本字段记录正文第一页开头处与200字段的正题名有很大区别的，有必要作为检索点或生成附注的题名。本字段选择使用，可重复。

指示符

指示符1：题名检索意义指示符

说明是否用卷端题名生成检索点（或附加款目）。

0　　卷端题名无检索意义

不由卷端题名做检索点。

1　　卷端题名有检索意义

由卷端题名生成检索点。

指示符2：（空）未定义

子字段

子字段标示符	子字段内容	注　释
$a	卷端题名	不可重复
$e	其他题名信息	可重复
$9	卷端题名汉语拼音	不可重复

相关字段

312　相关题名附注

有关卷端题名的文字性附注，也可记入 312 字段。

【例】

◆ 200　1＃ $a 报考指南 $9bao kao zhi nan

◆ 514　1＃ $a 高校：工艺美术专业报考指南 $9gaoxiao：gong yi mei shu zhuan ye bao kao zhi nan

注：卷端题名明显不同于正题名时记入 514 字段。

◆ 200　1＃ $a Pacific

◆ 513　0＃ $a Pacific and its wonders

注：题名为 Pacific 的连续出版物，在其第一页的顶部印有"Pacific and its wonders"的卷端题名。

6.6.6　515 逐页题名（Running Title）

逐页题名亦称页头题名，出现于文献各页的顶部或底部。本字段记录与正题名有很大区别，有必要作为检索点或附注的逐页题名。本字段选择使用，可重复。

指示符

指示符 1：题名检索意义指示符

说明是否用逐页题名生成检索点（或附加款目）。

0　逐页题名无检索意义

不由逐页题名做检索点。

1　逐页题名有检索意义

由逐页题名生成检索点。

指示符 2：（空）未定义

子字段

子字段标识符	子字段内容	注　释
$a	逐页题名	不可重复
$9	逐页题名汉语拼音	不可重复

相关字段

312　相关题名附注

有关逐页题名的文字性附注，也可记入 312 字段。

【例】

◆ 200　1＃ $a 应用美术 $9ying yong mei shu

◆ 513　1＃ $a1990 应用美术 $91990 ying yong mei shu

注：逐页题名明显不同于正题名。

◆ 200　1＃ $a Computer aided design and computer aided manufacture

◆ 515　0＃ ＄aCAD/CAM

注：题名为 Computer aided design and computer aided manufacture 一书，其逐页题名为CAD/CAM，不作检索点，指示符1置“0”。

6.6.7　516 书脊题名 (Spine Title)

本字段含有书脊上的题名，当书脊题名明显不同于正题名时，记录于516字段，用于生成附注或检索点。本字段选择使用，可重复。

指示符

指示符1：题名检索意义指示符

说明是否用书脊题名生成检索点（或附加款目）

0　书脊题名无检索意义

不由书脊题名做检索点。

1　书脊题名有检索意义

由书脊题名生成检索点

指示符2：（空）未定义

子字段

子字段标识符	子字段内容	注　释
＄a	书脊题名	不可重复
＄e	其他题名信息	可重复
＄9	书脊题名汉语拼音	不可重复

相关字段

312　相关题名附注

有关书脊题名的文字性附注，也可记入312字段。

【例】

◆ 200　1＃ ＄a《封神榜》荧屏后的彩虹 ＄9《feng shen bang》ying ping hou de cai hong

◆ 516　1＃ ＄a荧屏后的彩虹 ＄9ying ping hou de cai hong

6.6.8　517 其他题名 (Other Variant Titles)

凡500—516字段未定义时，本著录实体出现的其他不同题名，如版权页题名、装订题名、书套题名、函套题名、部分题名、丛书题名等，具有独立检索意义的其他题名可记录在517字段。本字段选择使用，可重复。

指示符

指示符1：题名检索意义指示符

说明是否用其他题名生成检索点（或附加款目）

0　其他题名无检索意义

不由其他题名生成检索点。

1　　其他题名有检索意义

由其他题名生成检索点

指示符 2：（空）未定义

子字段

子字段标识符	子字段内容	注　释
$a	其他题名	不可重复
$e	其他题名信息	可重复
$9	其他题名汉语拼音	不可重复

相关字段

510—516　特定类型的其他题名

凡是信息源提供的信息足以确定适合上述字段的那些特定类型题名，都应优先使用这些特定类型字段。

312　相关题名附注

有关其他题名的文字性附注，也可记入 312 字段。

【例】

◆ 200　1＃ $aMagyar Gregorianum

◆ 312　＃＃ $a Title on case：Gregorian chants from Hungary

◆ 517　1＃ $a Gregorian chants from Hungary

注：一种装于函套的文献，其题名页上的正题名为 Magyar Gregorianum，函套上的题名为 Gregorian chants from Hungary

◆ 200　1＃ $a 巨富得 13 个条件 $9ju fu de 13 ge tiao jian

◆ 312　＃＃ $a 本书另有 3 种译名：人生的转折点；成功哲学；以智聚财

◆ 517　1＃ $a 人生的转折点 $9ren sheng de zhuan zhe dian

◆ 517　1＃ $a 成功哲学 $9cheng gong de zhe xue

◆ 517　1＃ $a 以智聚财 $9yi zhi ju cai

6.7　主题分析信息块的描述

主题分析块（Subject Analysis Block）包含按照词语或符号的不同体系构成的主题数据。编制普通图书的 MARC 记录时，使用主题分析块中的 600、601、605、606、607、610、686、690 和 692 字段。

6.7.1　600 个人名称主题（Personal Name Used as Subject）

本字段记录著作的个人名称。该名称应为检索点形式，并附以其他附加信息。本字段选择使用，可重复。

指示符

指示符 1：空（未定义）

指示符 2：名称形式指示符

指明名称是按直序方式（即按名或直序方式的姓名）著录，还是按倒序方式（即按姓、族姓或源于父名的姓）著录。

0　直序方式

个人名称以名或姓名直序方式著录，如帝王、教皇的名称，中国和日本人名等。

1　倒序方式

个人名称按姓氏或相当于姓的成分著录，如将西方人名中的姓作为款目要素。

子字段

子字段标识符	子字段内容	注　释
$a	款目要素	不可重复
$b	名称的其余部分（款目要素除外）	不可重复
$c	名称附加（年代除外）	可重复
$d	罗马数字	不可重复
$f	年代	不可重复
$g	名字首字母的展开形式	不可重复
$p	任职机构/地址	不可重复
$j	形式复分	可重复
$x	论题复分	可重复
$y	地理复分	可重复
$z	年代复分	可重复
$2	系统代码	不可重复
$3	规范记录号	不可重复

相关字段

601　团体名称主题

主题是团体而不是个人时，用 601 字段。

602　家族名称主题

主题是家族而不是个人时，用 602 字段。

604　名称和题名主题

主题是著者/题名时，用 604 字段。

【例】

◆ 600　#0＄c（宋）＄a 苏洵＄c 涓洲＄f（1009—1066）＄x 年谱＄2ct

◆ 600　#1＄a 鲍威尔＄bB.＄f（1809—1882）＄x 生平事迹＄2ct

◆ 600　#1＄a Shakespeare＄bW.＄g William＄f（1564—1616）＄j Quotations＄21c

6.7.2　601 团体名称主题（Corporate Body Name Used as Subject）

本字段记录作为文献著录的团体名称。该主题应为检索点形式，有时可附以其他附加信息。本字段选择使用，可重复。

指示符

指示符 1：会议指示符

指明该团体名称是否为会议名称。如果会议名称是某团体名称的次级部分，则该名称被视为团体名称。

0　团体名称

1　会议

如果源格式不区分会议名称和团体名称，则指示符 1 应标识填充符（1）。

指示符 2：名称形式指示符

指明团体名称的著录形式。

0　以倒序方式著录

如果团体名称或会议名称是以首字母缩写形式或人名起头的，可用倒置方式著录。

1　以地区或辖区著录

与政府或其他辖区机构有关的团体名称，按所属辖区地名著录。与地名有关的大学、学术团体、美术馆等其他类型机构，也按所冠地名著录。

2　以直序方式著录

用于所有其他类型的团体名称。

子字段

子字段标识符	子字段内容	注　释
＄a	款目要素	不可重复
＄b	次级部分（或按地名著录的名称）	可重复
＄c	名称附加或限定	可重复
＄d	会议届次	不可重复
＄e	会议地点	不可重复
＄f	会议日期	不可重复
＄g	倒置部分	不可重复
＄h	款目要素和倒置部分之外的名称部分	不可重复
＄j	形式复分	可重复

（续表）

子字段标识符	子字段内容	注　释
$x	论题复分	可重复
$y	地理复分	可重复
$z	年代复分	可重复
$2	系统代码	不可重复
$3	规范记录号	不可重复

相关字段

600　个人名称主题

主题是个人而不是团体时，用600字段。

602　家族名称主题

主题是家族而不是个人时，用602字段。

604　名称和题名主题

主题是著者/题名时，用604字段。

607　地理名称主题

如果以地理名称表示的行政管辖区单独出现，或只由主题词复分，则用607字段。

【例】

◆ 601　02＃$a北京大学$x史料$2ct

注：题名为《燕园史话》的记录的一个主要标题。

◆ 601　$a Great Britain $b Manpower Services Commission $z1981—1985 $21c

注：题名为MSC corporate plan 1981，1982，1983，1984，1985的文献的一个主要标日。

6.7.3　605 题名主题（Title Used as Subject）

本字段记录作为编目文献主题的著作题名。该题名为检索点形式，并附有选用的补充信息。本字段选择使用，可重复。

指示符

指示符1：空（未定义）

指示符2：空（未定义）

子字段

子字段标识符	子字段内容	注　释
$a	款目要素	不可重复
$h	分辑（册）、章节号	可重复
$i	分辑（册）、章节名	可重复

（续表）

子字段标识符	子字段内容	注　释
$k	出版日期	不可重复
$l	形式副标题	不可重复
$m	语种（用作标目的组成部分时）	不可重复
$n	其他信息	可重复
$q	版本（或版本日期）	不可重复
$r	演奏媒体（音乐用）	可重复
$s	数字标识（音乐用）	可重复
$u	调名（音乐用）	不可重复
$w	改编乐曲说明（音乐用）	不可重复
$j	形式复分	可重复
$x	论题复分	可重复
$y	地理复分	可重复
$z	年代复分	可重复
$2	系统代码	不可重复
$3	规范记录号	不可重复

相关字段

604　名称和题名主题

主题是著者/题名时，用 604 字段。

【例】

◆ 605　＃＃$a红楼梦$x考证$2ct

◆ 605　＃＃$aBible$xCommentaries$21c

注：有关圣经评注的文献的一个主题标目。

6.7.4　606 论题名称主题（Torpical Name Used as Subject）

本字段记录著作的内容主题。主题词为检索点形式。本字段选择使用，可重复。

指示符

指示符 1：主题词层级指示符

指明主要词和次要词。

0　未指定层级

当不需要区分主要词和次要词时，取值“0”。

1　主要词

所选词语涵盖了文献中心内容或主题，被视为主要词时，取值“1”。

2　　次要词

所选词语涵盖了文献较为次要方面内容，被视为次要词时，取值“2”。

#　　无适用信息

指示符2：空（未定义）

子字段

子字段标识符	子字段内容	注　释
$a	款目要素	不可重复
$j	形式复分	可重复
$x	论题复分	可重复
$y	地理复分	可重复
$z	年代复分	可重复
$2	系统代码	不可重复
$3	规范记录号	不可重复

相关字段

607　地理名称主题

主题标目是地理名称时，用607字段。

【例】

◆ 606　0# $a机械工业$x工业企业$y中国$j手册$2ct

◆ 606　0# $aArts，Modern$z20 th century$21c

6.7.5　607 地理名称主题（Geographical Name Used as Subject）

本字段记录用做主题的地理名称。该名称为检索点形式，附有选用的补充信息。本字段选择使用，可重复。

指示符

指示符1：空（未定义）

指示符2：空（未定义）

子字段

子字段标识符	子字段内容	注　释
$a	款目要素	不可重复
$j	形式复分	可重复
$x	论题复分	可重复
$y	地理复分	可重复
$z	年代复分	可重复
$2	系统代码	不可重复
$3	规范记录号	不可重复

相关字段

601　团体名称主题

用作主题的由从属团体名称复分的行政管辖区记入 601 字段。

660　地区代码

表示文献涵盖的地区，可用代码形式记入在 660 字段。

【例】

◆ 607　# # $ a 长江 $ x 考察 # 2ct

注：题名为《尧茂书首漂长江》的文献的一个标目。

◆ 607　# # $ aEurope $ xHistory $ z476—1492 $ 21c

6.7.6　610 非控主题词 (Uncontrolled Subject Terms)

本字段记录的是表示著作主题内容的自选关键词（自由词）。本字段选择使用，可重复。

指示符

指示符 1：主题词层级指示符

指明主要词和次要词。

0　未指定层级

当不需要区分主要词和次要词时，取值“0”。

1　主要词

所选词语涵盖了文献中心内容或主题，被视为主要词时，取值“1”。

2　次要词

所选词语涵盖了文献较为次要方面内容，被视为次要词时，取值“2”。

指示符 2：空（未定义）

子字段

子字段标识符	子字段内容	注　释
$a	主题词	可重复

相关字段

600—607　主题标目字段

【例】

◆ 610　0 # $ a 吸波材料

◆ 610　1 # $ a 网站

6.7.7　686 国外其他分类法分类号 (Other Class Numbers)

本字段包含的分类号取自尚未被国际上普遍使用，但已被广为了解且已出版的国外分类系统。本字段选择使用，可重复。

指示符

指示符 1：空（未定义）

指示符 2：空（未定义）

子字段

子字段标识符	子字段内容	注 释
$a	分类号	可重复
$b	书号	可重复
$c	分类复分	可重复
$2	系统代码	不可重复
$3	分类记录号	不可重复

【例】

◆ 686 ##$aW1$bRE359$2usnlm

注：子字段$2 中“usnlm”是美国国家医学图书馆分类号的代码。

◆ 686 ##$a281.9$bC81A$2usnal

注：子字段$2 中“usnal”是美国国家医学图书馆分类号的代码。

6.7.8 690 中国图书馆分类号（Chinese Library Classification，CLC）

本字段包含根据《中国图书馆图书分类法》分配给在编文献的分类号，并附以所用分类法的版次。本字段选择使用，可重复。

指示符

指示符 1：空（未定义）

指示符 2：空（未定义）

子字段

子字段标识符	子字段内容	注 释
$a	分类号	不可重复
$v	版次	不可重复
$3	分类记录号	不可重复

【例】

◆ 690 ##$aK876.43$v2

◆ 690 ##$aB223.05$v3

◆ 690 ##$aTB381.04$v4

6.7.9 692 中国科学院图书馆图书分类法（Library Classification for Chinese Academy of Science，LCCAS）

本字段包含根据《中国科学院图书馆图书分类法》分配给在编文献的分类号，并附以所用分类法的版次。本字段选择使用，可重复。

指示符

　指示符 1：空（未定义）

　指示符 2：空（未定义）

子字段

子字段标识符	子字段内容	注　释
$a	分类号	不可重复
$v	版次	不可重复
$3	分类记录号	不可重复

【例】

◆ 692　##$a48.95527$v3

6.8　知识责任信息块的描述

知识责任块（Intellectual Responsibility Block）对受编文献内容的创作或完成负有某种责任的所有个人责任者姓名、团体或家族责任者名称，不论是否在 200 字段都予以反映；如需做检索点，均可启用该功能块中的有关字段。普通图书著录时，使用 7—著录信息块中的 700、701、702、710、711 和 712 字段。

6.8.1　700 个人名称—主要知识责任（Personal Name—Primary Intellectual Responsibility）

本字段主要在著录规则承认"责任者主要款目"时使用。它包含的个人名称是对著作内容负有主要知识责任的个人责任者，该名称以检索点形式出现。根据"责任者主要款目"的概念，在同一记录中，本字段不能与 710、720 字段同时存在。本字段不可重复。

指示符

　指示符 1：空（未定义）

　指示符 2：名称形式指示符

　指明名称是按直序方式（即按名或直序方式的姓名）著录，还是按倒序方式（即按姓、族姓或源于父名的姓）著录。

　　0　直序方式

　　　个人名称以名或姓名直序方式著录，如帝王、教皇的名称，中国和日本人名等。

　　1　倒序方式

　　　个人名称按姓氏或相当于姓的成分著录，如将西方人名中的姓作为款目要素。

子字段

子字段标示符	子字段内容	注释
$a	款目要素	不可重复
$b	名称的其余部分（款目要素除外）	不可重复
$c	名称附加（年代除外）	可重复
$d	罗马数字	不可重复
$f	年代	不可重复
$g	名字首字母的展开形式	不可重复
$p	任职机构/地址	不可重复
$3	规范记录号	不可重复
$4	关系词代码（责任方式）	可重复

相关字段

200 题名与责任说明，$f 第一责任说明、$g 其他责任说明

314 知识责任附注

701 个人名称—等同知识责任

702 个人名称—次要知识责任

【例】

◆ 700 ♯0$aLee Kuan Yew

注：新加坡内阁咨政李光耀的英译名按姓名直序著录

◆ 700 ♯1$a Stowe$bH. B. $g Harriet Beecher

注：哈丽叶特·比彻·斯托（《汤姆叔叔的小屋》的著者）的英文名按倒序方式著录。

6.8.2 701 个人名称—等同知识责任（Personal Name—Alternative Intellectual Responsibility）

本字段记录的个人名称是对著作内容负有等同知识责任（即都负有主要知识责任）的个人责任者。但在中文文献编目中，因不采用主要款目概念，故本字段记录的是著作的个人主要责任名称。该名称为检索点形式。本字段选择使用，可重复。

指示符

与 700 字段的指示符相同。

子字段

除下述子字段外，其他子字段与 700 字段相同。

子字段标识符	子字段内容	注释
$9	款目要素汉语拼音	不可重复

相关字段

200　题名与责任说明，$f 第一责任说明
314　知识责任附注
700　个人名称—主要知识责任
702　个人名称—次要知识责任

【例】

◆ 200　1# $a 刮痧 $9gua sha $b 录像制品 $d=The gua sha treatment $f 郑晓龙导演 $g 梁家辉，蒋雯丽主演
701　#0 $a 郑晓龙 $9zheng xiao long $4 导演

◆ 200　1# $a 水仙辞 $9shui xian ci $f 宗璞著
701　#0 $a 宗璞 $9zong pu $c（女，$f1928—）$4 著

6.8.3　702 个人名称—次要知识责任（Personal Name—Secondary Intellectual Responsibility）

本字段记录的个人名称是对著作内容负有次要知识责任的个人责任者（如编者、译者、注释者等），该名称以检索点形式出现。本字段选择使用，可重复。

指示符

与 701 字段的指示符相同。

子字段

除下述子字段外，其他子字段与 701 字段相同。

子字段标示符	子字段内容	注　释
$5	使用本字段的机构	不可重复

相关字段

200　题名与责任说明，$g 其他责任说明
314　知识责任附注
700　个人名称—主要知识责任
701　个人名称—等同知识责任

【例】

◆ 200　1# $a 李太白文集 $9li tai bai wen ji $f［（唐）李白著］$g（宋）宋敏求等编
701　#0 $c（唐）$a 李白 $9li bai $4 著
702　#0 $c（宋）$a 宋敏求 $9song min qiu $4 编

◆ 200　1# $a 寓庵集 $9yu an ji $e 七卷 $f（元）李庭撰
305　## $a 缪荃孙校
701　#0 $c（元）$a 李庭 $9li ting $4 撰
702　#0 $a 缪荃孙 $9miao quan sun $4 校 $5 中国国家图书馆善本部：NLC/00835

注：该善本曾经缪荃孙校对，编目员认为是与古籍版本有关的信息，故在

305 字段附注，并在 7—字段提供检索点，$5 标明使用本字段的机构名及排架标志。

6.8.4 710 团体名称—主要知识责任（Corporate Body Name—Primary Intellectual Responsibility）

本字段主要在著录规则承认“责任者主要款目”时使用。它包含的团体名称是对著作内容负有主要知识责任的团体责任者，该名称以检索点形式出现。根据“责任者主要款目”的概念，在同一记录中，本字段不能与 700、720 字段同时存在。本字段不可重复。

指示符

指示符 1：会议指示符

指明该团体名称是否为会议名称。如果会议名称是某团体名称的次级部分，则该名称被视为团体名称。

0　团体名称

1　会议

如果源格式不区分会议名称和团体名称，则指示符 1 应标识填充符（l）。

指示符 2：名称形式指示符

指明团体名称的著录形式。

0　以倒序方式著录

如果团体名称或会议名称是以首字母缩写形式或人名起头的，可用倒置方式著录。

1　以地区或辖区著录

与政府或其他辖区机构有关的团体名称，按所属辖区地名著录。与地名有关的大学、学术团体、美术馆等其他类型机构，也按所冠地名著录。

2　以直序方式著录

用于所有其他类型的团体名称。

子字段

子字段标识符	子字段内容	注　释
$a	款目要素	不可重复
$b	次级部分	可重复
$c	名称附加或限定	可重复
$d	会议届次	不可重复
$e	会议地点	不可重复
$f	会议日期	不可重复
$g	倒置部分	不可重复
$h	款目要素和倒置部分之外的名称部分	不可重复

（续表）

子字段标识符	子字段内容	注　释
$p	机构/地址	不可重复
$3	规范记录号	不可重复
$4	关系词代码（责任方式）	可重复

相关字段

200　题名与责任说明，$f 第一责任说明、$g 其他责任说明

314　知识责任附注

711　团体名称—等同知识责任

712　团体名称—次要知识责任

【例】

◆ 710　02$a National Library of China$b Acquisitions & Cataloging Dept.

注：文献责任者是中国国家图书馆的一个下属部门图书采选编目部。

◆ 710　12$3CRN04586$a World Airport Conference$d（5 th：$e London：$f1976）

注：文献责任者是世界航空港会议，有会议举行的时间、地点和届次，有规范记录控制号。

6.8.5　710 团体名称—等同知识责任（Corporate Body Name—Alternative Intellectual Responsibility）

本字段包含的团体名称是对著作内容负有等同知识责任（即都负有主要知识责任）的团体责任者。但在中文文献编目中，因不采用主要款目概念，故本字段记录的是著作的团体主要责任名称。该名称以检索点形式出现。本字段选择使用，可重复。

指示符

与 710 字段的指示符相同。

子字段

除下述子字段外，其他子字段与 710 字段相同。

子字段标示符	子字段内容	注　释
$9	款目要素汉语拼音	不可重复

相关字段

200　题名与责任说明，$f 第一责任说明

314　知识责任附注

710　团体名称—主要知识责任

712　团体名称—次要知识责任

【例】

◆ 200 1# $a中国人口统计年鉴 $9zhong guo ren kou tong ji nian jian $h1998 $f 国家统计局人口与就业统计司编

711 02# $a国家统计局 $9guo jia tong ji ju $b人口与就业统计司 $4编

◆ 200 1# $a《剩余价值理论》释义 $9《sheng yu jia zhi li lun》shi yi $h第三册 $f北京大学经济系《资本论》研究组编

711 02# $a北京大学 $9bei jing da xue $b经济系 $b资本论研究组 $4编

6.8.6 712 团体名称—次要知识责任（Corporate Body Name—Secondary Intellectual Responsibility）

本字段记录著作的团体名称次要责任者。该名称以检索点形式出现。本字段可重复。

指示符

与711字段的指示符相同。

子字段

除下述字段外，其他字段与711字段相同。

子字段标识符	子字段内容	注 释
$5	使用本字段的机构	不可重复

相关字段

200 题名与责任说明，$g其他责任说明

314 知识责任附注

710 团体名称—主要知识责任

711 团体名称—等同知识责任

【例】

◆ 200 1# $a SQL Sever 7资源指南 $9SQL Sever 7 zi yuan zhi nan $f［（美）微软出版社］Microsoft Press著 $g前导工作室译

711 02 $c（美）$a微软出版社 $9wei ruan chu ban she $4著

712 02 $a前导工作室 $9qian dao gong zuo shi $4译

6.9 国际国内使用信息块的描述

6.9.1 国际使用块（International Use Blook）

国际使用块记录不适于在0—至7—处理的、国际上一致约定的数目交换数据。本块与普通图书著录有关的字段为801、830。

6.9.1.1 801 记录来源（Originating Source）

本字段记录在编图书MARC记录数据的来源，包括数目数据的产生机构、将数据录制成机读格式的机构、更改原始记录或数据的机构和发行现行记录的机构。

指示符

指示符 1：空（未定义）

指示符 2：功能指示符

指明子字段＄b 中的机构的功能。

0　　原始编目机构

编制数目记录数据的机构。

1　　转录机构

将数据转换成机读形式的机构。

2　　修改机构

修改记录的知识内容或记录结构的机构。

3　　发行机构

发行纪录的机构。

子字段

子字段标示符	子字段内容	注　释
＄a	国家	不可重复
＄b	机构	不可重复
＄c	处理日期	不可重复
＄g	编目规则（著录条例）	可重复
＄2	系统代码	不可重复

相关字段

记录头标，著录格式（字符位置　18）

100　通用处理数据，入档时间（字符位置　0—7）

100 字段中 0—7 字符位的入档日期会和该记录的处理日期相同，但是必须在 801 字段中重复。

【例】

◆ 801　♯0＄a CN＄bNLC＄c19880220

注：CN 为中国代码。记录的编制机构为 NLC，它是中国国家图书馆代码。该记录编制的时间为 1988 年 2 月 20 日。

◆ 801　♯0＄aUS＄b DLC＄c19590000＄a AACR1

注：该记录由美国国会图书馆编制，其机构代码为 DLC，编制时间为 1959 年，编目规则采用《英美编目条例（第 1 版）》(AACR1)

6.9.1.2　830 编目人员注释 (General Cataloguer's Note)

本字段记录在编文献的书目信息、历史沿革情况及其他方面的信息。本字段选择使用，可重复。

指示符

指示符 1：空（未定义）

指示符 2：空（未定义）

子字段

子字段标识符	子字段内容	注 释
$a	附注内容	不可重复

【例】

◆ 830 ＃＃$a该多卷书仍在出版中，最后一卷到馆后，需要对记录进行相应的修改。

◆ 830 ＃＃$a本书目根据新书征订目录编制，书到后可能要做修改。

6.9.2 国内使用块（National Use Blook）

本块记录中国国内各系统在处理本单位馆藏等超出通用范围但又有交换意义的数据时使用的字段。如果图书馆之间没有相互协商，记录交换时不应有本块的字段。本块定义一个字段：905 馆藏信息（Holding Information），供选择使用。

本字段包括在编文献的收藏信息，选择使用，可重复。

指示符

指示符 1：空（未定义）

指示符 2：空（未定义）

子字段

子字段标识符	子字段内容	注 释
$a	收藏单位代码或名称	可重复
$b	登录号	可重复
$c	排架区分号	可重复
$d	分类号	可重复
$e	书次号/种次号	可重复
$f	复本数	可重复
$s	索取号	不可重复
$v	入藏卷期	可重复
$y	年代范围	可重复
$z	复本号	可重复

【例】

◆ 905 ＃＃$a0001$b44690—2$dU442.5$e50

注：这是中国国家图书馆入藏的一本图书的信息，0001 为图书馆代码；44690—2 为登录号；分类号是 U442.5；50 为种次号。

本章小结

本章内容主要涉及普通图书的信息描述，分别概述了标识信息块、编码信息块、著录信息块、附注块、款目连接块、相关题名块、主题分析块、知识责任块、国际国内使用块的具体著录细则。由于本章属既定规则性知识，所以要求读者能够做到理论联系实际，于实践中强化对普通图书著录工作的了解，为今后进一步学习其他各章节内容打下坚实的基础。

参考文献

［1］国家图书馆．新版中国机读目录格式使用手册［M］．北京：北京图书馆出版社，2004.

［2］韦衣昶．普通图书机读书目数据［M］．北京：北京图书馆出版社，2003.

［3］李晓新，张兰普，杜芸．新编文献编目［M］．天津：南开大学出版社，2006.

第7章　连续出版物的信息描述

7.1　连续出版物概述

7.1.1　连续出版物的定义

连续出版物是图书馆馆藏的重要组成部分，连续出版物内容反映了几乎所有学科领域的发展状况，尤其在科学技术领域，连续出版物已成为科研人员进行科学交流，获取最新科技信息的必不可少的工具。我国的国家标准《GB3792.3—85连续出版物著录规则》，对连续出版物作了如下定义："印刷或非印刷形式的出版物，具有统一的题名，定期或不定期以连续分册形式出版，有卷期或年月标识，并且计划无限期地连续出版。连续出版物包括期刊、报纸、年度出版物（年鉴、指南等）以及成系列的报告、学会会刊、会议录和专著丛书。"

7.1.2　连续出版物的产生和发展

作为文献信息机构收藏的重要信息源和特定文献类型，连续出版物以其出版及时、信息量大的特点，在社会政治、经济、科学、技术、文化、艺术等领域发挥着重大的作用，日益受到人们的重视。早在唐玄宗开元年间（713—741）我国便出现了原始形态的报纸《开源杂报》。国外报纸的出现可追溯到古罗马时期的手写新闻，如当时古罗马帝国流传的《每日新闻》、《罗马新闻》等。晚于报纸的期刊业有300多年的历史，世界上第一种期刊是1665年1月在法国创办的《学者杂志》(Journal Des Scavans)。中文期刊的鼻祖是1815年英国人罗伯特·马礼逊（Robert Marrison）和米怜在马六甲创办的《察世俗每月统记传》。

连续出版物在当前社会信息化和网络化的背景下呈现出数字化、全球化的发展态势。具体地说，出版数量激增而出版周期缩短；期刊以外的非书资料，如政府报告、科技报告，日益受到重视；印刷数字化，在线出版趋势显著；文献生产的核心区域仍集中在欧美地区，使得连续出版物分布很不平衡；英语成为主流语种；广告泛滥；出版发行全球化，同时版权保护日益受到重视。

7.1.3　连续出版物的特征

7.1.3.1　出版的连续性

连续性是连续出版物的本质属性，没有这种连续性的出版物不是连续出版物。一般情况下，连续出版物总是计划无限期地出版下去的。尽管有时由于种种原因也有终止发行的情况出现，但从整体上看都能保持其连续性。通常说，连续性是连续出版物的本质属性，也就是说，只有意欲无限期逐次连续出版的出版物才是连续性出版物。否则，即使一种出版物具有连续出版物的所有其他特征，但不具备意欲无限期地逐次连续出版的特征，它也不是连续出版物。

7.1.3.2 版式的稳定性

连续出版物版式设计的稳定性体现在：同一连续出版物各卷期的题名、责任者、出版者、开本、期标志结构、封面整体设计风格、篇幅、内容范围等方面的相对一致。

7.1.3.3 出版周期的规律性

连续出版物的出版周期包括定期刊行和不定期刊行两大类。绝大多数正式出版发行的期刊均为定期刊行的连续出版物。定期出版的连续出版物总是按照其计划的日、月间隔分册出版，即使有所变化，也要在计划的出版年限内保持相对的稳定。不定期出版的连续出版物，一般每年至少也要出版一期。

7.1.3.4 内容的新颖性

连续出版物具有出版周期短、发表文章快、内容新颖、时效性强等特点，能及时反映某一时期的新思想、新技术、新方法、新动向，能迅速传播新知识、新信息，快速报道科学技术发展新动态、新成果，报刊的这些特点尤为突出。正是由于内容新颖这一特点，连续出版物一般没有版次的变更，即不对已发行的期（册）做内容上的修订。

7.1.4 连续出版物类型

7.1.4.1 按载体类型划分

连续出版物按载体类型划分可以划分为印刷型、缩微型和机读型等类型。

(1) 印刷型连续出版物：包括各种以油印、铅印、胶印和影印方式出版的连续出版物，它具有阅读方便、使用舒适等众多优点，所以目前印刷型连续出版物仍是多数文献部门或机构大量使用和受读者欢迎的主要载体形式。

(2) 缩微型连续出版物：主要是指以缩微平片、缩微胶片等形式出版的连续出版物(国外也有刊物同时以印刷和缩微两种形式出版)。缩微型连续出版物具有容量大而占用空间小等优点，因而这也是许多图书馆将一些过期报刊（尤其是报纸）制成缩微胶卷的原因所在。

(3) 机读型连续出版物：指专门用于计算机输入磁盘、光盘等的一种新型连续出版物。机读型连续出版物一般适用于大型文献机构或情报部门作为检索服务的一种手段，它须通过计算机或类似设备阅读。

7.1.4.2 按出版频率划分

连续出版物按出版频率可以划分为定期和不定期两类。

定期连续出版物具有固定的出版频率，常用的刊期名称有：

Annual 年刊
Biannual 半年刊
Biennial 双年刊
Bimonthly 双月刊

Biweekly　双周刊
Daily　日报
Fortnightly　双周刊
Monthly　月刊
Quarterly　季刊
Semiannual　半年刊
Semimonthl　半月刊
Semiweekly　三日刊（半周刊）
Weekly　周刊

不定期连续出版物常出现在连续出版物创办初期，学术团体的学报、报告、汇刊、会议录、通讯等多为不定期的连续出版物。

此外，按报道内容及读者对象的不同，连续出版物还可分为学术技术性连续出版物、科普性连续出版物、新闻类连续出版物、资料性连续出版物、趣味消遣性连续出版物；按出版机构不同可分为团体连续出版物、专业出版商连续出版物、工商企业连续出版物、政府连续出版物、情报机构连续出版物；按所使用文字不同可分为中文连续出版物、外文连续出版物、翻译本连续出版物等。

7.1.4.3　按内容特征划分

连续出版物按内容特征可以划分为宣传性、普及性、专业性、检索性和情报性等类型。下面主要介绍后三类连续出版物。

（1）专业性连续出版物：包括学报（Acta）、汇刊（Transcation）、杂志（Journal）、会刊（Proceedings）等。与此同时，它还包括科研、企事业单位内部出版的各种报刊以及各种年鉴、手册、指南以及会议录等。

（2）检索性连续出版物：包括各种文摘或题录等二次文献，如文摘（Abstract）、摘要（Digest）、索引（Index）等。检索性连续出版物按报道的文献类型，还可划分为单一文献类型和多种文献类型。

（3）情报性连续出版物：反映的是某一行业或学科中的最新消息和研究成果，如新闻（News）、通讯（Letter）、快报（Newsletter）、通报（Bulletin）等。

7.1.4.4　按出版特征划分

连续出版物按照出版特征可以划分为期刊、报纸、年鉴（年刊等）、系列报告、会刊、汇刊、系列会议录等类型。下面简要介绍前三种类型：

（1）期刊：也称杂志，是指有固定名称、每期版式基本相同、定期或不定期的连续出版物。它的内容一般是围绕某一主题、某一学科或某一研究对象，由多位作者的多篇文章编辑而成，用卷、期或年、月顺序编号出版。

（2）报纸：报纸是一种迅速报道新闻、刊载评论、有稳定的编辑部和固定的题名，按年、月、日或卷期顺序无限期连续刊行下去的文献。

（3）年鉴：年鉴是以全面、系统、准确地记述上年度事物运动、发展状况为主要内容的资料性工具书，它是汇辑一年内的重要时事、文献和统计资料，按年度连续出版的工具书，具有资料权威、反应及时、连续出版、功能齐全的特点。

7.1.5　连续出版物著录概述

7.1.5.1　著录项目

《中国文献编目规则》（第 2 版）中对连续出版物的著录项目作了如下规定：

题名与责任说明项
　　正题名
　　一般文献类型标识 *
　　并列题名 *
　　其他题名信息 *
　　责任说明
版本项
　　版本说明
　　并列版本说明 *
　　与本版有关的责任说明 *
　　附加版本说明 *
　　附加版本的责任说明 *
卷、期、年、月或其他标识项
出版、发行项
　　出版地或发行地
　　出版者或发行者
　　发行者职能说明
　　出版年或发行年
　　出版事项细节变化
　　印刷地、印刷者、印刷日期 *
载体形态项
　　文献总数及特定文献类型标识
　　其他形态细节 *
　　尺寸
　　附件
丛编项
　　丛编正题名
　　丛编或分丛编并列题名 *
　　丛编或分丛编其他题名信息 *
　　丛编或分丛编有关的责任说明 *
　　丛编或分丛编的 ISSN
　　丛编或分丛编内部编号
　　分丛编正题名
附注项

标准编号与获得方式项

国际标准连续出版物号（ISSN）

识别题名

获得方式和（或）价格*

限定说明*

馆藏记录

（凡标有*为选择使用的著录项目或著录单元。）

7.1.5.2 著录信息源

（1）主要信息源

连续出版物的著录依据是本题名下的第一期或第一部分，无法获得本题名下第一期或第一部分时，应以获得的最早发行的一期或一部分著录，但应在附注项说明。印刷型连续出版物的主要信息源为题名页，无题名页时，以封面、报头、目次项、编辑页、版权页作为代题名页。同一出版物所记载的同一信息不一致时，优先选择题名页作为主要信息源。

（2）规定信息源

印刷型连续出版物各著录项目的规定信息源规定如下表，取自规定信息源之外的著录信息置于方括号内，并在附注项说明。

表7-1 印刷型连续出版物各著录项目的规定信息源

著录项目	规定信息源
题名与责任说明项	题名页或代题名页
版本项	题名页、版权页、目次页、书末出版说明或其他书页
卷、期、年、月或其他标识项	出版物本身
出版、发行项	题名页、版权页、目次页、书末出版说明或其他书页
载体形态项	出版物本身
丛编项	出版物本身
附注项	任何信息源
标准编号与获得方式项	任何信息源

7.1.6 连续出版物著录格式

7.1.6.1 卡片式

正题名=并列题名：副题名/第一责任者；其他责任者.—版本/与本版有关的责任者.—卷，期，年，月或其他标志.—出版地：出版者，出版年.（印刷地：印刷者，印刷年）
文献总数：插图；尺寸+附件.—（正丛题名/编者，国际标准连续出版号；丛刊编号）
附注
ISSN=识别题名：价格（年份）
馆藏项
排检项

注：题名与责任者项以外的各个大项如换项移动，可省略".—"，但其前一项的结尾需用"."。各个小项如换项移行，其符号可置于前一行末。

7.1.6.2　书本格式

正题名=并列题名：副题名及说明题名文字/第一责任者；其他责任者．—版次及其他版本形式/与本版有关的责任者．—出版发行地：出版发行者，出版年．月（印刷地：印刷者，印刷年）．—页数或卷（册）数：图；尺寸或开本+附件．—（丛书名/编者，国际连续出版物编号；丛书编号）．附注．—国际标准书号；中国标准书号（装订）：

获得方式

（注：题名与责任者项以外的各个大项如换项移动，可省略“．—”，但其前一项的结尾需用“．”，各个小项如换项移行，其符号可置于前一行末。）

7.2　中文连续出版物描述要点

连续出版物除卷、期、年、月或其他标识项著录特殊外，其他著录项目与普通图书大同小异，所以在后面的讲授中，重点在于与普通图书的不同之处。

7.2.1　题名与责任说明项

连续出版物的题名与责任说明项也包括正题名、文献类型标识（或一般资料标识）、并列题名、其他题名、其他题名信息和责任说明等著录单元。

7.2.1.1　正题名

连续出版物的正题名若是一个通用题名也需著录，这时为加分辨应作责任说明；题名页或代题名页上如果只有简称题名或简称题名与全称题名并列，则直接著录简称题名或选择简称题名作为正题名著录，全称题名作为副题名著录。

正题名含有逐期或逐年变化的日期或编号，应予省略。省略部分在中间，用省略号标识，在题名之首，则不用省略号。

【例】　200 1# $a清华大学 … 硕士论文文摘（省略“1990 年”）

正题名在出版过程中未经说明而稍有改变，但 ISSN 却未作相应改变，并在几期后改回原名，这种变化可不视为改名，也不编制新款目。

正题名中含有责任者或出版者名称的照录；当只有个人或团体名而无别的题名时，则将个人名或团体名作为正题名，为便于识别，可在个人名或团体名后用“［ ］”加著通用题名。

分辑题名、副题名或分辑标识著录于正题名之后，并用“．”标识。既有分辑标识又有分辑题名时，先著录分辑标识，再著录分辑题名，中间用“，”标识。

【例】　世界图书．A 辑

　　　　中国图书馆．B，高等院校

以特定名称单独出版的分辑或副刊，如其题名比共同题名或主刊题名更重要，应以分辑题名或副刊题名作为正题名。此时共同题名著录为丛刊名；主刊题名在附注项注明。（著录主刊时，也应在其附注项注明副刊情况）。

7.2.1.2　责任说明

责任者是指对内容负责的个人或团体，一般为主办机构。

责任者按主要描述信息源出现的原样描述，主要责任者记录于＄f 子字段，次要责任者记录于＄g 子字段，责任方式的描述选择使用。

当出现 3 个同等责任者时，用“;”相隔；4 个以上（包括 4 个）责任者时，＄f 子字段只描述 1 个，后加“…［等］”字样，其余在 7—字段描述。

主要责任者如发生变化，应描述最新一期的责任者，其他责任者在 7—字段描述。

本字段必备，不可重复。

指示符

指示符 1：指示题名是否有意义。

0　　题名无意义，不做检索点（通常是通用题名）

1　　题名有意义，做检索点。

指示符 2：不排检字符数，填写空格或 0－9。空格和“0”表示同样的含义，表示从正题名的第一个字符开始排序。

子字段

子字段标识符	子字段内容	注释
＄a	正题名	不可重复，必备
＄b	一般文献类型标识	可重复，可选
＄d	并列正题名	可重复，有则必备
＄e	其他题名信息	可重复，可选
＄f	第一责任说明	可重复，有则必备
＄g	其他责任说明	可重复，可选
＄h	分辑号	可重复，有则必备
＄i	分辑名	可重复，有则必备
＄v	卷标记	不可重复，可选

相关字段

101 作品语种

304 题名与责任说明附注

312 相关题名附注

423 合订、合刊

5—相关题名块

530 识别题名

【例 1】

200　1＃＄a 当代经济科学＄A dang dai jing ji ke xue ＄d Modern economic science ＄z eng

【例 2】

200　1＃＄a 都市主妇 ＄A du shi zhu fu ＄d Lady ＄z eng＄f <<都市主妇>>编辑部＄F << Du Shi Zhu Fu >> Bian Ji Bu

7.2.2　版本项

连续出版物的版本项主要著录连续出版物的版本说明、附加版本说明以及与版本有关的责任说明，其著录规则与普通图书基本相同。一般来说，连续出版物版本项所著录的版本类型主要有以下几种：

① 地区版本说明，如“郊县版”、“华东地区版”。

② 特殊对象版本说明，如“经理版”、“医师版”。

③ 特殊版式或外形说明，如“盲文版”、“大字印刷版”。

④ 文种版本说明，如“蒙文版”。

⑤ 其他版本说明，如“晨报版”、“重印版”、“影印版”。

本字段选择使用，可重复。

指示符

指示符 1：空（未定义）

指示符 2：空（未定义）

子字段标识符	子字段内容	注释
＄a	版本说明	不可重复，必备
＄b	附加版本说明	可重复，可选
＄f	与本版有关的第一责任说明	可重复，可选
＄g	次要责任说明	可重复，可选

相关字段

200 题名与责任说明

305 版本项与书目史附注

7—知识责任块

【例】

200　1＃＄a 价格理论与实践 ＄A jia ge li lun yu shi jian ＄d Price：theory & practice ＄z eng

205　＃＃＄a 英文版

7.2.3　卷、期、年、月或其他标识项

卷、期、年、月或其他标识项用来著录连续出版物的第一册和最后一册的卷、期或年、月等标识，中间用“～”（中编）或“—”（西编）连接；若在著录时该连续出版物还在继续出版（不管编目机构是否还在收藏），则在起讫年后空两格（中编）或四格（西编）往下著录。著录时需要注意以下几点：

（1）卷、期、年、月或其他标识项

卷、期号应按出版物原题形式与次序著录，但非阿拉伯数字的一律以阿拉伯数字著录。卷、集以“v.”标识，期、册以“no.”标识。

非公元纪年应如实著录，其后再著录公元纪年，用方括号“［］”括起。

【例】 207 ＃0＄a同治10［1826］－

连续出版物的一卷（册）跨年度或跨月出版，应在两个年份或月份之间用斜线“/”表示。

【例】 207 ＃0＄a1960/61－

（2）连续出版物以编号或日期识别，应著录第一册的编号或日期和最后一册的编号或日期，若尚在继续出版，最后一册的编号或日期空缺。

【例】 207 ＃0＄a1936－1985

207 ＃0＄aV.1，no.1－

（3）连续出版物以编号和日期识别，应同时著录第一册的编号和日期以及本题名下最后一册的编号和日期，日期著录于编号后圆括号“（）”内，若尚在继续出版，最后一册的编号和日期空缺。

【例】 207 ＃0＄aV.1，no.1（1982，1）－

（4）以年代替卷号，应将期号著录于年份之后。

【例】 207 ＃0＄a1985，no.1－

（5）一连续出版物是另一连续出版物的继续，其编号和（或）日期应是本题名下第一册和最后一册的编号或日期（若尚在继续出版，最后一册的编号或日期空缺）。

【例】 207 ＃0＄aV.6，no.4－ 注：从第6卷第4期起改名，标识系统未变。

（6）连续出版物同时有两种或多种标识系统，应著录所有标识系统。若开口著录，两个标识系统之间用3位空和等号相隔。

【例】 207 ＃0＄aV.4，no.4－＃＃＃＝总10－

（7）一种连续出版物题名不变，而改用新的标识系统，应将这种后继标识系统著录于原标识系统之后，前面用分号标识。

【例】 207 ＃0＄aV.1（1982）－v.5（1986）＄a新辑，v.1（1987）－

（8）连续出版物第一册无标识，可著录为“［no.1］”，但其后各册有卷、期、年、月或其他标识者，应改为相应的标识，原有方括号不可取消，以表示原来无标识。

【例】 207 ＃0＄a［V.1，no.1］－ 注：第一册无标识，第五册起有卷、期号。

（9）创刊号著录为“no.1”；若创刊号后又出现第一期，应作为先后两种标识系统著录，创刊号著录为“创刊号”，第一期著录为“no.1”。

【例】 207 ＃0＄a创刊号（1980，3）＄a1981，no.1－

（10）凡与总期号相关的试刊可作为一种标识系统著录。试刊如不计算在总期号内，则仅在315字段说明。

（11）复刊的连续出版物，本项仍按继续出版形式著录，休刊、复刊情况在附注项说明。

（12）无法确定起始年、卷的连续出版物，可著录大概的日期或卷、期。由编目人员推算的日期应加问号“?”，置于方括号“［］”内。

本字段选择使用，不可重复。

指示符

指示符 1：未定义，填空格。

指示符 2：表示卷期标识是否是格式化的。

0　格式化的

1　非格式化的

子字段

子字段标识符	子字段内容	注释
＄a	卷期年代标识	可重复，必备

相关字段

210 出版发行项

225 丛编项

【例 1】

200　1＃　＄a 经贸导刊＄A Jing Mao Dao Kan ＄d Economic & trade herald ＄z eng ＄f 《经贸导刊》编辑部＄F《jing Mao Dao Kan 》bian Ji Bu

207　＃0　＄a 1984，no. 1（1984）－2003，no. 11/12（2003）＝总 1－

【例 2】

200　1＃　＄a 南方经济＄A Nan Fang Jing Ji

207　＃0　＄a 1983，no. 1（1983，2）－ ＝ 总 1－

7.2.4　出版、发行项

连续出版物出版发行项也包括出版发行地、出版发行者、发行者的职能说明、出版期、印刷地、印刷者和印刷期等著录单元，其著录规则与普通图书基本相同。

7.2.4.1　出版地

连续出版物的出版地若用两种语言表达时，则按正题名所用的语种著录；出版者或发行者名称不详时，可著录其详细地址；若找不到出版地名，也无法考证或推测，则需要在出版地位置著录“［出版地不详］”、“S. l”或其他文字的对应词。

7.2.4.2　出版者

在保证易解、明确、不含混而且符合国际惯例的情况下，出版者的名称可用简称著录；当出版者是一个人或者团体时，如果其名已以全名形式出现在题名与责任说明或版本项中，则可采用适当的缩写或简称著录；无出版者时，印刷者不能代替出版者著录，而需要著录“［出版者不详］”、“S. n”或其他文字的对应词。

7.2.4.3　出版期

连续出版物的出版期应先著录第一年的出版年，如果该连续出版物还在继续出版，则采用开口著录，如果已经停止出版，则应在起讫号后著录最后一期的出版年；第一期和最后一期的出版年在多数情况下与卷、期、年、月或其他标识项中的日期一致，但也可能与之不一致；第一期或者最后一期也无出版日期，可著录其版权年或印刷年，若版权年和印刷年也没有，则可加“［］”推测著录。

本字段期刊必备，报纸选择使用。本字段不可重复。

指示符

指示符 1、2 均未定义，填空格。

子字段

子字段标识符	子字段内容	注释
＄a	出版、发行地	可重复
＄c	出版、发行者名称	可重复
＄d	出版、发行日期	可重复

相关字段

100 通用处理数据：出版年代码（字符位置 9～16）

102 出版或制作国别

205 版本说明项

345 采访信息附注

620 出版地/制作地检索点

7—知识责任块

【例 1】

2001　＃＄a 图书馆＄A tu shu guan ＄f 湖南省图书馆学会等 ＄F hu nan sheng tu shu guan xue hui deng

210　＃＃ ＄a 长沙 ＄b 湖南省长沙市韶山北路 169 号（邮编 410011）＄c 湖南图书馆 ＄d 1983—

【例 2】

200　1＃＄a IT 经理世界＄A IT jing li shi jie ＄d CEO & CIO in information times ＄z eng

210　＃＃＄a 北京＄b 北京市 123 信箱（邮编 100036）＄c 该杂志社＄d 1998—

7.2.5　载体形态项

连续出版物的载体形态项也包括文献总数、插图、尺寸（报纸一般著录开本）和附件等著录单元，其中文献总数和尺寸是必备的著录单元。著录时应当注意以下几点：

（1）出版完毕的连续出版物应著录文献总数。仍在出版的连续出版物，只著录特定资料标识。

（2）印刷型连续出版物的特定文献类型标识可著录“v.”；用期号标识的连续出版物可著录“no.”。非印刷型连续出版物，可著录相应的类型标识（如“计算机软盘”）。

本字段选择使用。

指示符

指示符 1，2 均未定义，填空格。

子字段标识符	子字段内容	注释
$a	特定文献类型标识和文献的数量	可重复
$c	其他形态细节	不可重复
$d	尺寸	可重复
$e	附件	可重复

相关字段

105 编码数据字段：图表代码（字符位置 0～3）

307 载体形态附注

【例 1】

200　1＃ $a 发展研究 $A FA ZHAN YAN JIU $d Development research $z eng $f《发展研究》编辑部 $F《fa Zhan Yan Jiu》bian Ji Bu

215　＃＃ $d 26cm

【例 2】

200　1＃ $a 国际广告 $A Guo Ji Guang Gao $d International Advertising $z eng $f 国际广告杂志社 $F Guo Ji Guang Gao Za Zhi She

215　＃＃ $c 插图 $d 28cm

7.2.6　丛刊项

本字段描述丛刊的有关信息。丛刊是指以同一丛刊或分丛刊出版的期刊，包括丛刊题名和从属题名。一般情况下，丛刊采用集中描述，只有当从属题名有必要独立用做正题名时才使用本字段。连续出版物的丛刊项所包含的著录单元及其著录规则与普通图书基本相同。著录时需要注意以下几点：

(1) 通常两种以上具有各自独立的连续出版物集合在一个共同题名之下，这个共同题名就可以视为丛刊名。也即只有分辑题名单独作为该连续出版物的正题名著录时，才具有丛刊项的著录条件。

(2) 连续出版物的共同题名往往不具有“丛刊”或者“译丛”等字样，如我国最大的丛刊《复印报刊资料》题名中就无“丛刊”等字样，但却拥有 100 种左右的分辑，而题名中含有“丛刊”字样的却几乎都不属于丛刊，因此需加辨别。

报纸不用该字段。期刊选择使用，可重复。

指示符

指示符 1：表示本字段描述的丛刊题名是否与 410 中丛刊题名的检索点形式一致。

0＝与检索点形式不同

1＝无检索点形式

2＝与检索点形式相同

指示符 2：未定义，填空格。

子字段

子字段标识符	子字段内容	注释
$a	丛刊正题名	不可重复，必备
$f	丛刊责任者	可重复，可选
$h	丛刊分辑号	可重复，有则必备
$i	丛刊分辑名	可重复，有则必备
$v	丛刊内编号	可重复，有则必备
$x	丛刊 ISSN	可重复，有则必备

相关字段

011 国际标准连续出版物号（ISSN）

530 识别题名

7—知识责任块

【例 1】

225　2＃ $a 万有文库 $h 第一集 $v 第 223 种

【例 2】

225　0＃ $a Occasional papers $f British Museum＃x0412－4815 $vno. 33

7.2.7　附注项

连续出版物由于是连续不间断地出版，所以其附注项的著录内容远比普通图书多，但根据其性质，连续出版物的附注内容大致也可以分为关于著录项目的附注和关于连续出版物本身的附注两大类。

7.2.7.1　出版周期说明

出版周期又称出版频率，它是连续出版物款目附注项中必须反映的内容。出版周期的变化情况也应同时在附注项说明。连续出版物常见的出版周期有：

日刊、日报　Daily

周刊　Weekly

双周刊　Biweekly

半月刊　Semi-monthly

月刊　Monthly

双月刊　Bimonthly

季刊　Quarterly

半年刊　Semi-annual

年刊　Annual

其他还有双日报、周四报、旬报等。还有一些特殊形式或无规律的出版周期：

两年一期　Biennial

每年两期　Issued twice a year

每月两期　Issued twice a month
不定期　Irregular
出版周期有变化　Frequency varies
出版周期不详　Frequency unknown

连续出版物的出版周期按著录对象信息源所载如实著录。

7.2.7.2　沿革变化说明

连续出版物的各种沿革变化，如改名、继承、合并、改出、分出、吸收、并入等都要在附注项中加以说明。

(1) 改名、继承

当一种连续出版物题名改变时，需将新题名所代表的出版物作为新的出版物另行编目。对于原题名出版物，要在其款目附注项注明“本刊改名：XXX”、“Continued by：XXXX”或其他语言的对应词，对于新题名出版物，要在其款目附注项注明“本刊继承：XXX”、“Continues：XXXX”或其他语言的对应词。

(2) 合并、改出

新的连续出版物是由两种或两种以上的连续出版物平等合并而成（这种情况一般使用新的标识系统），一方面需在前者款目的附注项用导语“本刊由：XXXX，与：XXXX 合并而成”、“Merger of：XXXX，and：XXXX”或其他语言的对应词著录被合并的连续出版物名；另一方面在后者款目的附注项使用“本刊与：XXXX 合并，改出：XXXX”、“Mergerd With：XXXX to become：XXXX”或其他语言的对应词著录另一被合并的连续出版物名，以及合并后改出的连续出版物名。

(3) 分裂、分出

分裂是指两种或两种以上连续出版物是由一连续出版物分裂而成的，同时后者不再出版。著录时一方面需要新的连续出版物的款目附注项用导语“本刊继承：XXXX 的一部分”、“Continues in part：XXXX”或其他语言的对应词著录被分裂的连续出版物名；另一方面需要在被分裂的连续出版物的款目附注项用导语“本刊分成：XXXX，与：XXXX”、“Split into：XXXX，and：XXXX”或其他语言的对应词著录分裂出来的连续出版物名。

分出是指新的连续出版物是从另一连续出版物中分出的，而且后者继续出版。著录时一方面需在新的连续出版物的款目附注项用导语“本刊自：XXXX 分出”、“Separated from：XXXX”或其他语言的对应词著录另一被分出的连续出版物名；另一方面需在被分出的连续出版物的款目附注项用导语“XXXX 年自本刊分出：XXXX”、“XXXX，Separated：XXXX”或其他语言的对应词著录新分出来的连续出版物名及其年份。

(4) 吸收、并入

吸收是一连续出版物吸收另一连续出版物后其题名和编号系统保持不变。著录时一方面在吸收另一连续出版物的连续出版物的款目附注项用“XXXX 年本刊吸收：XXXX”、“Absorbed in XXXX：XXXX”或其他语言的对应词著录被吸收的连续出版物名及其年份；另一方面，则需在被吸收的连续出版物的款目附注项用“本刊并入：XXXX”、“Absorded by：XXXX”或其他语言的对应词著录吸收进的连续出版物名。

吸收的另一种情况是连续出版物在吸收另一连续出版物后改出一种新的连续出版物（其编号系统一般也续用前一连续出版物的编号系统）。著录时一方面需在新的连续出版物的款目附注项用导语“本刊由：XXXX 吸收：XXXX 后改名”或其他语言的对应词分别著录原连续出版物名和被吸收的连续出版物名；另一方面需在原连续出版物和被吸收的连续出版物的款目附注项，分别用导语“本刊吸收：XXXX，并改名：XXXX”和“本刊并入：XXXX，并改名：XXXX“或其他语言的对应词著录被并入的连续出版物和所并入的连续出版物名、改名的连续出版物名。

7.2.7.3 连续出版物著录项目的附注

连续出版物的著录项目的附注与普通图书一样，凡是没有在各著录项目或难以在各著录项目中反映的信息，都可以通过附注项予以补充说明。

7.2.7.4 连续出版物本身的附注

连续出版物本身情况的附注主要包括两方面，一是关于连续出版物的索引附注，著录附在下卷某一期中的前卷索引以及单独出版的当年或累积索引，也即无需著录即期索引或在本卷末期刊登的当年或当卷索引。一是关于连续出版物的目次附注。

7.2.8 标准号与获得方式项

连续出版物的标准号与获得方式项设置了包括“国际标准连续出版物号”、“识别题名”和“获得方式”。

7.2.8.1 国际标准连续出版物号（ISSN）

ISSN 号是国际公认的一种用以识别连续出版物的代号。本字段标识记录的最后处理日期和时间，用来判断记录的版本情况。著录时需要注意连续出版物上所载 ISSN 号（包括连字符）应予著录。ISSN 号的标识“ISSN:”应由系统生成，不应作为数据元素给予著录。

本字段选择使用，且可重复。

指示符

指示符 1 、2 均未定义，填空格。

子字段

子字段标识符	子字段内容	注释
$a	ISSN	不可重复
$d	获得方式和/或定价	可重复
$y	废除的 ISSN	可重复
$z	错误的 ISSN	可重复

相关字段

010 国际标准书号 ISBN

013 国际标准音乐号 ISMN

040 CODEN　CODEN 为连续出版物的另一标识系统

225 丛编

530 识别题名

4—款目连接块

【例 1】

011　＃＃ $a 1006－2025　$d CNY2.50（1996）$d CNY10.00（2004）$d CNY15.00（2007）$e CNY180.00（年价）

【例 2】

011　＃＃$a 1003－4625　$d ￥3.50（1996）$d ￥7.20（2004）$d ￥86.40（年价）

7.2.8.2　识别题名

本字段记录由国际连续出版物数据系统（ISDS）指定的连续出版物识别题名。著录时需要注意由 ISSN 中心统一分配的识别题名即使与正题名相同，也要著录。若不能获得识别题名可不著录。

本字段可选择使用，且可重复。

指示符

指示符 1：表示识别题名是否与正题名相同。

0　相同

1　不同

指示符 2：未定义，填空格

子字段

子字段标识符	子字段内容	注释
$a	识别题名	不可重复
$b	限定信息	不可重复
$j	与识别题名相关的卷号或日期	不可重复
$v	卷标识	不可重复

相关字段

011 ISSN

200 题名与责任说明

【例 1】

011　＃＃$a 1672－8637

200　1＃ $a 经济 $A Jing Ji Yue Kan $d Economy Magazine $z eng $f <<经济月刊>>杂志社 $F << Jing Ji Yue Kan >> Za Zhi She

530　1＃ $a 经济 $A Jing Ji

【例 2】

011　##$a 1003－5656

200　1#$a 经济学家 $A Jing Ji Xue Jia $d The Economist $z eng $f 经济学家杂志社 $F Jing Ji Xue Jia Za Zhi She

530　1#$a 经济学家 $A Jing Ji Xue Jia

7.2.8.3　获得方式

连续出版物的获得方式包括公开发行、免费赠送、出售、出租、出借等，这些均应予以说明。获得方式著录于 ISSN 与识别题名之后，用“:”标识，没有 ISSN 时可直接著录。

7.2.9　馆藏信息

连续出版物的馆藏说明既要反映“收藏不全”的情况，也要反映系统收藏的情况和连续出版物的出版延续特征，因此馆藏记录同样应逐年记录。

本字段选择使用，可重复。

指示符

指示符未定义，填空格。

子字段

子字段标识符	子字段内容	注释
$a	收藏单位代码或名称	不可重复
$b	登录号	可重复
$c	排架区分号	可重复
$d	分类号	可重复
$e	书次/种次号	可重复
$v	入藏卷期	可重复
$y	年代范围	可重复

【例 1】

200　1#$a 当代财经 $A Dang Dai Cai Jing $d Contemporary Finance & Economics $z eng $f《当代财经》编辑部 $F《dang Dai Cai Jing》bian Ji Bu

905　## $a WHHIT $d F8/Q1/1－12/1994

【例 2】

200　1#$a 成功营销 $A Cheng Gong Ying Xiao $d Successful Marketing $z eng

905　##$a WHHIT $d F713/Q4/1－4/2004

7.3　西文连续出版物信息描述

7.3.1　西文连续出版物的描述规则与描述格式

西文连续出版物的描述格式包括卡片描述格式（ISBD（S）格式）和机读目录格式（USMARC 格式）。1994 年，美国国会图书馆开始出版光盘版的 USMARC 书目数据，即 Bibliofile。Bibliofile 具有数量大、数据质量高、数据更新快等特点，加上国内大多数图书馆的西文文献编目工作多采用 AACRⅡ，因而推动了 USMARC 在我国的普及。

7.3.2　关于 CONSER

CONSER（ Cooperation Online Serials），合作联机连续出版物编目项目。起源于 1970 年代早期的连续出版物机读目录转换项目（Conversion of Serials Project），目的是把手工的连续出版物目录转变为机读目录，联合建立并维护一个复合的、连续出版物的规范书目信息机读数据库，在连续出版物编目标准化进程中行使领导职能。1986 年发展为目前的合作联机连续出版物编目项目，1997 年成为合作编目计划（Program for Cooperative Cataloging，简称 PCC）的一个组成部分。CONSER 是美国连续出版物编目的权威指导机构，CONSER 所发布的政策、编目指南等也是我国西文连续出版物编目工作的主要依据。

CONSER 标准记录，最初取名连续出版物访问级记录（ Access Level Record for Serials）。源自 2005 年 5 月召开的 BIBCO/CONSER 会议，会上考虑用一个标准的 CONSER 记录来替代原有的复杂的多个记录级别。2005 年 10—11 月，连续出版物访问级记录工作组（由来自 8 个机构的 13 个图书馆员组成）两次在 LC 召开会议，评估用户需求，制定必备元素集和编目指南。此后，继续通过 EMAIL 以及在 ALA 的冬季会议和年度会议来讨论。2006 年春天，哥伦比亚大学、哈佛大学、美国国会馆、美国国家农业图书馆等 14 个机构参与了这项实验项目。实验内容既包括编目员创建实验记录，也包括由来自参考咨询、采访、系统等其他部门的图书馆工作人员对记录进行评估。2006 年 7 月 24 日公布“连续出版物访问级记录工作组最终报告”。2007 年 5 月 30 日 CONSER 正式发布“CONSER 标准记录文件”，并宣布新的规定自 2007 年 7 月 1 日起开始实施。

7.3.3　影响西文连续出版物著录的几个方面

7.3.3.1　著录内容的简化

006 字段只著录第一个字符“记录类型”。比如电子资源 006 字段内容为“m”。

007 字段只著录“资料类型”和“特定资料标识”。008 定长字段中第 18（出版频率）、19（发行规律性）、22（原始文献载体形态）、28（政府出版物）字符位都不再是必备字符位。

246 字段第 1 指示符有 4 个代码值，第 2 指示符有 9 个代码值。标准记录对其进行了简化：并列题名用指示符 11；除了当题名出现次要变化时指示符用 1# 并增加 $i 子字段外，其他所有的变异题名（包括题名缩写）都用指示符 13。

260 字段出版地的选取。对于正式出版说明中包括多个出版地的情况，明确要求只著录文献上出现的第一个出版地，不必考虑编目机构所在国，这一点与 AACRⅡ 1.4C5 上的规定有所区别。如果文献上没有正式的出版说明，则依次选用下列来源来推断出版地：发行机构的地址、编辑事务办公室的地址、其他的编辑办公室地址、订购地址。

7.3.3.2 编号项、附注项

(1) 不再考虑“首卷首期”

“首卷首期”是否在手，一直是西文期刊编目非常强调的一个概念。CONSER 标准记录却不再考虑“首卷首期”是否在手的问题。

362 字段，不再考虑首卷首期（或末卷末期）是否在手，而是首选非格式化的附注形式（第 1 指示符取 1），采用“Began…”的句式。

500 字段也不再考虑首卷首期的问题，要求在所有的记录中，必须提供“Description Based On”（DBO）附注。当依据首期进行著录时，DBO 附注可以写为“Description Based On First Issue”。

(2) 几个必备附注

在 500 字段，DBO 附注、题名来源附注和 LIC 附注，如果有就要求做。题名来源附注与 DBO 附注做在同一个 500 字段中。不管题名是否取自题名页，都要附注题名出处（以前的规定是，题名取自题名页以外才做题名来源附注）。只要记录更新，就要在 500 字段做“Latest Issue Consulted”附注。如果是最后一期，“Final Issue Consulted”。

(3) 不必采用标准缩写

编号项、附注项中不再要求必须采用 AACRⅡ 规定的标准缩写形式。卷期、日期等可以依据标准缩写，也可以依据文献上出现的形式来著录。

7.3.3.3 受控检索点

CONSER 标准记录文件的制定者们认为，在目前的书目环境中，受控的主题和名称检索点是图书馆编目最有价值的贡献。因此，CONSER 标准记录强调受控的检索点，甚至以此来替代那些多余的描述性的转录。团体名称——只要团体附加款目能够在名称规范文档中找到，就不必在责任说明或者发行机构附注里再重复了。如果没有在名称规范文档中找到，就要转录责任说明或者加一个发行机构附注。这时，转录替代了规范文档，从而保证记录本身或者与规范文档一起，为读者提供所需要的内容。丛编说明——如果丛编规范文档已建立，不必转录丛编说明或附注，只用 8×× 字段在书目记录中提供丛编名称的规范形式（注：由于目前 8×× 没有定义 $ x 子字段，要记录丛编的 ISSN 则只能用 4×× 字段）。当然，在规范文档中记录丛编题名的各种变异形式。如果没有丛编规范文档，则要转录丛编说明。

7.3.3.4 统一题名

(1) 区别性统一题名的限制使用

区别性统一题名的使用是西文连续出版物编目的重要特色。AACRⅡ 25.5B 对区别性统一题名进行了规定。CONSER 编目手册 Part I Module 5 中，对于区别性统一题名的使用也有详细的说明。在CONSER标准记录文件中，对区别性统一题名的使用限定为下列两种情况：1）专著丛编集中编目时；2）对“通用题名”（Generic Title），例如那些仅有表示资源类型或者资源频率的词构成的题名，“Monthly Newsletter”，“Journal”，“Biennial Workingpapers”等。

（2）翻译和不同语言版本

无论是个人、团体名称做主要款目，还是题名做主要款目，都不需要创建或添加一个统一题名（240，或130）。事实上，除了启用775连接字段，还要再做一个730统一题名附加款目，从而实现与原语言版本的汇集，并且730的$l子字段著录在编文献语言。这一点，跟已有连接字段检索点的不要求做730/740附加款目的规定有些冲突，是个例外。

（3）其他汇集性统一题名

对其他起“汇集作用”的非“翻译或语言版本类”统一题名，继续创建或添加。

附：

中文连续出版物编目实例：

机读格式显示（MARC）

000 02052nas0 2200517 45450

001 0000052066

005 20080417085700.0

011 ＃＃ $a 1004－6100

091 ＃＃ $a 31－1228

092 ＃＃ $a CN $b 4－469

100 ＃＃ $a 20050617a19829999km y0chiy0121 ea

101 0＃ $a chi

102 ＃＃ $a CN $b 310000

106 ＃＃ $a r

110 ＃＃ $a agazz 0yy0

200 1＃ $a 大众心理学 $A da zhong xin li xue $d ＝ Popular psychology $z eng $f 华东师范大学

207 ＃0 $a 1982，no.1（1982，7，31）－ ＝ 总1－

210 ＃＃ $a 上海 $c 华东师范大学 $d 1982－

215 ＃＃ $a v. $c 插图 $d 26cm

300 ＃＃ $a 根据2005，no.6著录

300 ＃＃ $a 1994，no.2为心理医生专号。

306 ＃＃ $a 1985，no.4出版者改为：上海心理学会和华东师大学教育科学院；1987，no.2教育科学院改名为：华东师大教科院；1987，no.4出版者只有上海心理学会；1987，no.5为华东师大教科院和上海心理学会；1991，no.3起改为：华东师范大学教科院和上海心理学会；1995，no.1起改为：华东师大教育科学与技术学院和上海心理学会。

315 ＃＃ $a 1992，no.2－6总期号有误，应为总88－92，实为87－90。

315 ＃＃ $ a 1982 年出版三期。

320 ＃＃ $ a 1984－1990 每年最后一期附有总目录。

326 ＃＃ $ a 双月刊 ｜b 1982－

327 0＃ $ a 专家论坛 $ a 心理卫生 $ a 学校心理辅导 $ a 辅导案例 $ a 辅导技术 $ a 消费心理 $ a 社会心理 $ a 婚姻家庭 $ a 文艺心理 $ a 教育心理 $ a 国内信息

345 ＃＃ $ a 编辑部地址：上海市中山北路 3663 号（邮编 200062）；Tel：（021）62232068；E－mail：dzxlx@Hotmail. com；http：//psy. ecnu. edu. cn

510 1＃ $ a Popular psychology $ z eng

530 1＃ $ a 大众心理学 $ A Da Zhong Xin Li Xue

540 1＃ $ a Da Zhong Xin Li Xue

541 1＃ $ a Popular psychology $ z eng

606 0＃ $ a 心理学 $ A xin li xue

610 0＃ $ a 应用心理学

690 ＃＃ $ a B84 $ v 4

701 ＃0 $ a 李其维 $ A Li Qi Wei $ 4 主编

711 00 $ a 华东师范大学 $ A Hua Dong Shi Fan Da Xue $ 4 主办

712 02 $ a 上海市教育委员会德育处 $ A Shang Hai Shi Jiao Yu Wei Yuan Hui De Yu Chu $ 4 协办

801 ＃0 $ a CN $ b WHHIT $ c 20051231

905 ＃＃ $ a WHHIT $ d B84/Q4/1－6/2005

905 ＃＃ $ a WHHIT $ d B84/Q4/1－6/2006

905 ＃＃ $ a WHHIT $ d B84/Q4/1－6/2007

905 ＃＃ $ a WHHIT $ d B84/Q4/7－12/2005

905 ＃＃ $ a WHHIT $ d B84/Q4/7－12/2006

905 ＃＃ $ a WHHIT $ d B84/Q4/7－12/2007

920 ＃＃ $ a 232050 $ z 1

西文连续出版物编目实例：

000 01192cas 2200337 a 4500

001 0000116125

003 OCoLC

005 20070910101600. 0

008 011129c19589999enkfx 0 a0eng d

010 ＃＃ $ a sn 85023463

040 ＃＃ $ a GSU $ c GSU $ d FUG $ d OCL

022 ＃＃ $ a 0515－0361

041 0＃ $ a engfre

042 ＃＃ $ a msc

090 ＃＃ $ a HG8779

094 ＃＃＄a 297LA053 ＄2 3

245 00＄a ASTIN bulletin.

246 3＃ ＄a Actuarial Studies in Non－Life Insurance bulletin

260 ＃＃＄a London ：＄b Tieto Ltd.，

300 ＃＃＄a v. ；＄c 24 cm.

310 ＃＃＄a Two issues yearly，＄b 19<84>－

321 ＃＃＄a Irregular

362 ＃＃＄a Began in 1958. ＄z Cf. New serial titles.

500 ＃＃＄a Description based on：Vol. 14，no. 1（Apr. 1984）；title from cover.

546 ＃＃＄a English or French，－19<84>；English，1984－

550 ＃＃＄a Earlier vols. issued by：Permanent Committee for International Actuarial Congresses，ASTIN Section，－1969.

650 ＃0＄a Insurance ＄x Mathematics ＄v Periodicals.

650 ＃0＄a Risk（Insurance）＄x Mathematics ＄v Periodicals.

710 2＃ ＄a International Actuarial Association. ＄b ASTIN Section.

710 2＃ ＄a Permanent Committee for International Actuarial Congresses. ＄b ASTIN Section.

920 ＃＃＄a 234030 ＄z 2

本章小结

本章内容主要涉及连续出版物的信息描述，连续出版物是图书馆馆藏中的一种重要类型，因而掌握好连续出版物信息描述的规则和方法，对于今后的工作有重要的意义。在学习本章知识时，要求读者能够把普通图书的信息描述和连续出版物的信息描述结合起来，仔细比较，找出其中的不同之处，从而深化对连续出版物信息描述的理解与掌握，为今后的学习和工作打下坚实的基础。

参考文献

[1] 韦衣昶．普通图书机读书目数据［M］．北京：北京图书馆出版社，2003.

[2] 李晓新，张兰普，杜芸．新编文献编目［M］．天津：南开大学出版社，2006.

[3] 段明莲．信息资源编目［M］．2 版．北京：北京大学出版社，2008.

[4] 杨玉麟．信息描述［M］．北京：高等教育出版社，2004.

[5] 王松林．现代文献编目［M］．北京：书目文献出版社，1996.

[6] 王静．CONSER 标准记录文件——西文连续出版物编目的新政策［J］．图书馆杂志，2008（5）.

[7] CONSER Standard Record.［2007－08－10］. http：//www. loc. gov/acq/conser/issues. htm＃1 standard－rec.

[8] CONSER Standard Record SCCTP Presentation. [2007－08－10]. http://www.loc.gov/acq/conser/issues.html#standard－rec.

[9] Access Level Record for Serials Working Group. Access Level Record for Serials Working Group Final Report. [2007－08－10]. http://www.loc.gov/acq/conser/alrFinalReport.Html.

[10] Cataloger's Cheat Sheet for CONSER Standard Record, [2007－08－10]. http://www.loc.gov/acq/conser/.

[11] 胡小菁．书目记录等级与核心记录标准的发展［J］．中国图书馆学报，2003(2)：82－87.

[12] 中国科学院国家科学数字图书馆（CSDL）．连续出版物编目手册． http://union.csdl.ac.cn/Union/lianxu.htm.

[13] CALIS联机合作编目中心．中文文献著录原则．http://www.calis.edu.cn/calis/lhml/lhml.asp?fid＝FA0307&class＝2#65.

第 8 章　非书资料的信息描述

8.1　地图资料的描述

8.1.1　关于地图资料

地图资料是按一定的线画、影像、符号、数学方法，部分或全面反映自然地理要素及社会经济要素的基本特征、分布规律及其相互关系的一种图形文献，包括单幅地图、航空图、航海图、天体图、地图集、地球仪、航空照片、鸟瞰图、测量图等。一般地图资料所含基本内容有：

（1）数学要素：比例尺、坐标网、控制点等；

（2）自然地理要素：水文、地势、土质、植被等；

（3）社会经济要素：居民地、交通网、政治行政界线等；

（4）其他辅助要素：图名、图号、图例、资料使用说明和量图要素等。

地图资料的内容特点主要表现在它的地域性和绘制技术两个方面。地图资料的内容总是以一个特定的地理区域为表现对象。其次，地图资料在绘制过程中，需要运用一定的数学法则，如比例尺、地图投影和坐标网。地图资料物理形态多种多样，也是描述地图资料时所应注意的一个重要特点。

8.1.2　地图资料的著录概述

（1）著录项目

题名与责任说明项

　　正题名

　　一般文献类型标识 *

　　并列题名 *

　　其他题名信息 *

　　责任说明

　　无总题名测绘制图资料

版本项

　　版次说明

　　并列版本说明 *

与本版有关的责任说明 *

附加版本说明 *

附加版本的责任说明 *

制图数学数据项

比例尺

投影法说明 *

坐标说明 *

出版发行项

出版地或发行地

出版者或发行者

出版日期或发行日期

制作地、制作者、制作日期 *

载体形态项

数量及特定文献类型标识

其他形态细节 *

尺寸

附件

丛编项

丛编正题名

丛编并列题名 *

丛编其他题名信息 *

丛编责任说明 *

丛编国际标准连续出版物号

丛编编号

分丛编

附注项

标准编号与获得方式项

标准编号

获得方式和（或）定价 *

限定说明 *

（注：凡标有 * 者为选择使用的著录项目或著录单元。）

(2) 著录信息源

主要信息源

主要信息源的优先选择顺序为：

① 地图资料本身，如文献有几个物理部分，所有部分均作为地图资料本身。

② 容器（如，文件夹、封面、封套）。

③ 附带的文字材料或说明书。

规定信息源

地图资料各个著录项目的规定信息源如下表所列，取自规定信息源之外的信息应置于方括号内，并在附注项说明。

著录项目	规定信息源
题名与责任说明项	主要信息源
版本项	主要信息源，附带印刷资料
数学数据项	主要信息源，附带印刷资料
出版发行项	主要信息源，附带印刷资料
载体形态项	任何来源
丛编项	主要信息源，附带印刷资料
附注项	任何来源
标准号与获得方式项	任何来源

(3) 地图资料 MARC 记录格式

【例 1】

010　＃＃＄a1.00

200　1＃＄a 罗马尼亚＄b 地图＄dRomania＄f 中国地图出版社编制

206　＃＃＄a1：250000；等角圆锥投影

210　＃＃＄a 北京＄c 中国地图出版社＄d1989

215　＃＃＄a1 幅＄c 彩色＄d45＊68cm

711　02＄a 中国地图出版社＄4 编制

【例 2】

200　1＃＄aMap&guide，Monmouth，Ocean counties ＄b cartographic material ＄f art direction－design－Judy Cardella Graphic Design；illustrations by William Robert Laird，Wall NJ

206　＃＃＄aScale not given

210　＃＃＄aFarmingdale，NJ ＄c Arbee Marketing Co. ＄d c2000

215　＃＃＄a1map ＄ccol. ＄d58＊34cm，on sheet 89＊58cm. folded to 23＊10cm

710　02＄aJudy Cardella Graphic Design (Firm)

8.1.3　地图资料著录要点

一般文献类型标识

地图资料根据图书情报部门的实际需要，在正题名后著录适用于受编文献的一般文献类型标识，并置于方括号内。地图资料常用的一般文献类型标识有：

地图　　Map

地图集　Atlas

截面图　Profile

模型　　Model

剖面图　Section
球仪　Globe
示意图　Diagram
视图　View
图像　Image
遥感图　Remote　Sensing

在 CNMARC 机读目录中，地图资料的“一般文献类型标识”需启用“200 题名与责任说明”字段中的“＄b 一般资料标识”子字段。

（1）数学数据项

地图资料的数学数据项由比例尺说明、投影说明和坐标说明三个著录单元构成，这是反映地图资料技术特征的著录项目。

在 CNMARC 记录中，数学数据项需启用“206 资料特殊细节项：测绘制图资料—数学数据”字段。该字段的指示符未定义，可重复使用。

子字段

子字段标示符	子字段内容	注释
＄a	数学数据说明	不可重复

相关字段

120 编码数据字段：测绘资料——般性数据

122 编码数据字段：作品内容涵盖时间

123 编码数据字段：测绘资料—比例尺与坐标

131 编码数据字段：测绘资料—大地、坐标网络与垂直测量

① 比例尺说明

比例尺表示图上距离比实际距离缩小（或放大）的程度，因此也叫缩尺，它是地图的主要数学数据之一。比例尺通常有三种表示方法：

◆ 数字式，用数字的比例式或分数式表示比例尺的大小。例如地图上 1 厘米代表实地距离 500 千米，可写成 1∶50 000 000 或写成五千万分之一。

◆ 线段式，在地图上画一条线段，并注明地图上 1 厘米所代表的实际距离。

◆ 文字式，在地图上用文字直接写出地图上 1 厘米代表实地距离多少千米，如图上 1 厘米相当于地面距离 10 千米。

a 地图比例尺以分数式（1∶xxxxxxxx）表示，前冠“比例尺”字样。

b 即使正题名已含比例尺，本项亦应如实著录。

c 同种地图载有两种比例尺，应如实著录，其间用连字符“—”连接；载有各种比例尺，著录其最大比例尺和最小比例尺，大者在前，小者在后，其间以连字符“—”连接；若无法正确判断最大和最小比例尺，可著录“比例尺不等”字样。另外比例尺无法确定的地图，其比例尺说明著录“比例不详”或“Scale indeterminable”。

d 文字比例尺换算成比例式形式时，应加方括号。图解式比例说明换算成比例式形式时，中西文地图应分别标“约”、“ca.”字样，并置于方括号内。中国古代地图中采用计画里方表示比例尺的方法照录。

e 若未载明比例尺，可将地图与另一已知比例尺的地图相比较；或采用其他方法，估算出比例尺，用“比例尺约……”的形式。若无法估算，则著录“未注比例尺”字样，并用“[ ]”表示。

f 模型地图、断面图或其他立体地图具有垂直比例尺时，应将垂直比例尺著录于水平比例尺之后，其间用逗号“，”标识。

② 投影法

在太阳光和灯光照射时，物体就会在地面或墙上有影子，这种用投影线通过物体，在给定投影平面上作出物体投影的方法称为投影法。投影规定：大写字母表示空间元素；小写字母表示相应空间元素的投影。投影法可以分为：中心投影法、平行投影法、正投影、斜投影。地图载有投影说明时，应如实照录在比例说明之后，并用“；”标识。投影说明的其他辅助说明，也如实照录，用“，”标识。

【例】

数学数据项：1∶1250000；等角圆锥投影

206 数学数据字段：206　＃＃＄a1∶1250000；等角圆锥投影

③ 坐标说明

坐标是指确定平面上或空间中一点位置的有次序的一组数。著录地图资料坐标的目的是为了划定地图所示地域东、西经度和南、北纬度的最大限度。经纬度以六十进制的度(°)、分(′)、秒(″)来表示，并分别冠以东、西、南、北四个方位词。两组经纬度彼此用斜线分隔。

【例】

数学数据项：(E79°－E86°/N20°－N12°)

206 数学数据字段：206　＃＃＄a (E79°－E86°/N20°－N12°)

星空图的中心赤纬或南、北缘的赤纬用“度”来表示。北天球用“＋”，南天球用“－”，并冠以“Zone”(区)。星空图的中心赤经或东、西缘赤经的量度，以“h”(时)，“min”(分)来表示。

【例】

数学数据项：(Zone＋30°，2h18min)

206 数学数据字段：206　＃＃＄a (Zone＋30°，2h18min)

(2) 载体形态项

① 文献数量及特定资料标识

地图资料的数量及特定资料标识著录与普通图书的相应著录单元规则基本相同，只是地图资料以幅图、面叶形式出现或一幅分切数张、散页进行函装时才按地图资料有关规定著录。

【例】

215　＃＃＄a5 幅

【例】

215　＃＃＄a77 面（1 函）

当题名不能反映地图资料类型时，根据需要可将有关地图资料标识的名称著录于数量之后。

② 其他形态细节

a 地图资料的其他形态细节包括色彩、载体资料等，按在编文献所载信息著录。

b 色彩为黑白时，不予著录；黑白以外的两色或三色，著录为“二色”、“三色”；三色以上的著录为“彩色”。

c 载体材料为纸质时，不予著录；载体材料由多种材料组成，著录主要材料。

d 因修复和保护造成的载体形态方面的变化，应在附注项说明。

③ 尺寸

a 单幅图的尺寸著录其内廓的“纵×横”；

b 图集著录其开本的“纵×横”；

c 立体模型著录其“纵×横×高”；

d 地球仪或天体球著录其直径；

e 折叠式地图著录折叠后的尺寸。

④ 附件

地图资料的附件可著录于载体形态项。可脱离文献主体单独使用的附件，也可著录于附注项。

8.1.4　1— 编码信息块的启用

地图资料著录时，应启用 1—编码信息块中的下列字段：

8.1.4.1　120 编码数据字段：测绘资料—一般性数据（Coded Data Field：Cartogaphic Materials—General）

本字段为必备字段，不可重复。

指示符

指示符 1、2 均未定义。

子字段

子字段标识符	子字段内容	注释
＄a	测绘资料编码数据（一般性）	不可重复

子字段中定义的数据元素

数据元素名称	字符数	字符位置
色彩指示符	1	0
索引指示符	1	1
说明文字指示符	1	2
地形代码	4	3～6
地图投影	2	7～8
本初子午线	4	9～12

相关字段

131 编码数据字段：测绘资料—大地、坐标网络与垂直测量

206 资料特殊细节项：测绘资料—数学数据

215 载体形态

【例】

120　＃＃＄abyaa＃＃＃bdaa＃＃

【注释】

b　表示地图为彩色

y　表示无索引

a　表示本身带有说明文字

a　表示用等高线表示地形

bd　表示采用墨卡托投影

aa　表示本初子午线为格林尼治

8.1.4.2　121 编码数据字段：测绘资料—形态特征（Coden Data Field：Cartographic Materials—Physical Attributes）

本字段包含测绘资料形态特征的编码数据。

指示符

指示符 1、2 均未定义。

子字段

子字段标示符	子字段内容	注释
＄a	测绘资料编码数据——形态特征（一般）	不可重复
＄b	航空摄影和遥感资料编码数据——形态特征	不可重复

＄a 测绘资料编码数据—形态特征（一般）子字段中定义的数据元素

数据元素名称	字符数	字符位置
维数	1	0
最初测绘制图影像	2	1—2
物理媒体	2	3—4
制图方法	1	5
复制方法	1	6
大地平差	1	7
出版形式	1	8

$b 航空摄影和遥感资料编码数据—形态特征子字段中定义的数据元素

数据元素名称	字符数	字符位置
遥感器高度	1	0
遥感器角度	1	1
光谱段数	2	2—3
影像质量	1	4
云层覆盖	1	5
地面分辨力平均值	2	6—7

相关字段

120 编码数据字段：测绘资料——般性数据

131 编码数据字段：测绘资料—大地、坐标网络与垂直测量

【例】

121 ##$a0ba（具有系列地图特征的放大空中摄影地形图）

【例】

121 ##$a0（MSS 空间站卫星遥感影像）

8.1.4.3 123 编码数据字段：测绘资料—比例尺与坐标（Coden Data Field：Cartographic Materials—Scale And Coordinates）

本字段以编码形式记录 206 字段的比例尺和坐标数据。

指示符

指示符 1 为比例尺代码类型标识符，赋值为 0 时表示比例尺无法确定；赋值为 1 时表示单一比例尺；赋值为 2 时表示多种比例尺；赋值为 3 时表示比例尺的范围；赋值为 4 时表示近似比例尺。指示符 2 未定义。

子字段

子字段标识符	子字段内容	注释
$a	比例尺类型	不可重复
$b	恒比直线水平比例尺	可重复
$c	恒比垂直水平比例尺	可重复
$d	坐标——最西经度	不可重复
$e	坐标——最东经度	不可重复
$f	坐标——最北经度	不可重复
$g	坐标——最南经度	不可重复
$h	角比例尺	不可重复
$i	赤纬——北极限	不可重复
$j	赤纬——南极限	不可重复

（续表）

子字段标识符	子字段内容	注释
$k	赤纬——东极限	不可重复
$m	赤纬——西极限	不可重复
$n	赤纬——昼夜平分点	不可重复
$o	历元、时间	

相关字段

206 资料特殊细节项：测绘资料—数学数据

【例】

01232♯aab150000$b25000$de0150000$ee0173045$fn0013012$gs0023035

【注释】

一份刚果（金）地图：线性比例尺为 1：150000 与 1：25000，经纬度为东经 15°至 17°30′12"，北纬 1°30′12" 至南纬 2°30′35"。

8.1.4.4　124 编码数据字段：测绘资料—特殊资料标志（Coden Data Field：Cartographic Materials—Specific Material Designation Analysis）

本字段描绘测绘资料的摄影、非摄影和遥感图像等的类型特征。

指示符

指示符 1、2 均未定义。

子字段

子字段标识符	子字段内容	注释
$a	图像特征代码	不可重复
$b	测绘资料的形式	可重复
$	摄影或非摄影图像资料的表现方法	可重复
$	摄影或遥感图像台站的位置	可重复
$	遥感图像卫星的类型	可重复
$	遥感摄像卫星的名称	可重复
$	遥感图像的摄制方法	可重复

8.1.4.5　131 编码数据字段：测绘资料—大地、坐标网络与垂直测量（Coden Data Field：Cartographic Materials—Geodetic、Grid And Vertical Measurement）

本字段包括测绘资料的有关大地测量、坐标网格测量和垂直测量细节的编码数据。

指示符

指示符 1、2 均未定义。

子字段

子字段标识符	子字段内容	注释
$a	球体测量	可重复
$b	水平测量数据	可重复
$c	坐标网格和参照体系	可重复
$d	覆盖和参考体系	可重复
$e	次要坐标网格和参照体系	可重复
$f	垂直测量数据	可重复
$g	高度的测量单位	可重复
$h	等高线间距	可重复
$i	辅助等高线间距	可重复
$j	深度的测量单位	可重复
$k	等深线间距	可重复
$l	辅助等深线间距	可重复

相关字段

120 编码数据字段：测绘资料——一般性数据

121 编码数据字段：测绘资料—形态特征

【例】

131　##auubagh$cpe

【注释】

构成地图的球体情况不详，水平基准是欧洲的，地图用的是国际球体、通用横断墨卡托坐标方格。

8.2　缩微资料的描述

8.2.1　关于缩微资料

缩微资料指用缩微照相的方式将原始文献缩小若干倍数存储在感光材料上，并借助于专用阅读器而使用的文献。缩微资料包括现有图书、报刊等印刷文献的缩微复制品和原始出版物。缩微资料有如下特点：

（1）缩微文献的体积小、重量轻，可以节省存储空间；

（2）计算机技术与缩微技术的结合，使缩微文献规格统一，易于实现检索的机械化和自动化；

（3）缩微文献一般是原始文献的再现，因此，可以真实再现原件的原貌，记录准确；

（4）缩微文献易于复制，可制成多份拷贝片，便于分地保管，广为利用，还可以避免对原件的损坏；

（5）缩微文献必须借助专门的阅读设备才能利用，而且阅读过程费时费力，多次阅读之后，胶片容易造成划伤，影像阅读效果。

8.2.2　缩微资料的著录概述

（1）缩微资料的著录项目

题名与责任说明项
- 正题名
- 一般文献类型标识 *
- 并列题名 *
- 其他题名信息 *
- 责任说明
- 无总题名文献

版本项
- 版次说明

文献特殊细节项
- 出版发行项
- 出版地或发行地
- 出版者或发行者
- 出版日期或发行日期
- 制作地、制作者、制作日期 *

载体形态项
- 数量及特定文献类型标识
- 其他形态细节
- 尺寸
- 附件 *

丛编（系列）项
- 丛编正题名
- 丛编并列题名 *
- 丛编其他题名信息 *
- 丛编责任说明 *
- 丛编国际标准连续出版物号
- 丛编编号
- 分丛编
- 多种丛编

附注项

标准编号与获得方式项

标准编号

识别题名

获得方式和（或）定价＊

限定说明＊

（注：凡标有＊者为选择使用的著录项目或著录单元。）

（2）著录信息源

主要信息源

缩微卷片的主要信息源为第四幅画（即“描述、说明事项标板”）和第二幅画（即“摄制机构标板”）。缩微平片和缩微卡片的主要信息源为题名画幅（即载有题名及责任说明等信息的画幅）。窗孔卡的主要信息源，成套者为题名卡，单张者为载体本身。若无上述主要信息源，则按先后顺序取自以下来源：

① 文献的其余部分（包括作为文献组成部分的容器）

② 容器

③ 附带的目视可读资料

④ 任何其他来源

规定信息源

缩微资料各个著录项目的规定信息源如下表所列。取自规定信息源之外的著录信息置于方括号内，并在附注项说明。

著录项目	规定信息源
题名与责任说明项	主要信息源
版本项	主要信息源，文献其余部分，容器
数学数据项	主要信息源，文献其余部分，容器
出版发行项	主要信息源，文献其余部分，容器
载体形态项	任何信息源
丛编项	主要信息源，文献其余部分，容器
附注项	任何信息源
标准号与获得方式项	任何信息源

（3）缩微资料 MARC 记录格式

【例 1】

200　1＃＄a 南征北战的英雄司汉民同志＄b［缩微品］＄f 伍延秀作

205　＃＃＄a2 代

210　＃＃＄a 北京＄c 全国图书馆文献缩微中心＄d2003＄e 太原＄g 山西省图书馆＄h2003

215　＃＃＄a1 缩微胶卷＄c 负像＄d16mm

606　＃＃＄a 中国人物＄a 事迹

690　＃＃＄aK825.06＄v4

701　＃0＄a 伍延秀，＄4 作

【例 2】

200　1＃＄aThe analysis of rubber ＄b［microform］＄fby John B. Tuttle

210　＃＃＄aAnn Arbor，Mich. ＄cUniversity Microfilms ＄d1976

215　＃＃＄a1microfilm reel ＄d35mm

306　＃＃＄aReproduction of original：New York：Book Dept.，Chemicalcatalog Co.，1922.

307　＃＃＄aOriginally issued in series：Monograph series/American Chemical Society

700　＃1＄aTuttle，＄bJohn Betley，＄f1882－

8.2.3　缩微资料著录要点

在综合性目录中应使用一般文献类型标识。我国现行的《中文文献著录规则》和《西文文献著录条例》明确规定了缩微品的一般文献类型标识。（见下表所示）

表 8－1　中西文缩微品一般文献类型标识对照表

文献类型	一般文献类型标识（中文缩微品）	一般文献类型标识（西文缩微品）
窗孔卡（Aperture Card）	缩微品	microform
缩微平片（Microfiche）	缩微品	microform
缩微胶卷（Microfilm）	缩微品	microform
匣式缩微胶卷（Microfilm Cartridge）	缩微品	microform
盒式缩微胶卷（Microfilm Cassette）	缩微品	microform
开盘缩微胶卷（Microfilm Reel）	缩微品	microform
缩微条片（Microfilm Slip）	缩微品	microform
不透明缩微品（Microopaque）	缩微品	microform

在 CNMARC 机读目录中，题名与责任说明项中的“一般文献类型标识”需启用 200 字段的“＄b 一般资料标识”子字段。

【例】

200　1＃＄a 理咏堂集＄b 缩微品＄c 五卷＄f（清）乔寅撰

（1）出版发行项

出版发行项著录缩微文献载体本身的出版发行说明，原始文献的出版地、出版者、出版日期著录于附注项。未正式出版的缩微文献不著录出版发行说明。在 CNMARC 中，缩微资料的出版发行说明，在编文献的制作或发行信息启用“210 出版发行项”字段。原始文献的出版发行信息描述于“324 原作版本附注”字段。

【例】

210 ＃＃＄a 北京＄c 全国图书馆文献缩微中心＄d1985＄e 北京＄g 北京图书馆＄h1985

（2）载体形态项

在 CNMARC 中，缩微品的载体形态项需启用“215 载体形态项”字段。具体著录单元如下：

① 数量

缩微文献的载体数量用阿拉伯数字表示，数量单位视不同文献类型确定。卷式缩微文献的数量单位用“盘”；片式缩微文献的数量单位用“张”；缩微条片的单位用“条”。

② 特定文献类型标识

特定文献类型标识是识别缩微文献具体种类的专门术语，包括：缩微卷片、缩微平片、影像卡、封套卡、单轴盒装卷片、双轴盒装卷片、缩微条片、缩微卡片，应著录于数量之后。

③ 其他形态细节

缩微资料的其他形态细节依次著录缩率、极性、幅式、色彩以及插图于载体数量之后，其前用冒号标识，各个形态细节之间用逗号隔开。

- 缩率仅著录低于或高于标准缩率 16x—30x 的缩率；
- 极性仅著录负片者；
- 幅式指开盘缩微片和缩微片条每幅的放置位置，包括竖片和横片；
- 色彩仅著录有彩色者；
- 插图仅著录有插图者。

【例】 215 ＃＃＄a1 卷开盘缩微片＄c14x，竖片，彩色

④ 尺寸

- 缩微卷片著录幅宽尺寸，其他缩微资料著录“高＊宽”，以“cm”为计量单位。

⑤ 附件

缩微资料附件的描述启用 215 字段中的＄e 子字段。

【例】

215 ＃＃＄a1 microfilm reel＄ccol. &ill.＄d116mm ＄e1 manual

8.2.4 1— 编码信息块的启用

缩微文献著录时，应启用 1—编码信息块中的 130 编码数据字段：缩微制品—形态特征字段。

130 编码数据字段：缩微制品—形态特征（Coded Data Field：Microforms—Physical Attributes）

本字段选择使用，可重复。

指示符

指示符 1、2 均未定义。

子字段

子字段标识符	子字段内容	注释
$a	缩微制品编码数据——形态特征	可重复

子字段中定义的数据元素

数据元素名称	字符数	字符位置
资料特殊类型	1	0
极性	1	1
尺寸	1	2
缩率等级	1	3
标称缩率	3	4—6
色别	1	7
胶片的感光乳剂	1	8
代	1	9
片基	1	10

【例】

130　##$aebmb024aaca

【注释】

e　缩微平片

b　负极性

m　为 4×6 英寸

b　正常缩减比率

024　为 24∶1 比例

a　单色

a　卤化银片基

c　供应拷贝

a　安全片基

8.3 视听与影像制品的描述

8.3.1 关于视听与影像制品

视听与影像资料是指以磁性材料、光学材料等记录载体，利用专门的机械装置记录与显示声音和图像的文献。视听与影像制品的特征如下：

（1）视听与影像制品以形象、音响、光电信号等特殊信息记录方式为手段，信息记录在胶片、胶卷、磁带等感光或磁性材料上，存储介质丰富；

（2）与普通图书相比，视听与影像制品体积小，重量轻，节约存储空间；

（3）视听与影像制品运用了声音、图像等不同方式传播信息，信息表达不仅清晰、准确，而且形象、直观，信息传播的真实性和完整性比普通图书要好；

（4）视听与影像制品的使用必须借助专门的设备，而且对视听与影像制品的保管需要满足一定的条件，例如温度、湿度等，以延长文献的使用期限。

8.3.2 视听与影像制品著录概述

（1）著录项目

题名与责任说明项

正题名

一般文献类型标识

并列题名 *

其他题名信息 *

责任说明

无总题名文献

版本项

版本说明

并列版本说明 *

与本版有关的责任说明 *

附加版本说明 *

附加版本的责任说明 *

文献特殊细节项 * *

出版发行项

出版地或发行地

出版者或发行者

出版年或发行年

制作地、制作者、制作日期 *

载体形态项

数量及特定文献类型标识

其他形态细节 *

尺寸

附件

从编（系列）项

从编正题名

从编并列题名 *

从编其他题名信息 *

从编责任说明 *

从编国际标准连续出版物号（ISSN）

从编编号

分系列

多种系列

附注项

标准编号与获得方式项

标准编号

获得方式和（或）价格 *

限定说明 *

（注：凡标有 * 者为选择使用的著录项目或著录单元，标有 * * 者为不适合使用的著录项目。）

(2) 著录信息源

主要信息源

影像资料的主要信息源为在编文献本身。

影像资料的主要信息源为内部信息源。

规定信息源

录音资料各个著录项目的规定信息源如下表：

著录项目	规定信息源
题名与责任说明	资料本身、载体标签、盒封、封套、说明书
版本项	资料本身、载体标签、盒封、封套、说明书
出版、发行项	资料本身、载体标签、盒封、封套、说明书
载体形态项	资料本身、载体标签、盒封、封套
系列项	资料本身、载体标签、盒封、封套、说明书
附注项	任何信息源
标准编号与获得方式项	任何信息源

影像资料各个著录项目的规定信息源如下表：

著录项目	规定信息源
题名与责任说明	内部信息源、标签、盒封、说明书
版本项	内部信息源、标签、盒封
出版、发行项	内部信息源、标签、盒封
载体形态项	任何信息源
系列项	内部信息源、标签、盒封、说明书
附注项	任何信息源
标准编号与获得方式项	任何信息源

（3）视听与影像制品的 MARC 记录

【例 1】

200　1＃＄a 标准日本语＄b 录音制品＄e 初级上＄f［人民教育出版社，［日本］光村图书出版株式会社合作编写］＄g 陈真，陆汝富朗读

210　＃＃＄a［北京］＄c 人民教育出版社＄d［1988］

215　＃＃＄a2 盒式录音带（120min.）

300　＃＃＄a 中央电视台教育节目用书

711　02＄a 人民教育出版社＄4 编写

711　02＄a 日本光村图书出版株式会社＄4 编写

702　＃0＄a 陈真＄4 朗读

702　＃0＄a 陆汝富＄4 朗读

【例 2】

200　1＃＄aBreaking the TOEFL barrier！＄bsound recording＄ethe LRI TOEFL prep program＄fNoel W. Schutz。。。［et al.］

210　＃＃＄aEnglewood Cilffs，N. J.＄cPrentice Hall Regents＄dc1990

215　＃＃＄a1 sound cassette：＄canalog

700　＃1＄aSchutz，＄bNoel W.，＄f1935－

8.3.3　视听与影像制品著录要点

8.3.3.1　一般文献类型标识

一般文献类型标识是用于说明各种视听与影像制品所属类型的专用术语，著录于正题名之后，并用“［］”标识。在 CNMARC 中，“一般文献类型标识”需启用“200 题名与责任说明”字段中的“＄b 一般资料标识”子字段。

一般文献类型标识使用的具体规定如下

资料类型	一般文献类型标识
循环录音带	录音制品　sound　recording
盒式录音带	
开盘录音带	
唱片	
循环录像带	录像制品　video　recording
盒式录像带	
开盘录像带	
视盘	
盒式循环电影片	电影制品　motion　picture
盒式电影片	
开盘电影片	
环式电影片	

【例】

2001＃＄a 英语＄b 录音制品

（1）出版发行项

视听与影像制品的出版发行项按在编文献所载信息著录。非正式出版地视听与影像制品不著录出版地和出版者，但应著录录制时间。

【例】

210＃＃＄a 北京＄c 北京北影录音录像公司＄d1998＄e 北京＄g 北京电影制片厂＄h1974

（2）载体形态项

载体形态项包括文献数量及特定文献类型标识、其他形态细节、尺寸、附件四个描述单元。在 CNMARC 中，视听与影像制品的载体形态项启用“215 载体形态项”字段。

8.3.3.2 数量及特定文献类型标识

数量及特定文献类型标识依次著录在编文献的载体数量、商标名称或其他技术标志、实际播放时间。

（1）录音带、录像带和电影的数量著录载体的盒（盘）数，唱片、视盘的数量著录载体的张数。载体数量一律用阿拉伯数字著录，除成套成套资料外，一般不用“盒”、“张”等量词。

（2）以定时播放为特征的音像资料，必须著录载体的实际播放时间的总数，置于数量或商标名称及其他技术标志后的圆括号内。若同一资料分散计算时间，可分别著录，其间用逗号；若资料为一较大编码系列的一部分，应著录时间的首尾数，其间用连字符连接。时间的国际计量单位：“秒”用“s”标识，“分”用“min”标识，“时”用“h”标识。

(3) 视听与影像制品的特定文献类型标识，中文文献应按照《非书资料著录规则》(GB3792.4－85) 的规定著录，西文文献按照《西文文献著录条例》中的规定著录。

录音资料的相关规定

一般文献类型标识	特定文献类型标识
录音制品	循环录音带
	盒式录音带
	开盘录音带
	唱片

影像资料的相关规定

一般文献类型标识	特定文献类型标识
录像制品	循环录像带
	盒式录像带
	开盘录像带
	视盘
电影制品	盒式循环电影片
	盒式电影片
	开盘电影片
	环式电影片

8.3.3.3　其他形态细节

(1) 中文录音资料

① 材料：著录对设备选用有重要意义的录音资料的物质材料，如 LH 磁带（著录为 LH)、二氧化铬带（著录为 CrO_2)、金属磁带（依情况著录为 Metal，MPT，FeCo)。一般常规材料不用著录。

② 速度：录音带的速度著录录音带在每秒钟传送的长度，用“cm/s”标识。唱片的速度著录唱片在每分钟旋转的转数或线速度，用“r/min”与“m/s”标识。

③ 录制方法、磁迹数和声道数：须著录录音资料的录制方法，如：单声、立体声。录音带记录有磁迹数（单迹、双迹）和声道数（单道、双道等）时，应予著录。唱片不著录此内容。

④ 纹槽方向、纹槽粗细：若规定信息源记录有唱片的纹槽方向（横向或纵向）或纹槽粗细（粗纹、密纹等)，应予著录。

⑤ 降噪或补偿说明：录音资料有降噪系统、补偿系统标识（如“杜比”、“NAB”)，应予著录。

(2) 中文影像资料

① 材料：著录对设备选用有重要意义的影像资料的物质材料，如金属磁带（一般著

录为 Metal)、硝酸纤维片基。一般常规材料不用著录。

② 色彩：以视频信号为主要特征的影像资料须著录色彩，如“彩色”、“黑白”、“棕色”等。

③ 声音：影像资料一般不著录“有声”，但无音频信号或对放音有特殊要求的影像资料，须著录配声情况及其补充说明。无声电影片须著录“无声”。

④ 速度：录像制品的速度著录单位时间内录像带传送的长度或视盘旋转的转数。电影制品的速度著录电影胶片在每秒钟内通过放映机的画幅数，用“格/秒”标识。

⑤ 以立体声方式录制的影像资料必须著录“立体声”。

⑥ 规定信息源记录有录像制品的磁迹数、声道数、降噪或补偿系统，电影制品的声道数，应予著录。

(3) 西文录音资料

① 录音种类：唱片或磁带的录音类型包括模拟（Analog）和数字（Digital）；声道影片的录音种类包括“光学”（Optical）和“磁性”（Magnetic）。

② 放音速度：唱片的放音速度以 rpm（转/分）为单位，录音带的放音速度以 ips（英寸/秒）为单位，影片声道的放音速度以 fps（格/秒）为单位。如果放音速度是该类文献的标准速度，则不著录放音速度。

③ 声道数量：录音资料的声道数量可以从相关信息源中获取时，可以用下列标准缩写字著录声道数量：mono. 单声道；stereo. 立体声；quad. 四声道。

④ 声道位置：有声影片应著录其声道位置，例如“中央声道”（Centre Track），“边轨”（Edge Track）。

(4) 西文影像资料

① 声音：用“有声”（sd.）、“无声”（si.）著录在编文献的声音状况。

② 色彩：用“彩色”（col.）、“黑白”（b&w.）著录在编文献的色彩状况。

③ 投影速度：非标准的投影速度在必要时应予以著录，用“画格/秒”（fps）标识。

8.3.3.4　尺寸

(1) 中文录音资料尺寸的著录

① 唱片、开盘录音带著录载体的直径，并在其后圆括号“（）”内注明“直径”字样。标准开盘录音带的直径可不予著录。

② 非标准唱片，著录其播放部分的尺寸，非常规的外围尺寸著录于附注项。

③ 盒式录音带、循环录音带，著录其磁带的宽度尺寸。

(2) 中文影像资料尺寸的著录

① 以圆形载体为特征的开盘录像带和视盘，著录其直径，并在其后圆括号“（）”内注明“直径”字样。

② 循环录像带、盒式录像带著录其磁带的宽度。

③ 电影制品，著录电影胶片的宽度，计量单位用毫米“mm”。

(3) 西文录音资料尺寸的著录

① 以英寸为单位著录唱片的直径。

② 以毫米为单位著录声道胶片的宽度。

③ 以英寸为单位著录盒式循环录音带和卡式录音带的外形尺寸（长＊宽）和磁带宽度，标准尺寸不著录。

④ 以英寸为单位记录开盘录音带的直径和磁带宽度，标准宽度（1/4 in.）不著录。

⑤ 如果录音资料为尺寸不同的多部分文献，著录最小的和最大的文献尺寸，中间用连字符连接。

（4）西文影像资料尺寸的著录

① 影片以毫米为单位著录其宽度。

② 录像带以英寸为单位著录其宽度。

③ 影碟以英寸为单位著录其直径。

8.3.4 1—编码信息块的启用

录音、影像资料著录时启用1—编码信息块中的以下字段。

（1）115 编码数据字段：投影片、录像制品和电影片（Coded Data Fields：Visual Projections，Videorecordings And Motion Pictures）

本字段含有的定长编码数据用于《国际标准书目著录》中定义的投影片、录像制品和电影片。

本字段选择使用，可重复。

指示符

指示符1、2均未定义。

子字段

子字段标识符	子字段内容	注释
$a	编码数据——一般	不可重复
$b	电影编码数据——存档	不可重复

$a编码数据——一般子字段中定义的数据元素

数据元素名称	字符数	字符位置
资料类型	1	0
长度	3	1—3
颜色标志符	1	4
声音标志符	1	5
音响媒体	1	6
宽度或尺寸	1	7
播放形式——投影片、电影片	1	8
制作方式——录像制品、电影片	1	9
影像规格——电影片	1	10
附带资料	4	11—14

（续表）

数据元素名称	字符数	字符位置
播放方式——录像制品	1	15
影像规格——录像制品	1	16
感光乳胶材料基底——投影片	1	17
辅助支撑材料——投影片	1	18
广播标准——录像制品	1	19

＄b 编码数据—存档子字段中定义的数据元素

数据元素名称	字符数	字符位置
生成级别	1	0
制作级别	1	1
影片色彩的精细类型	1	2
影片的感光乳剂（软片极性）	1	3
影片基底	1	4
活动影像的音响类型	1	5
影片库本或复制拷贝的类型	1	6
损伤程度	1	7
完整程度	1	8
影片检查日期	6	9—14

【例】

115　＃＃＄ab001bczlkzz＃＃＃fzzaux

（注：一幅色彩幻灯片（5＊5cm）并有一张介绍资料。）

115　＃＃＄ac030bahmxbx＃＃＃＃aixxc

（注：一盒彩色盒式录像带（30 分钟，19.05mm），现场录制。）

115　＃＃＄aa110aaafjca＃＃＃＃xxxx＄becxaaaxyb195710

（注：一部黑白电影故事片（35mm），播放时间为 110 分钟，1957 年 10 月的拷贝片。）

(2) 126 编码数据字段：录音资料—形态特征（Coded Data Fields: Sound Recordings—Physical Attributes）

本字段包括录音制品形态特征的编码数据。

指示符

指示符 1、2 均未定义。

子字段

子字段标识符	子字段内容	注释
＄a	录音制品编码数据（一般）	可重复
＄b	录音制品编码数据（细节）	不可重复

＄a 录音制品编码数据（一般）子字段定义的数据元素

数据元素名称	字符数	字符位置
播放形式	1	0
速度	1	1
音响类型	1	2
纹宽	1	3
尺寸（录音制品）	1	4
带宽	1	5
带结构	1	6
附带文字资料	6	7—12
录音方法	1	13
特殊的复制特征	1	14

＄b 录音制品编码数据（细节）子字段定义的数据元素

数据元素名称	字符数	字符位置
唱片或录音筒类型	1	0
载体材料类型	1	1
刻文类型	1	2

【例】

126　＃＃＄aagbzxxe＃＃＃＃＃cd＄bax

（注：一张激光唱片，数字方式录音，并附有作曲家传记。）

8.4　计算机文件的描述

8.4.1　关于计算机文件

计算机文件（Computer File）是指经计算机编码处理后贮存在一定磁性载体上并通过计算机读出的文献，表现为磁带、磁盘、穿孔纸带、窗孔卡、标记读出卡、光盘等形式。它的主要特点如下：

（1）信息存储量大

信息存储量大，这是其最显著的特征。一张软盘可以存放50万个汉字，一张650兆的CD－ROM的信息容量可以记录平均500页、20万汉字的普通图书2000册，目前最新开发的光盘容量已经达到3GB－7GB。

（2）记录方便，检索快捷

计算机文件以磁光电材料为介质便于文献复制，同时在数据库和计算机软件技术的支持下，文献检索的质量和速度也较之其他方法有极大的提高，可以在几秒钟内从数以万计的信息中检索出用户所需的文献内容。

（3）存储条件简易

印刷型文献体积大，存储所占用的空间大，而且在存储过程中还受到温度、湿度、光照度等多方面客观条件的影响。另外，加之图书在利用时的直接接触，因而损耗较大，这些都给印刷型文献的保管带来很大困难。而计算机文件体积小，传播速度快，占用空间少，利用过程损耗较小，便于保管和长期使用。

（4）信息传播生动、形象

计算机文件不仅可以记录文本信息，而且可以集文字、图表、音频、视频等多种媒体信息于一身，信息表达更直观、生动。

（5）阅读条件受限

印刷型文献阅读条件一般不受限制，而计算机文件则不同，它要受到客观条件的限制，它必须借助计算机与终端设备，有些远程存取的文档还需要计算机网络支持才能实现。

8.4.2　计算机文件的著录概述

（1）著录项目

题名与责任说明项

正题名

一般文献类型标识＊

并列题名＊

其他题名信息＊

责任说明

无总题名文献

版本项

版本说明

并列版本说明 *

与本版有关的责任说明 *

附加版本说明 *

附加版本的责任说明 *

资源类型与数量项

资源类型

资源数量

出版发行项

出版地或发行地

出版者或发行者

出版年或发行年

制作地、制作者、制作日期 *

载体形态项

数量及特定文献类型标识

其他形态细节 *

尺寸

附件

丛编项

丛编正题名

丛编并列题名 *

丛编其他题名信息 *

丛编责任说明 *

丛编国际标准连续出版物号

丛编编号

分丛编

附注项

标准编号与获得方式项

标准编号

获得方式和（或）价格 *

限定说明 *

（注：凡标有 * 者为选择使用的著录项目或著录单元。）

（2）著录信息源

主要信息源

计算机文件的主要信息源为题名屏幕；无题名屏幕，应从其内部物证（如主要菜单、程序说明等）取得信息；若内部物证无所需信息，则应依次从计算机文件上的物质载体或其标签，出版者、制作者与文档一起的发行地信息，出版者、发行者载于容器的信息中获取著录信息。

规定信息源

计算机文件的各个著录项目的规定信息源如下表，取自规定信息源之外的著录信息应著录于方括号内，并在附注项说明。

著录项目	规定信息源
题名与责任说明项	内部信息源、物理载体上的标签、说明性资料、容器或其他附件
版本项	记载有版权信息的内部信息源或外部载体
资源类型和数量范围项	任何信息源
出版、发行项	内部信息源、物理载体上的标签、说明性资料、容器或其他附件
载体形态项	任何信息源
丛编项	内部信息源、物理载体上的标签、说明性资料、容器或其他附件
附注项	任何信息源
标准编号与获得方式项	任何信息源

(3) 计算机文件 MARC 记录

【例 1】

200　1＃＄a 轻轻松松练五笔＄b 电子资源＄f 刘江涛，刘中霞，李磊

205　＃＃＄a 第 2.2 版

210　＃＃＄a 北京＄c 声比尔科贸有限公司＄d1999

215　＃＃＄a2 计算机软盘＄c 有声，彩色＄d19＊14cm

230　＃＃＄a 计算机程序（4 个计算机文件）

337　＃＃＄a 系统要求：1. 硬件系统：CPU 为 80486 以上的 PC 兼容机；4M 以上的内存；支持真彩的显示卡；10M 以上的硬盘空间。2. 软件系统：中文 Windows 3.2、Win9X&NT

606　0＃＄a 汉字编码—输入＄x 教材

690　＃＃＄aTP391＄v3

701　＃0＄a 刘江涛＄4 程序设计

701　＃0＄a 刘中霞＄4 程序设计

701　＃0＄a 李磊＄4 程序设计

801　＃0＄aCN＄bPUL

【例 2】

200　1＃＄aPracticalc plus ＄belectronic resource ＄cthe computer spreadsheet for the Commodore VIC—20 ＄fprogram by Sandy Ruby ＄gmanual by Kathleen F. Nolan

210　＃＃＄aRandolph，MA ＄cComputer Software Associates ＄dc1983

215　＃＃＄a1 computer disk ＄d5 1/4 in. ＄c 1 manual（65 p.；ill.；18cm）

337　＃＃＄aSystem requirements：Commodre VIC－20；16K RAM card.

304　＃＃＄aTitle from documentation

700　＃1＄aRuby，＄bSandy.

702　＃1＄aNolan，＄bKathleen.

8.4.3 计算机文件著录要点

8.4.3.1 题名与责任说明项

（1）计算机文件的题名与责任说明项的著录内容取自题名屏幕、载体或其标签、出版者或制作者等发行的信息及容器本身，其各著录单元的著录规则和方法与图书相同。

（2）计算机文件一般文献类型标识是“电子资源”。

【例】

软件［电子资源］/程序员和实验小组开发

2001＃＄a软件＄b电子资源＄f程序员和实验小组开发

（3）当以正题名屏幕为主要信息源选取了正题名后，对在其他信息源中出现的其他不同形式的题名也应尽量在517其他题名字段中著录，以保证查全率。当选定了正题名后，如果正题名不是来自主要信息源，即正题名不是取自正题名屏幕，则应在304字段中注明题名的来源。

【例】

304＃＃＄a题名取自盘封

8.2.3.2 资源类型与数量项

计算机文件的文献特殊细节项包括资源类型标识和资源数量两个部分。

（1）资源类型标识

资源类型标识是识别文献特定资源类型的名称。资源类型标识一般出现在规定信息源中，出现在规定信息源以外的资源类型标识，在对在编文献核实的基础上可不用方括号的著录形式。通用的术语有：电子数据（Electronic Data）、电子程序（Electronic Program）、电子数据和程序（Electronic Data And Program（s））。上述术语不适用时，允许重新选择特定术语作为资源类型标识著录。

（2）资源类型

计算机文件的数量需根据受编文献的类型区别对待。对于一个数据文件需著录其记录数和/或字节数；对于一个程序文件则著录其说明数量和字节数。文件数量著录在文件标识之后，并置于圆括号内。

在CNMARC中，资源类型与数量项需应启用“230资料特殊细节项：电子资源特征”字段。该字段中包含与计算机文件的类型和范围有关的文件特征信息。

本字段必备，且可重复。

指示符

指示符1、2均未定义。

子字段

子字段标示符	子字段内容	注释
$a	文件标识和范围	不可重复

相关字段

135 编码数据字段：电子资源

【例】

230 ＃＃ $a 电子数据（4 个文件）和程序（2 个文件）

【例】

230 ＃＃ $a 电子程序（3 个文件，每个文件约 850 行语句）

8.4.3.3　载体形态项

（1）计算机文件载体数量用阿拉伯数字著录，特定文献类型标识用编目机构选定的语言文字著录，如“计算机软盘”、“计算机磁盘”、“计算机磁带”、“计算机光盘”等标识；以单个机器组成的型号或编号为使用条件的出版物，其所载机器的名称、型号或编号，应著录于特定文献类型标识后的圆括号内。

【例】

215＃＃ $a1 计算机磁带（IBM PC）

【例】

215＃＃ $a2 计算机软盘（APPLE）

（2）远程访问的计算机文件一般不著录载体形态项。

（3）其他形态细节著录详尽的文献载体特征，包括声响（如“有声”）、颜色（“彩色”、“多媒体”）、格式特征（如扇面数、扇面密度、磁道数、存储密度等）等。

【例】

215＃＃ $a1 计算机光盘 $c 有声

【例】

215＃＃ $a8 计算机软盘 $c 彩色，双面高密度，80 雌道

（4）软盘、光盘、卷式磁带、盒式磁带的尺寸用 cm 表示。著录尺寸以物质载体本身为准，不涉及任何容器外部尺寸。

【例】

215 ＃＃ $a1 计算机光盘 $c 多媒体 $d14cm $e 系统安全软盘。

【例】

215 ＃＃ $a1 计算机软盘 $c 彩色 $d8cm $e 教师指导手册（120 页；22cm）。

8.4.3.4　附注项

附注项可以记载各著录项目正式著录部分以外的任何信息，其内容十分复杂，计算机文件通常在附注项内反映有关文件特征项的附注，揭示关于系统要求和载体形态项的附注。在 CNMARC 中，有关文件特征项的附注启用“336 电子资源类型附注”字段，关于系统要求和载体形态项的附注启用“337 计算机技术细节附注”字段。

8.4.4 1—编码信息块的启用

计算机文件著录时，需应启用1—编码信息块中的135编码数据字段：电子资源。

135编码数据字段：电子资源（Coded Data Field：Electronic Resources）

本字段含有电子资源的编码数据。

本字段选择使用，可重复。

指示符

指示符1、2均未定义。

子字段

子字段标识符	子字段内容	注释
$a	电子资源编码数据	可重复

子字段中定义的数据元素

数据元素名称	字符数	字符位置
电子资源类型	1	0
特种资料标识	1	1

相关字段

336电子资源附注

【例】

135##$aam

（注：表示该载体为光盘的计算机数据）

【例】

135##$abm

（注：表示该载体为光盘的计算机模拟教学软件）

【例】

135##$abj

（注：表示该载体为软盘的计算机程序）

【例】

135##$adr

（注：表示该载体为在线文本文件）

本章小结

本章内容主要涉及非书资料的信息描述，在知识经济时代，由于计算机技术、网络通讯技术、高密度存储技术、视听技术与多媒体技术、人工智能技术等的广泛应用，作为收藏和传播知识的图书馆对非书资料的收藏必将会越来越多，非书资料的科学管理与充分利用也显得愈发重要，因而掌握好非书资料信息描述的规则和方法，对于今后的工作有重要的意义。

参考文献

[1] 韦衣昶．普通图书机读书目数据［M］．北京：北京图书馆出版社，2003.

[2] 李晓新，张兰普，杜芸．新编文献编目［M］．天津：南开大学出版社，2006.

[3] 段明莲．信息资源编目［M］．2 版．北京：北京大学出版社，2008.

[4] 杨玉麟．信息描述［M］．北京：高等教育出版社，2004.

[5] 韦衣昶．特种文献机读书目数据［M］．北京：北京图书馆出版社，2002.

[6] CALIS 联机合作编目中心．中文文献著录原则．http：//www.calis.edu.cn/calis/lhml/lhml.asp? fid＝FA0307&class＝2＃65.

[7] CALIS 联机合作编目中心．西文文献著录原则．http：//www.calis.edu.cn/calis/lhml/lhml.asp? fid＝FA0318&class＝2＃61.

第9章 计算机在文献描述中的应用（检索点）

9.1 检索点

9.1.1 检索点和标目

AACRⅡ认为，所谓检索点（Access Point），指可能用于查找和识别书目记录的名称、术语、代码等（A Name，Term，Code，etc.，Under Which a Bibliographic Record May Be Searched and Identified）；所谓标目（Heading），是指置于目录款目之首、并提供一个检索点的名称、词或短语（A Name，Word，or Phrase Placed at Head of Catalogue Entry to Provide an Access Point）。上述两个定义，从 AACR Ⅱ在其 1988 年及其以后的修订本中均无变化。除标目可提供检索点而检索点不一定是标目这一点不同外，标目和检索点还在以下方面存在不同。

（1）使用范围不同

从上述定义看，标目和检索点均包含名称（Name，包括个人名称和团体名称），这是它们的共同点。但标目除名称之外的范围是词和短语。英文中的词（Word）又称“单词”，指语言结构中可独立运用的基本单位，具有音、形、义与语法功能，如“科学”、“文献”等；而短语（Phrase）又称“词组”，指按一定语法规则组合起来并具有整体意义的一组词，如“科学文献”、“文献与情报工作”等。词和短语与概念有密切联系，但它们之间又有质的区别。即同一个概念可用不同的词语表达，同一词语也可表达不同的概念。从此意义上讲，标目定义中的词和短语实指文献的题名。

而检索点除名称外的范围则是术语、代码等。英文中的术语（Term）指各门学科中表示专门概念的词或词组，具有专业性、科学性、单义性和系统性的特征。术语都有严格限定的含义，以能准确表达特定学科的专门概念，即一个术语与其在日常词汇中的意义不尽相同，而且同一术语在不同的学科中也可以有不同的含义。从此意义上讲，检索点定义中的术语实指主题标引的结果——主题词。而检索点定义中的代码（Code），除指一组字母、数字或其他符号和用以代替另外的字母、数字或符号（如文献分类号等）外，还应包括各种文献的标准编号，如 ISBN（国际标准书号）、ISSN（国际标准连续出版物号）、ISMN（国际标准音乐出版物号）、ISRN（国际标准技术报告号）、ISRC（国际标准录制号），以及国家书目号、政府出版物号、统一书刊号和中国标准号等。需要强调的是，标目和检索点除上述使用范围不同外，另一重要区别在于标目是一封闭体系，即它限于个人名称、团体名称和题名，而检索点是一开放体系，即在计算机编目中除个人名称、团体名称、题名、主题词和各种代码外，其他文献特征如有必要也可成为检索点，只要它们具有检索意义。如文献的出版/制作地、出版/制作者，甚至包括文献的出版/制作期。

（2）使用场合不同

从 AACRⅡ对标目的定义中的“置于目录款目之首”情况看，标目只用于手工编目。因为在手工编目的情况下，一条书目记录上虽然载有各种检索点的排检项（中编）或根查项（西编），但还不能用来排检（西编主要款目除外），而需将排检项或根查项中的某一检索点依次著录到标目位置上（中、西编的题名、名称、主题词等检索点均著录于款目正文之上），方能形成具有特定检索途径的款目——排检用款目。有了各种排检用款目，再依一定的目录组织规则，就能组织成各种检索性目录。从此意义上讲，标目工作是手工编目从文献著录到目录组织之间的一项十分必要而又十分重要的工作环节。

如上所说，文献编目中原先只有标目概念，但随着计算机在编目领域中的逐步应用和文献著录标准化的进展，后又出现了检索点的概念，这从 1967 年的从 AACR 中只有标目概念，以及 1978 年后的 AACRⅡ中既有标目概念又有检索点概念可以看出。换言之，检索点的概念既适用于计算机编目，同样也适用于手工编目。在手工编目中，检索点可指用以识别和检索该书目记录的任何名称、术语和代码，但受编目传统所限，手工编目中的检索点一般只限于题名、责任者、主题词和分类号四类。其次，手工编目中的检索点不像机读目录那样可以由著录项目或著录单元充当，而必须先将各种选取出来的检索点按规定依次著录在款目下方的排检项或根查项，以为下一步标目做准备。

但在机读目录里，检索点可指用以排列与存取文献或记录文献的数据单元。由于机读目录具有“一条记录、多种款目”之特征，所以机读目录只要对一种文献进行详尽的著录，就能满足读者和用户多方面的检索。从此意义上讲，机读目录中的许多著录项目或著录单元，同时也是一个个检索点。不仅题名、责任者名称、主题词、分类号可以作为检索点，就连文献的标准编号也可成为重要的检索途径。另外，在机读目录中，还可使用组配方法灵活进行文献检索，如责任者名称与题名、出版/制作者名称与出版/制作期等。因此，输入机读目录的书目信息越多，它所提供的检索点也就越多，即一条记录可以组成多种目录。

9.1.2　款目

依据一定的规则，对某一具体的内容和形式特征所做出的一条记录，在编制图书馆目录过程中，把文献内容、形态特征记录在卡片上，每一张卡片就是一条款目。款目即文献著录的结果，即按一定的方法和规则对文献的内容和物质形态所作的一条记录。是组成图书馆目录的最小单位。完整的款目一般由标目、正文、内容提要和图书馆业务注记组成。其种类从标目性质的不同可分为题名款目、责任者款目、分类款目、主题款目；从不同作用可分为主要款目、附加款目、分析款目、综合款目；从编制程序上可分为通用款目和排检用款目。

对于中文文献，《中国文献编目规则》（第 2 版）取消了主要款目和附加款目的概念，采用交替款目的方式提供多个检索点，编制题名款目、责任者款目等。而对于西文文献，主要款目的理论和方法在我国图书馆目录中得以保留。主要款目是指在编目程序上首先编制的、著录项目最详尽的款目。主要款目的产生源于英美编目体系。从卡特的《字典式目录规则》，到 1949 年的《美国图书馆协会著者和书名款目编目规则》，均有关于主要款目的方法论述。20 世纪 60 年代以后出版的《英美编目条例》也规定了主要款目的编制方法。但应该看到，随着文献编目方式的进步，特别是计算机技术在文献编目领域中的应用，机读目录的发展和普及，主要款目是否有必要继续存在成为编目领域中关注的焦点。

9.2 检索点的选取

9.2.1 中文文献著录检索点的选取

9.2.1.1 个人名称检索点

(1) 个人名称检索点选取的信息源

选择个人责任者检索点的依据是文献的主要信息源，同时可以参考文献以及文献以外的其他信息源，以及书目记录中的题名与责任说明项、版本项、丛编项和附注项等。

(2) 检索点选取原则

① 凡对著作负有直接责任的创作者，即对文献的知识和艺术内容负有主创责任的责任者均应作为检索点，例如主编、画家、书法家、雕刻家、摄影者、作词者、作曲者、地图绘制者、文件制定者、信息资源制作者、影视作品编导者、主要演员、作品口述者等均应作为检索点。

② 凡对著作的知识内容或艺术内容进行加工整理或在创作的责任者，例如注释者、译者、编辑者、编译者、校点者、校订者、整理者、制定者、绘图者、监制者、记录者等，可根据其作用大小选择部分或全部作为检索点。

【例】

题名/责任者：唐诗三百首/许渊冲译

检索点：许渊冲

题名/责任者：拜厄钢琴基础教程/吴令仪校订

检索点：吴令仪

③ 著作的出版机构及责任编者、封面设计者、书籍装帧者等一般不作为检索点，但珍本、善本或特殊文献的刻书者、出版发行者等视其影响大小和实际需要选择部分或全部作为检索点。

【例】

题名/责任者：刃锋木刻集/王刃锋刻

检索点：王刃锋

④ 著作的收藏者、校阅者等一般不作为检索点，但珍本、善本或特殊材料的收藏者、批校题跋者则视其作用大小和检索需要选择全部或部分作为检索点。

⑤ 分担责任方式的多个责任者，若为三个或三个以下，则均作为检索点；若为三个以上，则选择具有代表性的责任者为检索点。

⑥ 混合责任方式的多个责任者，其个人责任者均可作为检索点，但所选责任方式一般不超过四种。

⑦ 一书的改写本、改编本、修订本、增补本、释义本，应酌情依次选取原著者、改写者、改编者、增补者、释义者做检索点。文艺作品的体裁发生变化选择改写者、改编者作为检索点，原著者应根据其对改编作品影响程度确定其是否成为检索点。

【例】

题名/责任者：史通通译/（唐）刘知几著；（清）浦起龙释

检索点：（唐）刘知几（661—721）

　　　（清）浦起龙（1679—1762）

题名/责任者：钢铁是怎样炼成的：20 集电视连续剧文学本/梁晓声等编剧

附注项：据（苏）尼·奥斯特洛夫斯基原著改编

检索点：梁晓声（1949—　）

　　　（苏）奥斯特洛夫斯基（1904—1936）

⑧ 学位论文应选择论文作者和主要指导者作为检索点。

【例】

题名/责任者：夏商西周土地制度概论［学位论文］/陈力著；徐中舒指导

⑨ 多卷书集中著录时，如在编文献既有整套书的责任者又有分卷书的责任者，分别以整套书的责任者和各卷书的责任者作为检索点。分散著录时，以各卷书的责任者作为检索点，并酌情选择整套书责任者作为检索点。

⑩ 丛书集中著录时，以整套丛书的责任者和各单册书的责任者作为检索点。分散著录时，以单册书的责任者作为检索点，酌情选择整套书责任者作为检索点。

9.2.1.2　团体名称检索点

（1）团体名称检索点选取的信息源

选择团体名称作检索点的依据是文献的主要信息源，同时可参考文献以外的其他信息源，书目记录中的题名与责任说明项、版本项、丛编项和附注项等也可以作为参考信息源使用。团体责任者著作包括以下五种类型：

① 记载有关机关团体行政事务的出版物；

② 法律、条约、制度、标准以及其他政府出版物；

③ 记载有关机关团体集体思想的出版物；

④ 记录集体活动的出版物；

⑤ 以机关团体署名的学术著作。

（2）团体名称检索点选取原则

① 记载机关团体内部管理及行政事务的出版物，例如有关某机关的工作计划、年度总结、财务报告、人事资料等可取机关团体名称做检索点。

② 反映和记载特定团体集体思想的文件，例如政党的纲领、宣言、报告、政策、声明等，可以选择颁布者、批准者、起草者等作为检索点。

【例】

题名/责任者：世界人权宣言．独立宣言．哈姆莱特/［联合国人权委员会起草］

检索点：联合国人权委员会

③ 记录特定团体集体活动的出版物，例如会议录、调查与考察报告、展览会以及各种活动的记录等，取主办者、主编者、编辑者等作为检索点。

【例】

题名/责任者：全国公众意识调查报告/国家环境保护总局，教育部编

检索点：国家环境保护总局
教育部

④ 属于国家政府机构的出版物、各类文件，例如声明、公报、法律、法规、条约、条例、协议、标准等均应以颁布者、批准者、编辑者以及文件所涉及内容范围的管辖机构作为检索点。

【例】

题名/责任者：中华人民共和国交通行业标准 机动车维修技术人员从业资格培训技术要求 = Training technology requiements for technicians qualification of motor vehicle maintenanceand repair/中华人民共和国交通部发布

检索点：中华人民共和国交通部

⑤ 记载演出团体的视频、音频资料以及演出的文字记录等，取主办者、参与者等作为检索点。

【例】

题名/责任者：中国民间音乐［音乐资料］/中央歌舞团民族乐队演奏；朴东生指挥

检索点：中央歌舞团民族乐队

⑥ 绘制制图资料的责任团体不仅对文献承担出版发行职责，而且承担测绘、制作职责，应将其作为检索点。

【例】

题名/责任者：最新实用世界地图册/中国地图出版社编制

检索点：中国地图出版社

⑦ 以团体名称署名的学术著作、大型工具书，例如百科全书、辞典、年鉴、手册等应以团体名称作为检索点。如果同时可以获得承担主要责任的个人责任者名称，也应将个人责任者名称作为检索点。

【例】

题名/责任者：物理化学/重庆大学物理化学教研室编

检索点：重庆大学物理化学教研室

⑧ 以国家党政领导人署名的党政机关出版物，其内容属于职务性著作，除以个人名称作为检索点外，另以其担任的职务名称作为检索点。

【例】

题名/责任者：政府工作报告：2002 年 3 月 5 日在第九届全国人民代表大会第五次会议上/朱镕基报告

检索点：朱镕基（1928.10－）

　　　　国务院总理（1998.3－2003.3，朱镕基）

9.2.1.3　题名检索点

（1）题名检索点选取的信息源，为在编文献的主要信息源，同时可参考文献以及文献以外的其他信息源，书目记录中的题名与责任说明项、版本项、丛编项、附注项中的关于题名的记载也可以作为选择题名检索点的参考信息源。

（2）团体名称检索点选取原则，在编文献中具有检索意义的各类题名均可以作为检索点。题名检索点的选择应遵循以下具体规则。

中文文献不仅取责任者可以作为检索点，也可以取题名作为检索点。中文文献题名的种类繁多。通常中文文献的正题名、交替题名、合订题名、总题名、分卷题名、分册题名、丛编名均可做检索点。

【例 1】

题名/责任者：工程经济学/刘晓君主编

检索点：工程经济学

题名/责任者：循环经济概论/赵涛，徐凤君编著

检索点：循环经济概论

【例 2】

题名/责任者：幽闺记，又名，拜月亭记/（元）施惠撰 吕微芬校点

检索点：幽闺记；拜月亭记

题名/责任者：蒋介石与蒋经国，又名，毁灭的种子/（美）伊斯门（Eastman，L.E.）著 王建朗，王贤知译

检索点：蒋介石与蒋经国；毁灭的种子

【例 3】

题名/责任者：世界之最．动物分册/李学林，王林绪编辑

检索点：世界之最．动物分册

【例 4】

题名/责任者：信息资源管理导论/孟广均等著

丛编题名：现代信息管理与信息系统丛书

检索点：信息资源管理导论

现代信息管理与信息系统丛书

9.2.2　西文文献著录检索点的选取

9.2.2.1　个人著者检索点

个人著者（Personal Author），AACRⅡ和《西文文献著录条例》都将其定义为“对著作的知识或者艺术内容负有主要责任的个人。”例：

Writers of Books	图书的作者
Compliers of Bibliographies	书目的编辑者
Composers of Music	乐谱的作曲者

Cartographers	地图的绘制者
Artists	艺术家
Photographers	摄影作品的拍摄者

(1) 单个著者的著作

所谓单个著者的著作是指在编文献只有一个责任者，并且能够确认该责任者对文献承担责任，对于这种情况，不论著者姓名是否出现在受编文献中，均应取该个人作为主要款目标目。

【例】

Selected plays of Rutherford Mayne

主要款目标目：Mayne

(2) 分担责任者的著作

所谓分担责任者是指两个或者两个以上的责任者在创作同一作品时，进行相同的活动，每个责任者的劳动成果可能形成独立的部分，也可能合为一体，共同对文献的知识内容或艺术内容负责，即以相同的著作方式创作同一部文献的责任者。

① 三个以内的分担者合著的文献。如其中有在用词或版式（布局、编辑）上突出的主要责任者，著录时则以主要责任者为主要款目标目，可为其他著者编制附加款目标目。

【例】

Lady sings the blues/ Billie Holiday with WilliamDufty

主要款目标目：Holiday，Billie

② 若一文献有两个或三个分担责任者，未指明其主要责任者时，取第一个责任者做主要款目，为其他责任者编制责任者附加款目。

【例】

Economic analysis in health care/Stephen Morris，Nancy Devlin，David Parkin

主要款目标目：Morris，Stephen.

③ 分担责任者超过三个时，选择题名为主要款目标目。

(3) 混合责任者的著作

混合责任者是指两个或两个以上的责任者在创作同一文献时，进行不同的活动，对同一文献的知识内容或艺术内容做出了不同的贡献，各自对自己所作出贡献的那一部分负责，即以不同著作方式创作同一文献的责任者。

① 对原作品的改动，如果文献的表达方式、体裁、表现介质均发生变化，用改写者作为其款目标目。

② 对于译本和体裁未发生变化的节略本，取原著者做主要款目标目，为译者、节略者编制附加款目。

【例】

Dawn blossoms plucked at dusk/by LuHsun；translated by Yang Hsien and Gladys Yang

主要款目标目：Lu，Xun.

③ 对原作品进行修订、扩充、更新，如果原责任者仍反映在责任说明中或正题名中，表明原责任者仍负主要责任，原责任者作主要款目标目。

【例】

Hart's Rules for compositors and readers at University Press，Oxford. …39th ed.，completely revised

主要款目标目：Hart

④ 修订、扩充、更新的文献中明确表明原责任者不再负主要责任，以修订者或题名作为其主要款目标目。

【例】

Gimson's pronunciation of English/revised by Alan Cruttenden

主要款目标目：Cruttenden

⑤ 插图作品用文字作者作主要款目标目；翻译作品按原文作品选择主要款目标目。

【例】

The beside manner，or，Nomore nightmares/by Robert Benchley；with drawings by Gluyas William

主要款目标目：Benchley

9.2.2.2　机关团体检索点

关于机关团体的定义，以下机构有如下观点：

AACR 将机关团体回归著者范畴，即著者是“对一著作的知识和艺术内容负有主要责任的个人或团体”。

AACRⅡ给机关团体（Corporate Body）所下的定义是“有一个特定的名称，作为一个实体或可以作为一个实体行动的一个组织或一批人。典型的机关团体有协会、公共机构、商行、非赢利性企事业单位、政府、政府机构、宗教团体、各地教会以及各种会议”。

《西文文献著录条例》将其定义为：具有特定名称，作为或可能作为一个整体行动的一群人的组织。典型的例子如党团组织、政府、政府机关、宗教团体、学术团体、企业等。也包括临时性特设组织，如会议，探险队、运动会、展览会等。

根据如上定义，以团体名称做主要款目标目的文献只限于以下六种：

（1）记载有关机关团体内部行政事务的出版物。如：内部方针、程序、财政预算、财政报告、工作人员情况以及关于该团体本身情况的资料（目录、财产目录和会员指南）等文献。

（2）某些法律资料、政府文件或宗教出版物。如：法律条文、宪法、管理规章、宗教法规、条约、协定、法院裁决等文献。

（3）记述一个团体集体思想的文献。如：政党的纲领、宣言、委员会的报告、对外政策立场的官方声明以及其他有关文献。

（4）报道有关会议、考察队及特设临时组织的集体活动的资料。如：会议录、论文集、探险考察结果报告和展览会、博览会以及节庆会等活动的记录。

（5）演出团体承担超出演出任务的其他责任，其集体活动产生的录音、录像、电影资料、文字记录等。

（6）某一团体出版的测绘制图资料，该团体不仅担负出版发行责任，还要承担制作责任。

机关团体责任者主要款目标目的选取原则：

(1) 上述六种类型文献，应选择团体名称作主要款目标目。

(2) 一部文献只有一个团体对其承担责任，选择该团体作为主要款目标目。

【例】

ALA membership directory，1997－1998/American Library Association

主要款目标目：American Library Association

(3) 两个或三个团体责任者以相同的责任方式对在编文献共同承担责任，选择承担主要责任的团体或在题名页上列于首位的团体名称作主要款目标目。

【例】

Standard methods for the examination of water and wastewater/prepared and published jointly by American Public Health Association，American Water Works Association，Water Pollution Control Federation

主要款目标目：American Public Health Association

(4) 三个以上团体对在编文献承担责任时，应以题名作主要款目标目。

(5) 国家元首或政府首脑的著作。

① 国家元首及政府首脑代表政府机关团体所做的官方报告（包括咨文、宣言和命令），其主要款目标目应用政府（国家）名称、馆员的官职名称、任期以及个人的姓或者姓名共同构成。

【例】

Letters and proclamations of the President

主要款目标目：United States，President（1861－1865）

② 其他著作，包括个人的演说和通信，以个人名称作为主要款目标目。

【例】

Speeches and address of Abraham Lincoln

主要款目标目：Lincoln，Abraham，1809－1865

③ 国际政府组织的首脑和教皇的著作，按上述规定处理。

9.2.2.3 会议文献检索点

(1) 会议与会议文献

会议是各类组织以及个人为了共同关心的领域和问题而举行的集会。通常可包括：国际性会议、全国性会议、专业性会议、政党和政府机构召开的会议、团体的例会等。另外，一些临时性的活动，如纪念庆祝会、展览会、博览会等也应视为会议。

机关团体通常把会议上宣读，讨论的论文或会议文件等汇编成册，这就是会议文献。会议文献具有信息量大、内容新颖、出版及时等特点。会议文献除传统的图书、期刊、科技报告外，还有一些直接以录音、录像资料的形式出版发行。

(2) 会议录主要款目标目的选取原则

① 规定的信息源

会议录是一种连续出版物，一般以正式的会议名称做主要款目标目。可是，正式的会议名称时而出现在题名页，时而出现在封面，时而出现在序言中。会议名称通常取自文献的主要信息源。

② 学术会议

a 凡属团体责任者范围的会议文献，题名页中载有正式会议名称的，应取正式会议名称作为主要款目标目。

【例】

Proceedings of the 27th International Geological Congress
Moscow 4－14 August 1984
MATHEMATICAL GEOLOGY AND GEOLOGICAL INFORMATION
VNU SCIENCE PRESS
Utrecht，The Netherlands 1984

主要款目标目：International Geological Congress（27th：1984：Moscow）

b 题名页上既有正式会议名称，又载有机构会议名称时，取正式会议名称做主要款目标目，机构会议名称可作为附加款目标目描述。

【例】

CONTEMPORARY MATHEMATICS
Volume 42
CLASSICAL REAL ANALYSIS
Proceedings of the Special Session on Classical Real Analysis
794th Meeting of the American Mathematical Society
Held in Madison，Wisconsin
April 16－19，1982

主要款目标目：Special Session on Classical Real Analysis（1982：Madison，Wis.）

附加款目标目：American Mathematical Society. Meeting（794th：1982：Madison，Wis.）

③ 政党会议

政党会议取政党名称作为标目，会议类属词作为从属标目。

【例】

The Twelfth National Congress of the CPC September 1982
(Chinese documents)
Foreign Languages Press
Beijing 1982

主要款目标目：Communist Party of China. National Congress（12th：1982：Beijing）

④ 政府会议

政府会议文件以国名、会议名称做主要款目标目。

【例】

Documents of the First Session of the Fifth National People's
Congress of the People's Republic of China
Foreign Language Press
Beijing 1978

主要款目标目：China. National People's Congress（5th，1st Session：1978：Beijing）

9.2.2.4　题名检索点

西文文献基本上以文献的责任者（即个人著者姓名、机关团体责任者名称、会议名称）为其主要款目标目。但是，在一定的条件下，西文文献也取题名做主要款目标目。以题名作为主要款目标目时，应采用悬行著录格式。具体规则如下：

（1）著者名称不明，无法肯定或无著者的佚名著作（Anonymous works），以题名做主要款目标目。

【例】

A Memorial to Congress against an increase of duties on importations/by citizens of Bosten and vicinity

主要款目标目：A Memorial to Congress against an increase of duties on importations

（2）著作虽然符合个人著者或机关团体作为主要款目标目，但如果数量超过三个，则以题名作为主要款目标目，第一个责任者可作为附加款目标目。

【例】

Sustainable technology development/Pual Weaver…［et al.］

主要款目标目：Sustainable technology development

（3）汇编本的题名页上凡有总题名的，均以总题名作为主要款目标目，编者作为附加款目标目。

【例】

Masterpieces of architectural drawing/edited by Helen Powell and David Leatherbarrow

主要款目标目：Masterpieces of architectural drawing

（4）对于表达方式或体裁发生变化的改写本，在无改写者的情况下取题名做主要款目标目，并编制名称/题名附加款目。

（5）宗教团体认可的宗教经典作品或者其节选本、单行本，选择题名（或统一题名）作为其主要款目标目。

【例】

The Koran：selected suras/translated from the Arabic by Arthur Jeffery

主要款目标目：The Koran

（6）其他以编者出版的著作（包括百科全书、词典、人名录等，但不包括书目、索引和文摘），均以题名为主要款目标目，编者作附加款目标目。

9.3　检索点的描述格式

9.3.1　题名检索点

题名是识别文献最显著的特征，是一个比较重要的检索点。文献题名在做检索点时，一般需要用到 CNMARC 的“2—著录信息块”中的“200 字段”以及“5—相关题名块”。

（1）200 题名与责任说明（Title And Statement OF Responsibility）

正题名已经著录于“2—著录信息块”中的“200 题名与责任说明项”字段中。

指示符

指示符 1：题名检索意义指示符

指明编目机构是否把记入第一个＄a 子字段的正题名作为检索点处理。这相当于做题名附加款目，或根据某些编目条例，以题名做主要款目。

0　　题名无检索意义

不由该题名生成检索点

1　　题名有检索意义

由该题名生成检索点

指示符 2：空（未定义）

子字段

子字段标识符	子字段内容	注释
＄a	正题名	必备，可重复
＄b	一般资料标识	可重复
＄c	其他责任者的正题名	可重复
＄d	并列正题名	可重复
＄e	其他题名信息	可重复
＄f	第一责任说明	可重复
＄g	其他责任说明	可重复
＄h	分辑（册）、章节号	可重复
＄i	分辑（册）、章节名	可重复
＄v	卷标识	不可重复
＄z	并列正题名语种	可重复
＄5	使用本字段的机构	不可重复
＄9	正题名汉语拼音	不可重复

【例】

200　1＃＄a 解开汉字之谜＄f 安子介著

（注：以正题名“解开汉字之谜”作为检索点。）

200　1＃＄a Sustainable technology development ＄f Pual Weave

（注：题名 Sustainable technology development 作为检索点）

（2）5— 相关题名块（Related Title Block）

① 统一题名（Uniform Title）

统一题名是编目人员按照编目规则附加于书目记录的一种题名形式，具有集中同一作品、区分形式相同的不同文献的功能。

统一题名中的标准题名著录于“5—相关题名块”中的“500 统一题名字段”。

指示符

指示符 1：题名检索意义指示符

指明是否将统一题名作为独立的提名检索点处理，即是否由该题名生成检索点（或附加款目）。

0　统一题名无意义
　不产生独立的题名检索点

1　统一题名有意义
　由此题名产生检索点。编目部门可以决定统一题名是否具有检索意义。

指示符 2：主款目指示符

指明统一题名是否为主款目。如果编目条例不承认主题款目概念，则本指示符置“0”。

0　题名不作主款目
　统一题名不作主款目，但可根据实际情况，由指示符 1 指明是否为其制作检索点。

1　题名是主款目
　同一题名作主款目，此时指示符 1 一定置“1”，即为该题名建立独立的检索点。

子字段

子字段标识符	子字段内容	注释
＄a	统一题名	不可重复
＄b	一般资料标识	可重复
＄h	分辑号	可重复
＄i	分辑名称	可重复
＄k	出版日期	不可重复
＄l	形式副标目	不可重复
＄m	作品语种	不可重复
＄n	其他信息	可重复
＄q	版次	不可重复

（续表）

子字段标识符	子字段内容	注释
$v	卷标识	不可重复
$x	主题复分	可重复
$z	地理复分	可重复
$2	年代复分	可重复
$3	系统代码	不可重复
$3	规范记录号	不可重复
$9	统一题名汉语拼音	不可重复

【例】

200　1# $a 石头记 $9shi tou ji $f 曹雪芹著

500　10# $a 红楼梦 $9hong lou meng

注："红楼梦"作为统一题名，并作为附加检索点。

② 并列题名（Parallel Title Prorer）

已著录于 200 $d 字段的并列题名，若作检索点，则同时应记入"5—相关题名块"中的"510 并列题名"字段。

指示符

指示符 1：题名检索意义指示符

说明是否用并列题名生成检索点（或附加款目）

0　并列题名无检索意义

不由并列题名做检索点。

1　并列题名有检索意义

由并列题名生成检索点

指示符 2：（空）未定义

子字段

子字段标识符	子字段内容	注释
$a	并列题名	不可重复
$e	其他题名信息	可重复
$h	分辑（册）、章节号	可重复
$i	分辑（册）、章节名	可重复
$j	与题名有关的卷号或日期	不可重复
$n	其他信息	不可重复
$z	并列题名语种	不可重复
$9	并列题名汉语拼音	不可重复

【例】

200　1＃ ＄aInformation transfer

510　1＃ ＄aTransfert de l'information＄zfre

注：并列题名：Transfert de l'information＄zfre 作为检索点。

③ 封面题名（Cover Title）

文献封面上的题名如果明显区别于 200 字段中的正题名，可作为检索点生成的依据，著录于 512 封面题名字段中。

指示符

指示符 1：题名意义指示符

说明是否用封面题名生成检索点（或附加款目）。

0　　封面题名无检索意义

　　不由封面题名做检索点。

1　　封面题名有检索意义

　　由封面题名生成检索点

指示符 2：（空）未定义

子字段

子字段标识符	子字段内容	注释
＄a	封面题名	不可重复
＄e	其他题名信息	可重复
＄A	封面题名汉语拼音	不可重复

【例】

200　1＃ ＄a 太平御览引得＄9tai ping yu lan yin de

512　1＃ ＄a 太平广记篇目＄9tai ping guang ji pian mu

注：本书题名页题名为《太平御览引得》。封面题名《太平广记篇目》用作检索点。

④ 书脊题名（Spine Title）

文献书脊上的题名如果明显区别于 200 字段中的正题名，可作为检索点生成的依据，著录于 516 书脊题名字段中。

指示符

指示符 1：题名检索意义指示符

说明是否用书脊题名生成检索点（或附加款目）

0　　书脊题名无检索意义

　　不由书脊题名做检索点。

1　　书脊题名有检索意义

　　由书脊题名生成检索点

指示符 2：（空）未定义

子字段

子字段标识符	子字段内容	注释
$a	书脊题名	不可重复
$e	其他题名信息	可重复
$9	书脊题名汉语拼音	不可重复

【例】

200　1# $a《封神榜》荧屏后的彩虹 $9《feng shen bang》ying ping hou de cai hong

516　1# $a 荧屏后的彩虹 $9ying ping hou de cai hong

注：本书题名页题名为“封神榜”，书脊题名为“荧屏后的彩虹”。

⑤ 其他题名（Other Variant Titles）

凡 500－516 字段未定义时，本著录实体出现的其他不同题名，如版权页题名，装订题名，书套题名，函套题名，部分题名，丛书题名等，具有独立检索意义的其他题名可记录在 517 字段。

指示符

指示符 1：题名检索意义指示符

说明是否用其他题名生成检索点（或附加款目）。

0　其他题名无检索意义

不由其他题名生成检索点。

1　其他题名有检索意义

由其他题名生成检索点

指示符 2：（空）未定义

子字段

子字段标识符	子字段内容	注释
$a	其他题名	不可重复
$e	其他题名信息	可重复
$9	其他题名汉语拼音	不可重复

【例】

200　1# $aMagyar Gregorianum

312　## $aTitle on case：Gregorian chants from Hungary

517　1# $aGregorian chants from Hungary

注：一种装于函套的文献，其题名页上的正题名为 Magyar Gregorianum，函套上的题名为 Gregorian chants from Hungary。

9.3.2 责任者检索点

责任者是另一个比较重要的检索点。在CNMARC中，责任者检索点主要著录在7XX字段，即“7—知识责任块（Intellectual Responsibility Block）”。该知识责任块包含对在编文献的创作负有某种知识责任形式的个人或团体的名称。需要建立检索点的知识责任泛指所有与文献有关的个人、团体或家族以及出版者。常用的字段如下：

个人名称

700　个人名称—主要知识责任

701　个人名称—等同知识责任

702　个人名称—次要知识责任

团体名称

710　团体名称—主要知识责任

711　团体名称—等同知识责任

712　团体名称—次要知识责任

9.3.2.1 个人责任者名称

（1）个人名称—主要知识责任（Personal Name—Primary Intellectual Responsibility）

编目机构使用主要款目时，采用该字段，否则采用701字段。200字段中的数据，＄f中提及的个人名称，在某些情况下＄g中提及的个人名称如对文献负主要责任，均应以检索点形式记入到700字段。

指示符

指示符1：空（未定义）

指示符2：名称形式指示符

指明名称是按直序方式（即按名或直序方式的姓名）著录，还是按倒序方式（即按姓、族性或源于父名的姓）著录。

0　直序方式

个人名称以名或姓名直序方式著录，如帝王、教皇的名称，中国和日本人名等）

1　倒序方式

个人名称按姓氏或相当于姓的成分著录，如将西方人名中的姓作为款目要素。

子字段

子字段标示符	子字段内容	注释
＄a	款目要素	不可重复
＄b	名称的其余部分（款目要素除外）	不可重复
＄c	名称附加（年代除外）	可重复
＄d	罗马数字	不可重复
＄f	年代	不可重复

（续表）

子字段标示符	子字段内容	注释
$g	名字首字母的展开形式	不可重复
$p	任职机构/地址	不可重复
$3	规范记录号	不可重复
$4	关系词代码（责任方式）	可重复

【例】

700　#1$aStowe$bH. B. $gHarriet Beecher

700　#0$aAlexandra$cEmpress$cConsort of Nicholas Ⅱ，Emperor of Russia

（2）个人名称—等同知识责任（Personal Name—Alternative Intellectual Responsibility）

本字段包含以检索点形式出现的对文献负有等同知识责任的个人名称。如果记录是由不使用主要款目的编目机构编制，或源格式不单独标识主款目，则所有用作检索点的个人名称均可记入 701 字段。

指示符

本字段的指示符与 700 字段指示符相同。

子字段

除下述子字段外，其他子字段与 700 字段相同。

子字段表

子字段标识符	子字段内容	注释
$9	款目要素汉语拼音	不可重复

200 字段中的数据，第一责任说明中有多个责任者时，第一个责任者后的名称一般被认为是具有等同知识责任的个人名称，以检索点的形式记入 701 字段。

【例】

701　#1$aPicasso，$bPablo$f1881—1973

701　#0$a 宗璞$9zong pu$c（女，$f1928—）$4 著

（3）个人名称—次要知识责任（Personal Name—Secondary Intellectual Responsibility）

本字段包含以检索点形式出现的对文献负有次要知识责任的个人名称。

指示符

本字段的指示符与 701 字段指示符相同。

子字段

除下述子字段外，其他子字段与 701 字段相同。

子字段表

子字段标识符	子字段内容	注释
$5	使用本字段的机构	不可重复

200 字段中的数据，$f 中的个人名称，或在某些情况下 $g 中的对文献负有次要责任的个人名称，以检索点的形式记入 702 字段。

【例】

200　1# $a 李太白文集 $9li tai bai wen ji $f［（唐）李白著］$g（宋）宋敏求等编

701　#0$c（唐）$a 李白 $9li bai $4 著

702　#0$c（宋）$a 宋敏求 $9song min qiu $4 编

9.3.2.2　团体责任者名称

（1）团体名称—主要知识责任（Corporate Body Name—Primary Intellectual Responsibility）

如果记录是由承认主要款目的机构编制，并且源格式又单独标识主款目，则本字段包含以检索点形式出现的对文献内容负有主要知识责任的团体名称。

指示符

指示符 1：会议指示符

指明该团体名称是否为会议名称。如果会议名称是某团体名称的次级部分，则该名称被视为团体名称。

0　团体名称

1　会议

如果源格式不区分会议名称和团体名称，则指示符 1 应标识填充符（|）。

指示符 2：名称形式指示符

指明团体名称的著录形式。

0　以倒序方式著录

如果团体名称或会议名称是以首字母缩写形式或人名起头的，可用倒置方式著录。

1　以地区或辖区著录

与政府或其他辖区机构有关的团体名称，按所属辖区地名著录。与地名有关的大学、学术团体、美术馆等其他类型机构，也按所冠地名著录。

2　以直序方式著录

用于所有其他类型的团体名称。

子字段

子字段标识符	子字段内容	注释
$a	款目要素	不可重复
$b	次级部分	可重复
$c	名称附加或限定	可重复
$d	会议届次	不可重复
$e	会议地点	不可重复
$f	会议日期	不可重复

（续表）

子字段标识符	子字段内容	注释
$g	倒置部分	不可重复
$h	款目要素和倒置部分之外的名称部分	不可重复
$p	机构/地址	不可重复
$3	规范记录号	不可重复
$4	关系词代码（责任方式）	可重复

200 字段中，$a 子字段中的团体名称以及 $g 子字段在极少数情况下的团体名称，对文献负有主要责任时，以检索点的形式记入 710 字段。

【例】

710　02$a National Library of China$b Acquisitions & Cataloging Dept.

710　12$3CRN04586$a World Airport Conference$d（5th：$e London：$f1976）

（2）团体名称—等同知识责任（Corporate Body Name—Alternative Intellectual Responsibility）

本字段包含以检索点形式出现的对文献负有同等知识责任的团体名称。如果记录是由承认主要款目的机构编制，或者源格式不单独标识主款目，则所有用作检索点的团体名称均可记入 711 字段。

指示符

与 710 字段的指示符相同。

子字段

除下述子字段外，其他子字段与 710 字段相同。

子字段标示符	子字段内容	注释
$9	款目要素汉语拼音	不可重复

200 字段中如果第一责任说明有两个或三个名称，第一个名称之后的其他团体为具有等同知识责任的团体，可以以检索点的形式记入 711 字段。

【例】

200　1#$a 中国人口统计年鉴$9zhong guo ren kou tong ji nian jian$h1998$f 国家统计局人口与就业统计司编

711　02#$a 国家统计局$9guo jia tong ji ju$b 人口与就业统计司$4 编

（3）团体名称—次要知识责任（Corporate Body Name-Secondary Intellectual Responsibility）

本字段包含以检索点形式出现的对文献负有次要知识责任的团体名称。

指示符

与 711 字段的指示符相同。

子字段

除下述字段外，其他字段与711字段相同。

子字段标识符	子字段内容	注释
$5	使用本字段的机构	不可重复

200字段$f中提及的团体名称，或在某种情况下$g中提及的对文献负有次要责任的团体名称，可以以检索点的形式记入712字段。

【例】

712　02$a中日食品流通开发委员会$4译

712　02$a国子监$f清$4辑

9.3.3　主题检索点

主题检索点应启用MARC格式中的6—主题分析块。该功能模块包含按照词语或者符号的不同体系构成的主题数据。常用的字段如下：

600　个人名称主题
601　团体名称主题
605　题名主题
606　学科名称主题
607　地理名称主题
610　非控主题词

9.3.3.1　个人名称主题（Personal Name Used as Subject）

当个人名称成为文献的一个主题，并成为检索点时，应使用“600个人名称主题”字段。

指示符

指示符1：空（未定义）

指示符2：名称形式指示符

指明名称是按直序方式（即按名或直序方式的姓名）著录，还是按倒序方式（即按姓、族姓或源于父名的姓）著录。

0　直序方式

个人名称以名或姓名直序方式著录，如帝王、教皇的名称，中国和日本人名等）

1　倒序方式

个人名称按姓氏或相当于姓的成分著录，如将西方人名中的姓作为款目要素。

子字段

子字段标识符	子字段内容	注释
$a	款目要素	不可重复
$b	名称的其余部分（款目要素除外）	不可重复
$c	名称附加（年代除外）	可重复

（续表）

子字段标识符	子字段内容	注释
$d	罗马数字	不可重复
$f	年代	不可重复
$g	名字首字母的展开形式	不可重复
$p	任职机构/地址	不可重复
$j	形式复分	可重复
$x	论题复分	可重复
$y	地理复分	可重复
$z	年代复分	可重复
$2	系统代码	不可重复
$3	规范记录号	不可重复

【例】

600　#0$c（宋）$a苏洵$c眉洲$f（1009—1066）$x年谱$2ct

600　#1$a鲍威尔$bB.$f（1809—1882）$x生平事迹$2ct

600　#1$aShakespeare$bW.$gWilliam$f（1564—1616）$jQuotations$21c

9.3.3.2　团体名称主题（Corporate Body Name Used as Subject）

当团体名称成为文献的一个主题，并成为检索点时，应使用"601 团体名称主题"字段。

指示符

指示符 1：会议指示符

指明该团体名称是否为会议名称。如果会议名称是某团体名称的次级部分，则该名称被视为团体名称。

0　团体名称

1　会议

如果源格式不区分会议名称和团体名称，则指示符 1 应标识填充符（|）。

指示符 2：名称形式指示符

指明团体名称的著录形式。

0　以倒序方式著录

如果团体名称或会议名称是以首字母缩写形式或人名起头的，可用倒置方式著录。

1　以地区或辖区著录

与政府或其他辖区机构有关的团体名称，按所属辖区地名著录。与地名有关的大学、学术团体、美术馆等其他类型机构，也按所冠地名著录。

2　以直序方式著录

用于所有其他类型的团体名称。

子字段

子字段标识符	子字段内容	注释
$a	款目要素	不可重复
$b	次级部分（或按地名著录的名称）	可重复
$c	名称附加或限定	可重复
$d	会议届次	不可重复
$e	会议地点	不可重复
$f	会议日期	不可重复
$g	倒置部分	不可重复
$h	款目要素和倒置部分之外的名称部分	不可重复
$j	形式复分	可重复
$x	论题复分	可重复
$y	地理复分	可重复
$z	年代复分	可重复
$2	系统代码	不可重复
$3	规范记录号	不可重复

【例】

601　02$a松下电器工业公司$x工业企业管理$2ct

601　02$a Catholic Church$yScotland$xGovernment$21c

9.3.3.3　*题名主题*（Title Used as Subject）

当文献题名构成文献研究的主题时，应使用“605题名主题”字段。

指示符

指示符1：空（未定义）

指示符2：空（未定义）

子字段

子字段标识符	子字段内容	注释
$a	款目要素	不可重复
$h	分辑（册）、章节号	可重复
$i	分辑（册）、章节名	可重复
$k	出版日期	不可重复
$l	形式副标题	不可重复
$m	语种（用作标目的组成部分时）	不可重复

（续表）

子字段标识符	子字段内容	注释
$n	其他信息	可重复
$q	版本（或版本日期）	不可重复
$r	演奏媒体（音乐用）	可重复
$s	数字标识（音乐用）	可重复
$u	调名（音乐用）	不可重复
$w	改编乐曲说明（音乐用）	不可重复
$j	形式复分	可重复
$x	论题复分	可重复
$y	地理复分	可重复
$z	年代复分	可重复
$2	系统代码	不可重复
$3	规范记录号	不可重复

【例】

200　#1$a评西厢记

605　##$a西厢记$x文学评论

200　1#$a目录学著作研究

605　##$a目录学（姚名达）$x著作研究

9.3.3.4　*论题名称主题*（Topical Name Used as Subject）

本字段记录著作的内容主题。

指示符

指示符 1：主题词层级指示符

指明主要词和次要词。

0　　未指定层级

当不需要区分主要词和次要词时，取值“0”。

1　　主要词

所选词语涵盖了文献中心内容或主题，被视为主要词时，取值“1”。

2　　次要词

所选词语涵盖了文献较为次要方面内容，被视为次要词时，取值“2”。

#无适用信息

指示符 2：空（未定义）

子字段

子字段标识符	子字段内容	注释
$a	款目要素	不可重复
$j	形式复分	可重复
$x	论题复分	可重复
$y	地理复分	可重复
$z	年代复分	可重复
$2	系统代码	不可重复
$3	规范记录号	不可重复

【例】

200　1＃ $a图解体格检查

606　0＃ $2CT $a体格检查 $j图解

200　1＃ $a中国现代讲史小说

606　0＃ $2CT $a讲史小说 $y中国 $z现代

9.3.3.5　地理名称主题（Geographical Name Used as Subject）

当地理名称成为文献研究主题时，使用“607 地理名称主题”字段。

指示符

指示符 1：空（未定义）

指示符 2：空（未定义）

子字段

子字段标识符	子字段内容	注释
$a	款目要素	不可重复
$j	形式复分	可重复
$x	论题复分	可重复
$y	地理复分	可重复
$z	年代复分	可重复
$2	系统代码	不可重复
$3	规范记录号	不可重复

【例】

200　1＃ $a北京史

607　0＃ $2CT $a北京 $x地方史

200　1＃ $a缅甸历史

606　0＃ $2CT $a缅甸 $x通史

9.3.3.6　非控主题词（Uncontrolled Subject Terms）

本字段记录的是表示著作主题内容的自选关键词（自由词）。

指示符

指示符 1：主题词层级指示符

指明主要词和次要词。

0　未指定层级

当不需要区分主要词和次要词时，取值“0”。

1　主要词

所选词语涵盖了文献中心内容或主题，被视为主要词时，取值“1”。

2　次要词

所选词语涵盖了文献较为次要方面内容，被视为次要词时，取值“2”。

指示符 2：空（未定义）

子字段

子字段标识符	子字段内容	注释
$a	主题词	可重复

【例】

200　1＃ $a 地球数字化研究

610　0＃ $a 地球数字

200　1＃ $a 实用汉字规范手册

610　1＃ $a 汉字规范

9.3.4　出版地/制作地检索点（Place Access）

出版地/制作地检索点应启用 6—功能块中的 620 字段。本字段包含作为检索点使用的国名、州名、省名、县名或城市名称。

指示符

指示符 1：空（未定义）

指示符 2：空（未定义）

子字段

子字段标识符	子字段内容	注释
$a	国家	不可重复
$b	国家直辖行政区	不可重复
$c	中级行政区	不可重复
$d	基层行政区	不可重复
$3	规范记录号	不可重复

【例】

200　1＃＄a 攀古楼彝器款识＄f（清）潘祖荫译

602　＃＃＄a 中国＄b 京师

9.3.5　文献特征检索点（Form，Genrd or Physical Characteristics Heading）

文献特征检索点应启用“608 形式、类型或物理特性标目”字段。该字段包含描述在编的形式、体裁和/或物理特性的、用作主题的词语。

指示符

指示符 1：空（未定义）

指示符 2：空（未定义）

子字段

子字段标识符	子字段内容	注释
＄a	款目要素	不可重复
＄j	形式复分	可重复
＄x	论题复分	可重复
＄y	地理复分	可重复
＄z	年代复分	可重复
＄2	系统代码	不可重复
＄3	规范记录号	不可重复
＄5	使用本字段的机构	不可重复

【例】

608　＃＃＄a Emblem books＄y Germany ＄z17th century＄2rbenr

608　＃＃＄a Children’s stories＄j Pictorial works＄21LC

9.3.6　分类号检索点

分类号检索点应启用“675 国际十进分类法分类号”字段，“676 杜威十进分类法分类号”，“680 美国国会分类法分类号”字段，“686 其他分类法分类号”字段，“690 中国图书馆分类法分类号”字段，“692 中国科学院图书馆分类法分类号”字段。由于上述各字段结构相似，故只介绍“675 国际十进分类法分类号”和“690 中国图书馆分类法分类号”字段，望能触类旁通。

9.3.6.1　国际十进分类法分类号（Universal Decimal Classification）

本字段包含根据《国际十进分类法》分配给在编文献的分类号，并附以所用分类法的版次。

指示符

指示符 1：空（未定义）

指示符 2：空（未定义）

子字段

子字段标识符	子字段内容	注释
$a	分类号	不可重复
$v	版次	不可重复
$z	版次语种	不可重复
$3	分类记录号	不可重复

【例】

675　##$a633.13－155（410）“18”$v4$zeng

注：本书题名为“Machinery for harvesting oats in Great Britain in the 19th century”，分类号根据UDC英文版第四版给出。

9.3.6.2　中国图书馆分类法分类号（Chinese Library Classification）

本字段包含根据《中国图书馆图书分类法》分配给在编文献的分类号，并附以所用分类法的版次。

指示符

指示符1：空（未定义）

指示符2：空（未定义）

子字段

子字段标示符	子字段内容	注释
$a	分类号	不可重复
$v	版次	不可重复
$3	分类记录号	不可重复

【例】

690　##$aK876.43$v2

690　##$aB223.05$v3

本章小结

本章内容主要涉及检索点的有关知识，检索点是指检索信息资源所使用的题名、责任者、分类号、主题词等各种供检索使用的数据，检索点有利于文献以统一、规范、通用的方式加以记录，以方便标引和检索，从而有助于实现国际书目共享，基于此，学好检索点的相关知识，对于信息描述工作具有实际的指导意义。

参考文献

[1] 李晓新，张兰普，杜芸．新编文献编目 [M]．天津：南开大学出版社，2006.

[2] 段明莲．信息资源编目 [M]．2 版．北京：北京大学出版社，2008.

[3] 杨玉麟．信息描述 [M]．北京：高等教育出版社，2004.

[4] 王松林．现代文献编目 [M]．北京：书目文献出版社，1996.

[5] 国家图书馆．新编中国机读目录格式使用手册 [M]．北京：北京图书馆出版社，2004.

[6] 王松林．再论标目与检索点——兼论《中国文献编目规则》标目法部分的修订 [J]．图书馆杂志，2004 (5)．

第 10 章　网络信息描述基础

10.1　标记语言

标记是根据数据本身的信息对数据进行编码的方法。标记语言（Markup Language）是指在文本文件中使用一个代码集，用于指示计算机在打印机或显示器上编排文件的格式，以及文件中的索引和链接内容等。

通常将标记语言分为两大类：特殊用途的标记语言和一般用途的标记语言。特殊用途的标记语言是针对某种特殊应用的，有的甚至是专门针对某种特殊的应用软件而特别制定的，例如：XHTML。一般用途的标记语言只描述较大应用范围的某些结构，多种类型文档所共有的内容结构或逻辑结构，而不管文档的呈现样式，例如：SGML。

标记语言的发展主要经过了 SGML、HTML、XML 等历程，本节将重点对这三种标记语言进行介绍。

10.1.1　标准通用标记语言 SGML

1969 年，IBM 公司开发了一种文档描述语言，用来解决不同系统中文档格式不同的问题。这种标识语言称作通用标记语言（Generalized Markup Language，简称 GML）。GML 是一种 IBM 格式化文档语言，用于就其组织结构、各部件及其之间的关系进行文档描述，并将这些描述标记为章节、重要小节和次重要小节（通过标题的级来区分）、段落、列表、表等。GML 是标准通用标记语言（SGML）的先驱和基础。

标准通用标记语言（Standard Generalized Markup Language，简称 SGML）是由国际标准化组织 ISO 于 1986 年发布的一套标准（ISO 8879）。SGML 是一种表示文档的通用标记语言，用于定义文献模型的逻辑和物理类结构，描述文档的内容与其结构之间关系的国际标准，为创建结构化、可交换的电子文献数据库提供了依据。

一个 SGML 文档由以下几部分组成：

(1) SGML 声明：设定基本情况，定义文档使用的语言集、参考语法规则、SGML 可选择性等；

(2) 文档类型定义（DTD）：设定标记语言结构语法，描述文档的结构模版、逻辑框架结构及元素的属性等，确定文档类别、规定文档结构规则、列出文档实例中所允许的全部元素及其次序；

（3）描述用于标记的语义规格说明，作出DTD表达的语法限制；

（4）SGML文档实例：包含数据和标记，由许多元素及元素的正文按DTD规定的框架结构组织而成。

在20世纪80年代末，SGML引起了关注，一些商业组织使用SGML国际标准进行文档的出版和分发。SGML主要应用于以下几方面：

（1）电子出版：通过SGML增强电子文档的结构化处理，进行知识聚类，让创作人员更集中于内容的创作，提高作品的重复利用性、可移植性及共享性。

（2）电子数据交换：政府和商务领域要求按照程序特定的格式处理、传递、存储电子数据，SGML则是其中的结构化处理标准之一。

（3）图书馆领域：将SGML应用于图书馆自动化系统，不但符合国际标准，而且符合WWW网络的应用要求，不但能描述结构化的书目信息，还可以描述非结构化图、文、声、像及全文信息，而利用SGML描述MARC格式则可以降低信息丢失。

（4）其他应用：如超媒体和超文本文档、数据库、电子邮件、专家系统、交互式电子技术手册等[1]。

SGML是一种元标识语言，可创建自己习惯的标识语言，具有独立性和灵活性。它提供了一种灵活的、平台独立的标记格式，能让文献不依附于任何专有的硬件或软件；能在不同系统之间处理文献；并在不同国家同等使用。然而，由于SGML过于庞大和复杂，增加了应用程序的开发难度，缺乏厂商的支持。而且全面实现SGML浏览器非常困难，使得SGML文件不易在Web上传播。因此SGML最终并未得到十分广泛的应用[2]。

10.1.2 超文本标记语言HTML

10.1.2.1 HTML发展简介

由于SGML难以应用，而Internet的广泛应用需要一种简单易用的描述语言，因此，超文本标记语言（Hyper Text Markup Language，简称HTML）应运而生。HTML是一种用来制作超文本文档的简单标记语言，其目的在于运用标记（Tag）来标识文档的结构和超链（Hyperlink）的信息。它描述了一系列标签，每个标签表明了一定的显示格式。被标记后的文件（即同时包含了纯文本和关于文本显示格式的标签的文件）由一个HTML处理工具（如一个浏览器）进行读取，然后再根据上述标记规则来加以显示[3]。

1990年，HTML语言同World Wide Web一起诞生于瑞士日内瓦的CERN，创始人是蒂姆·伯纳斯-李（Tim Berners-Lee）。1993年，Dan Connolly组织了第一个SGML DTD（Document Type Definition，文档类型定义）来描述HTML语言，这样HTML语言成为SGML语言的一种应用。之后不断地扩充和发展，被用作万维网（World Wide Web），成为Web上的通用语言，用于制作网页、建立链接、构建网站等。HTML的发展历程中主要包括以下几个版本：

（1）HTML（第一版）——在1993年6月作为互联网工程工作小组（Internet Engineering Task Force，简称IETF）的工作草案发布（并非标准）。

（2）HTML 2.0——1995年11月，完整的HTML 2.0规格（RFC 1866）发布，在

RFC 2854 于 2000 年 6 月发布之后被宣布已经过时。

(3) HTML 3.2——1996 年 5 月 7 日，公布了 W3C 联合 Netscape、Microsoft、Novell、Sun、IBM 等大公司共同开发的 HTML 3.2 规范建议。1997 年 1 月 14 日，W3C (World Wide Web Consortium) 正式公布了 HTML 3.2 规范。

(4) HTML 4.0——1997 年，W3C 发布了 HTML 4.0 的第一个草案。1997 年 12 月，成为 W3C 的推荐。1998 年 4 月 24 日，W3C 正式公布 HTML4.0 规范。

(5) HTML 4.01——1999 年 12 月 24 日，公布了 HTML 4.01 的规范建议，其中修正了 HTML4.0 中的许多 Bug。

(6) ISO/IEC 15445：2000（"ISO HTML"）——2000 年 5 月 15 日发布，基于严格的 HTML 4.01 语法，是国际标准化组织和国际电工委员会的标准。

(7) HTML 5——2008 年 1 月 22 日，W3C 机构正式对外公布了互联网网页代码新标准 HTML5 的草案。最终版的标准预计在 2010 年制定完成[4]。

HTML 2.0 是 HTML 的第一个被规范化的版本，在之前的 HTML 基础上增加了显示图片和表单的机制。HTML 3.2 是第二个被规范化的版本，增加了描述表格和控制字体的标签[5]。HTML 4.0 强化了样式表、脚本、表格和表单的能力，同时加入了对框架和内嵌对象的支持。HTML5 的目的是提高互操作性，同时对于网页标准进行更加严格的规范，从而减少网页呈现对于电脑的软件负担[6]。

10.1.2.2　HTML 的标记

HTML 文档是用 HTML 标记语言编写的超文本文档，通常由文档头（Head）、文档名称（Title）、表格（Table）、段落（Paragraph）和列表（List）等文档元素组成，并用标记（Tag）来标识这些元素。

HTML 标记由尖括号"＜ ＞"和"标签名称"表示，即"＜标签名称＞"，标签名称的字母不分大小写。标记包括单标记和双标记。双标记通常成对出现，其中始标记表示 Web 浏览器从此处开始执行该标记的功能，尾标记指示 Web 浏览器在此处结束该功能。尾标记在标记名称前加一个斜杠"/"，例如：<p>…</p>，是段落标签，表示一个段落的开始和结束。单标记则只有开始标记，没有结束标记，能单独表达完整意思。例如：换行标记
、水平线标记<hr>等。

一个 HTML 文档的基本结构如下：

```
<HTML>
<HEAD>
<TITLE>…… </TITLE>
</HEAD>
<BODY>
……
</BODY>
</HTML>
```

其中包括：(1) HTML 标记：用于告诉浏览器此文档是 HTML 文档，在<HTML>…</HTML>之间插入全部 HTML 文档内容。该标记也可以省略。

（2）文档头标记：<HEAD>…</HEAD>是对网页的说明，便于网页搜索，不会在网页中显示出来。其中包含文档名称、内容说明或对作者、制作时间、开发工具等方面的介绍。

（3）文档名称标记：<TITLE>…</TITLE>包含在<HEAD>标记之中。用于设定 HTML 文档的标题，显示在特定位置（例如窗口顶端的标题栏）。

（4）正文标记：<BODY>…</BODY>用于设定文档主体，包含文档的正文内容，并在浏览器的主窗口中显示。

HTML 功能强大，标签和属性很多。除了上述的基本标签以外，还包括标题标签、分隔标签、文字标签、影像标签、背景标签、表格标签等。在浏览器中查看网页的源文件，能看到该页面的 HTML 文档。下面举一个实例进行说明。

【例】使用 Dreamweaver MX 2004 编辑网站，编写一个标题为“早发白帝城”的 HTML 文档：

```
<html>
<head>
<title>早发白帝城</title>
</head>
<body>
<center>
  <p>早发白帝城<br>
    朝辞白帝彩云间，千里江陵一日还。<br>
    两岸猿声啼不住，轻舟已过万重山。<br>
  </p>
</center>
</body>
</html>
```

在 IE 浏览器中，与这一源文件相对应的网页显示如图 10－1。

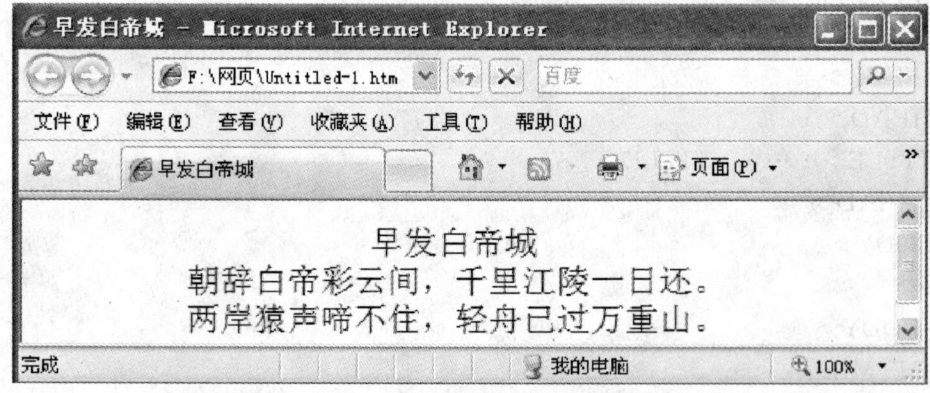

图 10－1 HTML 标记实例

10.1.2.3 HTML 的特点

HTML 超文本标记语言伴随 Internet 的产生而出现。在将近 20 年的发展过程中，HTML 逐渐地规范化、标准化。在其版本不断升级的过程中，开发者及时根据网络的要求增强 HTML 的功能。HTML 成为 Web 迅速发展的基础，其主要的优点体现在以下几方面：

(1) 简易性：HTML 语言简单易用，语法比 SGML 简单。采用超集方式，从而更加灵活方便。生成一个 HTML 文档可用相关的编辑工具手工编写，也可以通过某些格式转换工具将现有的其他格式文档（如 Word 文档）转换成 HTML 文档，或者由 Web 服务器实时动态地生成[7]。

(2) 功能强大：HTML 语言提供了一种文本结构和格式，使其能够在浏览器上呈现给访问者，可用于发布信息、获取信息、交流信息。HTML 具有超链接功能，可以链接图形、图像、声音等多媒体文件，并能链接到其他网页。

(3) 平台无关性：HTML 文档能独立于各种操作系统平台，例如 UNIX、Windows 等。HTML 的标记也被大多数浏览器所接受，在文档国际化方面做出了巨大贡献。

HTML 广泛应用于互联网，但在其发展过程中也呈现出一些局限性。第一，HTML 的规则不严，没有提供规范文件以支持应用软件对 HTML 文件进行结构校验，这就要求解析器具有很强的识别能力，浏览器有很强的容错能力和运行时修复错误标记的能力，从而增加了浏览器的负担。第二，HTML 不支持深层的结构描述，而且其标签集是固定的，如果相同信息在不同计算机上的数据结构格式不统一，则会影响信息的交换。第三，HTML 文件内容与显示格式混合，如果原始文件的内容有所改变，则所有不同版本均需跟着转变；如果格式转变，则要重新编辑所有的 HTML 文档，这些转换会耗费大量的人力和时间[8]。

10.1.3 可扩展标记语言 XML

10.1.3.1 XML 的概念和特点

可扩展标记语言（Extensible Markup Language，简称 XML）是在 SGML 和 HTML 的基础上开发的一种元语言。1996 年 11 月，在波士顿 SGML 世界年会上，新的数据描述语言 XML 问世，并向 W3C 正式提案。W3C 组织于 1998 年 2 月 10 日推出了 XML1.0 版本，XML 从此诞生了。XML 的产生一方面源于 SGML 和 HTML 的局限性，SGML 过于庞大和复杂，HTML 不易扩充且格式不统一；另一方面源于 Internet 的发展需要一种能够交换数据的标准。

XML 是含有结构化文献信息和数据的可扩展标记语言，这种信息含有内容和一些有关内容是什么的说明，并允许用户自己定义与文档相关的标记。它将文档的内容和格式分离，在文档中描述文本的结构信息，即它包含明确的规则来决定指定的文档从哪里开始和从哪里结束。因此，XML 提供了一种能够对内容、语意和结构进行编码的数据标准和格式[9]。

XML 与 HTML 并不是替代关系，而是对 HTML 标记语言的补充和完善。XML1.0 是目前使用的正式版本，在十几年的发展过程中，XML 主要表现出以下几个方面的特点。

(1) 易用性和灵活性

XML吸收了HTML简单易用性的特点，只有SGML约20%的复杂性，但继承了SGML的80%的功能。XML是SGML的简化子集，它和SGML都是元标记语言，而HTML是实例标记语言，不是元标记语言。元标记语言（Meta Language）是指可以用来定义其他与特定领域有关的、语义的、结构化的新标记语言的句法语言。因此，XML既可以作为应用语言在WWW上直接使用，又能用于开发应用程序。XML的灵活性则主要体现在用户可以根据内容自定义标签，而SGML和HTML都不具有这项功能。

(2) 自描述性和可扩展性

XML文档通常包含一个文档类型定义（DTD），因而XML文档是自描述的。XML文档中的数据可以被任何能够对XML数据进行解析的应用所提取、分析、处理，并以所需格式显示，适用于不同应用之间的数据交换。XML提供了一个表示结构化信息的架构，允许用户根据需要自我创建自定义标签，只需要在样式表中进行符合格式规则集的说明即可。这些标记可以共享，从理论上讲，其数量可以是无限的。XML的自描述性和可扩展性使其能够更深层次地描述信息，从而提高了信息检索的时效性，使检索结果更符合信息需求。

(3) 开放性和通用性

XML标准在Web上是完全开放的，可以免费获得。XML文档也较为开放，任何人都可以对一个结构良好的XML文档进行语法分析，如果提供DTD，还可以校验这个文档。XML可以在多种平台上使用，可用多种工具进行解释，并且支持多语种，具有国际通用性。

(4) 结构化和严密性

XML建立在基本嵌套结构的基础之上，能表示面向对象的等级层次。XML文档是一种树型结构，可以将某类中所有文档的共同属性提取出来，定义成格式良好的DTD，把每个属性的内容放到DTD相对应的结点中，再把XML文档存储到数据库中。XML遵循严格的语法要求，不仅要求标记配对、嵌套，而且要严格遵守DTD的使用规定。如果语法出错，解析器就会停止对其进一步处理[10]。

(5) 更新快捷和保值性

如果一部分数据需要更新，不需要重发整个结构化的数据，变化的元素只需从服务器发送给客户，而不需要刷新整个使用者的界面就能够显示出来。而XML的保值性来自于它的先驱之一——SGML语言。SGML是一套有着十几年历史的国际标准，它最初设计的一大目标就是要为文件提供50年以上的寿命。XML能够长期作为一个通用的标准，而且很容易向其他格式的文件转化[11]。

10.2.3.2 XML的结构

每一个XML文件都有逻辑和物理结构。物理上而言，文件由称为实体的单元组成。一个实体可以引用（Refer）其他实体，将它们包含在文件中。文件开始于“根（Root）”或文件实体。逻辑上而言，文件由声明、元素、注释、字符引用和处理指令组成，所有这些都在文件中用标记指明。逻辑和物理结构必须严格地嵌套[12]。

具体而言，一个XML文档通常由两部分组成：文档序言和文档元素。文档序言包括XML声明、处理命令（PI）和文档类型声明（DTD）。XML元素包含文档的数据，以元素的形式按照树型结构组织。

(1) 文档序言

文档序言包含除了内容与标记之外的所有相关信息，例如XML的版本号、字符集、样式表和文档类型等。序言包括XML声明、处理命令（PI）和文档类型声明（DTD）。

XML声明在XML文档的最前面，以“<? xml”开始，以“? >”结束，严格区分大小写。XML声明有三个属性：版本属性（Version）、编码属性（Encoding）、独立文档属性（Standalone）。版本属性用于指明XML的版本号，通常用的版本是正式版本1.0，最新推荐版本是1.1。编码属性指明编码使用的字符集，默认的缺省字符集是Unicode。如果文档中有中文，常见的编码是简体中文码GB2312、繁体中文码BIG5。独立文档属性用于指明XML文档是否有外部的标记声明文件配套使用。如果属性值为“yes”，则是一个独立的XML文档，没有使用外部标记声明；如果属性值为“no”，则应用了其他文档或资源，无法独立使用。版本属性是必选的，其他两项可选，XML声明应至少提供版本号。因此，最简单的XML声明是：

<? xml version=” 1.0”? >

完整XML声明举例如下：

<? xml version=” 1.0” encoding=” GB2312” standalone=” no”? >

处理命令PI用于给处理XML文档的应用程序提供信息。XML文档可以对不同应用程序提出不同的处理指令，例如XML声明就是一个处理指令。其基本格式是：

<? 处理指令名　处理指令信息? >

文档类型声明是用于声明与XML文档相关联的DTD。DTD有两种，一种是外部DTD，将DTD存储在一个外部的“.dtd”文件中；另一种是内部DTD，将DTD包含在XML文档之中，位于XML声明之后（详细内容参见本章第二节）。

(2) 文档元素

从概念上来看，XML文档是由一个或多个元素序列组成的，这些元素可以相互嵌套。最终文件结构为文档树结构。XML文档中必须包含根元素，每个子元素有一个唯一的根元素，出现在文件结构的顶端。元素可以有一个或多个属性。标识的文件可以十分复杂，所以通过实体的应用，制定了复杂的缩写机制[13]。

【例】 <图书>
<书名>隐性知识计量与管理</书名>
<作者>李作学</作者>
<出版社>大连理工大学出版社</出版社>
<出版日期>2008年11月</出版日期>
</图书>

上述例子中，<图书>为根元素，包括4个子元素<书名>、<作者>、<出版社>、<出版日期>。为了保证元素准确有效地描述文档的内容和结构，应遵循下列规则：

① 非空元素必须有开始标签和结束标签。在XML文档中严格要求非空元素，即包含有内容的元素，必须有相应的结束标签，结束标签在元素的名称之前包括一个斜杠符号

“/”。如果缺少结束标签，则无法正确显示文档的内容。

② 用“/＞”结束空元素。在 HTML 文档中，不包含内容的标签不需要结束标签。但在 XML 文档中，要求以“/＞”结束，例如＜BR/＞、＜HR/＞、＜IMG/＞等。

③ 在 XML 文档中，有且仅有一个根元素，该元素包含文档中其他所有的元素。XML 序言不包含在根元素中。

④ 属性值必须加引号。如果属性值包含单引号和双引号，使用实体引用“'”代替单引号，使用“"”代替双引号。

⑤ 在 XML 文档中，预定义的实体引用只有 5 个。a. &；代替 &；b. &lT；代替＜；c. >；代替＞；d. &apos；代替单引号’；e. "；代替双引号”。

【例】 建立一个取文件名为 students. xml 的 XML 文档

```
＜? xml version＝“1. 0”encoding＝”GB2312”? ＞
＜! ——文档类型声明开始——＞
＜! DOCIYPE 学生信息［
＜! ELEMENT 学生信息（学生＋）＞
＜! ELEMENT 学生（姓名，学号，入学年份，籍贯）＞
＜! ELEMENT 姓名（＃PCDATA）＞
＜! ELEMENT 学号（＃PCDATA）＞
＜! ELEMENT 入学年份（＃PCDATA）＞
＜! ELEMENT 籍贯（＃PCDATA）＞
］＞
＜! ——文档类型声明结束——＞
＜! ——文档实例——＞
＜学生信息＞
  ＜学生＞
    ＜姓名＞李明＜/姓名＞
    ＜学号＞128301＜/学号＞
    ＜入学年份＞2006 年＜/入学年份＞
    ＜籍贯＞江苏＜籍贯＞
  ＜/学生＞
  ＜学生＞
    ＜姓名＞张悦＜/姓名＞
    ＜学号＞128302＜/学号＞
    ＜入学年份＞2007 年＜/入学年份＞
    ＜籍贯＞安徽＜籍贯＞
  ＜/学生＞
＜/学生信息＞
```

上述文档内容在 IE7 浏览器中显示如图 10－2：

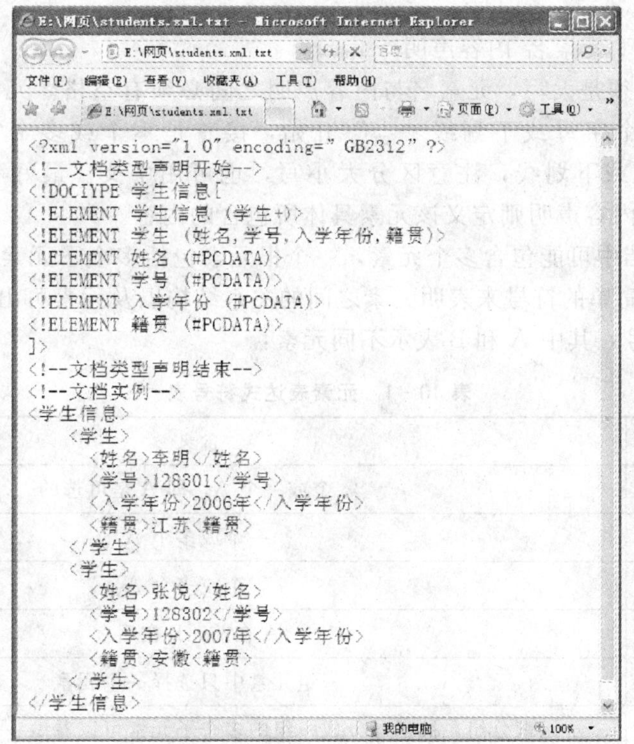

```
<?xml version="1.0" encoding="GB2312" ?>
<!--文档类型声明开始-->
<!DOCTYPE 学生信息[
<!ELEMENT 学生信息 (学生+)>
<!ELEMENT 学生 (姓名,学号,入学年份,籍贯)>
<!ELEMENT 姓名 (#PCDATA)>
<!ELEMENT 学号 (#PCDATA)>
<!ELEMENT 入学年份 (#PCDATA)>
<!ELEMENT 籍贯 (#PCDATA)>
]>
<!--文档类型声明结束-->
<!--文档实例-->
<学生信息>
    <学生>
      <姓名>李明</姓名>
      <学号>128301</学号>
      <入学年份>2006年</入学年份>
      <籍贯>江苏<籍贯>
    </学生>
    <学生>
      <姓名>张悦</姓名>
      <学号>128302</学号>
      <入学年份>2007年</入学年份>
      <籍贯>安徽<籍贯>
    </学生>
</学生信息>
```

图 10－2　XML 文档内容实例

10.2　DTD 文档类型定义

根据 XML 文档的数据显示及其他应用方面的需求，相关组织开发了一系列相关技术和标准。XML 的技术体系主要包括文档类型定义（DTD）、XML 模式（XML Schema）、XML 命名空间（XML Namespace）、层叠样式表 CSS（Cascading Style Sheet）、可扩展样式表语言 XSL（Extensible Stylesheet Language）、可扩展样式表语言转换 XSLT（XSL Transformation，XSL 转换）、XLink（XML Linking Language）、XPointer（XML Pointer Language）。本章在第二节和第三节中重点介绍 DTD 和 Schema 域。

DTD（文档类型定义）是 XML 标记的语法规则，描述了包含在任何 XML 词汇中的部件和准则。它定义了组成词汇的元素、属性和取值、包含在用 DTD 写成的文档中的实体（比如图形或非 ASCII 字符）以及所有这些部件怎样相互影响的规则。有效的文档必须遵从 DTD 所定义的结构和规则。

10.2.1　元素声明

元素声明是对 XML 文档中的元素进行规定，指明哪些元素可用，元素之间的关系结构等。元素声明以＜！ELEMENT 开始，之后是元素名和内容声明，以大于号＞结束。

其基本格式是：

<！ ELEMENT 元素名 内容声明>

ELEMTNT 必须是大写，元素名与内容声明之间必须有空格。元素名是要设定的元素名称，必须以一个字母或下划线“ _ ”开始，接着是零个或多个字母、数字、句点“.”、连字符“-”或下划线，注意区分大小写，也可用中文。最好不要使用带有前缀“xml”的元素名。内容声明则定义该元素具体所包含的内容。

由于 XML 文档中可能包含多个元素，一个根元素包括多个子元素，因此有必要在内容声明中采用一些简单的符号来表明元素之间的关系结构以及元素可出现的数量。表 10-1 列出了通用的符号，其中 A 和 B 表示不同元素：

表 10-1 元素表达式符号表

符号	含义
A?	零个或一个 A，即 A 是可选的
A+	一个或多个 A
A*	零个或多个 A
A，B	A 在前，B 在后
A | B	一组元素中只选择一个元素
( )	子元素分组，被括号分成一组的多个子元素可以看做一个独立的组成单元

元素的内容说明有多种类型，可以使用关键字＃PCDATA、EMPTY、ANY，也可以是子元素，或者是混合内容。

(1) ＃PCDATA：用于声明元素的内容是可析文本，不能包含标签文本。即该元素不能再包含子元素，只能是文本内容。

【例】 <！ ELEMENT 姓名（＃PCDATA）>

(2) EMPTY：用于声明空元素，例如 BR、HR、IMG 等。空元素的没有内容，但可以用属性来表示某些参数，不能省略。

【例】 <！ ELEMENT IMG EMPTY>

(3) ANY：用于说明此处可以包含任何文本或子元素，对内容类型不作限制。一般用于一个元素的内容或类型无法确定的时候，常常用于开发和测试，在 DTD 中应避免使用。

【例】 <！ ELEMTNT 学生信息 ANY>

(4) 子元素内容：没有专用关键字，规定元素的内容只能是子元素，用圆括号将内容声明括起来。子元素后面可以加上表 10-1 中的相关符号来指明其出现的次数。如果子元素之间用逗号隔开（表 10-1 中的“A，B”形式），则内容声明中的子元素列表顺序就是文档实例中的元素顺序。

【例】 DTD 文档类型声明中：

<！ ELEMENT 学生（姓名，学号，入学年份，籍贯）>

在文档实例中应排列为：

<学生>
<姓名>李明</姓名>
<学号>128301</学号>
<入学年份>2006 年</入学年份>
<籍贯>江苏<籍贯>
</学生>

如果子元素排列形式为“A | B”，则文档内容只能选择一个子元素。

【例】　在 DTD 文档类型声明中：

<! ELEMENT 学生（姓名 | 学号 | 入学年份 | 籍贯）>
<! ELEMENT 姓名（＃PCDATA）>
<! ELEMENT 学号（＃PCDATA）>
<! ELEMENT 入学年份（＃PCDATA）>
<! ELEMENT 籍贯（＃PCDATA）>

则文档实例中只能在姓名、学号、入学年份、籍贯中选择一个元素内容进行显示。

<学生>
<姓名>李明</姓名>
</学生>

或者：

<学生>
<学号>128301</学号>
</学生>

或者：

<学生>
<入学年份>2006 年</入学年份>
</学生>

或者：

<学生>
<籍贯>江苏<籍贯>
</学生>

(5) 混合内容声明：是指同时可以包含子元素和可析文本的声明。其基本语法是：

<! ELEMENT 父元素（＃PCDATA | 子元素 1 | 子元素 2 | …… | 子元素 N）*>

或者<! ELEMENT 父元素（＃PCDATA | 子元素 1 | 子元素 2 | …… | 子元素 N）+>

表示父元素可以是可析文本、各个子元素的各种组合，是可析文本和 N 个子元素中的一个或多个，对其出现的次数和顺序都没有规定。

【例】　<! ELEMENT 责任者（＃PADATA | 著者）+>

则文档内容中可以描述多个作者。

10.2.2 属性声明

DTD 文档类型定义中可以定义元素的属性来限制某个元素的输入。属性声明以"＜! ATTLIST"开始，以"＞"结束，包括元素名、属性名、属性类型以及默认行为。其基本格式是：

＜! ATTLIST 元素名 属性名 属性类型 默认行为＞

DTD 常用的属性类型有 10 种，见表 10-2。

表 10-2 属性类型

属性类型	含义
CDATA	表示字符数据不是标签的文本
Enumerated	将属性可能的值列出，指定属性值时必须是其中的一个，即枚举类型
ID	该属性值必须与其他同类型的属性值不同，具有唯一性
IDREF	该属性值参考另一个被声明为 ID 类型的属性值
IDREFS	该属性值参考另外多个被声明为 ID 类型的属性值，之间用空格隔开
ENTITY	已声明的实体名
ENTITIES	已声明的多个实体名，之间用空格隔开
NMTOKEN	XML 名称，只能是由字母、数字、下划线、连字符、圆点和冒号所构成的字符串
NOTATION	已声明的注释名
NMTOKENS	已声明的多个注释名，之间用空格隔开

属性声明中的默认行为包含四种类型，见表 10-3。

表 10-3 属性默认行为

属性默认行为	含义
#REQUIRED	该元素必须设置相应属性的属性值，不能为空
#IMPLIED	该元素不一定要设置相应属性的属性值，即该属性可以为空
#FIXED	#FIXED 和缺省值同时出现在声明中，用以指明该元素的相应属性有固定的属性值。该元素要么不出现该属性，如果出现必须是默认值
缺省值	使用特定字符串作为缺省值，该元素没有提供相应属性的属性值时，则使用缺省值

10.2.3 DTD 的类型

DTD 文档类型声明可以是一个完全独立的文件，也可以放在 XML 文档的序言部分进行文档类型声明。因此，DTD 有内部 DTD、外部 DTD 和公共 DTD 三种。

内部 DTD 是在 XML 文档实体中直接设定的 DTD，放在 XML 声明之后。前一节所例举的图 10－2 所对应的“students. xml”文档中就使用的内部 DTD。内部 DTD 的基本格式是：

<！DOCTYPE 根元素名［

……

］>

其中省略号部分就是 DTD 定义。

外部 DTD 是放在 XML 文档的外部，需要在外部调用的 DTD 文件，以 dtd 作为扩展名，可以被共享。调用外部 DTD 时，XML 声明中的独立文档属性（standalone）应设定为“no”。使用外部 DTD 时，文档类型声明格式是：

<！DOCTYPE 根元素名 SYSTEM“外部 DTD 路径和名称”>

根元素名后面是关键字 SYSTEM，之后是外部 DTD 的链接路径，可以是 URL，在本地计算机上时，可以用绝对路径，也可以用相对路径。

【例】　将前一节所例举的图 10－2 所对应的“students. xml”文档中的内部 DTD 改为外部 DTD，命名为“students－2. dtd”，并将改动后的 XML 文档命名为“students－2. xml”，这两个文档放在同一目录下。

则“students－2. xml”的内容为：

```
<? xml version＝“1. 0”encoding＝”GB2312”standalone＝”no”? >
<! DOCTYPE 学生信息 SYSTEM”students－2. dtd”>
<学生信息>
  <学生>
    <姓名>李明</姓名>
    <学号>128301</学号>
    <入学年份>2006 年</入学年份>
    <籍贯>江苏<籍贯>
  </学生>
  <学生>
    <姓名>张悦</姓名>
    <学号>128302</学号>
    <入学年份>2007 年</入学年份>
    <籍贯>安徽<籍贯>
  </学生>
</学生信息>
```

“students－2. dtd”的内容为：

```
<? xml version＝“1. 0”encoding＝”GB2312”? >
<! ELEMENT 学生信息（学生＋）>
<! ELEMENT 学生（姓名，学号，入学年份，籍贯）>
<! ELEMENT 姓名（＃PCDATA）>
<! ELEMENT 学号（＃PCDATA）>
<! ELEMENT 入学年份（＃PCDATA）>
```

<! ELEMENT 籍贯（#PCDATA）>

XML 除了使用内部 DTD 或外部编辑的 DTD 文件以外，还可以选择公共 DTD。公共 DTD 的基本格式是：

<! DOCTYPE 根元素名 PUBLIC ” DTD 名称” ” DTD_URL” >

根元素名后面是关键字 PUBLIC，之后是 DTD 名称、DTD_URL。DTD 名称和 URL 之间有空格。XML 处理器先利用 DTD 名称搜索中心数据库，如找不到，再利用 URL 来搜索这个公共 DTD 文件。

10.3 Schema 域

10.3.1 Schema 简介

XML Schema 是一种描述信息结构的模型，用来定义 XML 文件的文本结构、数据类型等 XML 文件描述规则，为一类文档建立了一个模式，规范文档中的标记和文本可能的组合形式。

XML Schema 是针对 DTD 的缺陷而设计的新模式。2001 年 5 月，W3C 正式推荐 XML Schema 作为 XML 的标准模式。XML Schema 的建议规格共分为三个部分：

（1）XML Schema Part 0

Primer：W3C 建议规格的第一部分是在描述和使用范例说明一些 XML Schema 的重点，这份文件是学习 XML Schema 和了解 XML Schema 功能的开始。

（2）XML Schema Part 1

Structures：W3C 建议规格的第二部分是定义 XML Schema 的文件架构，说明 element、attribute 和 notations 等元素的声明和使用。

（3）XML Schema Part 2

Datatypes：W3C 建议规格的第三部分是内置数据类型的定义。

10.3.2 Schema 的结构

XML Schema 文件的基本架构是一份 XML 文件，扩展名为“.xsd”。Schema 描述的是引用它的 XML 文件的“元素”和“属性”的具体类型。Schema 的语法结构是：

<? xml version=” 1.0” encoding=” UTF-8”? >

<xsd：schema xmlns：xsd=” http：//www.w3.org/2001/XMLSchema” >

……（定义数据模式）

</xsd：schema>

第一行为 XML 声明。第二行是使用根元素 schema 表示内容为一份 XML Schema 文件。该元素包含 xmlns 属性，即 XML 的名域属性，默认使用 W3C 的命名空间：

http：//www.w3.org/2001/XMLSchema

之后是定义数据模式，这是 Schema 的核心部分，可分为简单类型定义和复杂类型定义。在 XML Schema 文件中，都使用基本命名空间的前缀 xsd。

10.3.2.1　内置数据类型

XML Schema 支持内置的数据类型，能够直接定义 XML 元素或属性。表 10－4 列出了 XML Schema 标准中内置的 44 种简单类型[14]。

表 10－4　XML Schema 的内置数据类型

类别	内置数据类型	说明
数字	float	单精度的浮点数字
	double	双精度的浮点数字
	decimal	各种精度的数字，例如：13.24
	integer	整数，源于 decimal
	long	源于 integer 的长整数，－9223372036854775808～9223372036854775807
	int	源于 long 的整数，－2147483648～2147483647
	short	源于 int 的短整数，－32768～32767
	byte	源于 short 的位整数，－128～127
	positiveInteger	大于零的正整数，源于 nonNegativeInteger
	nonPositiveInteger	从负无穷到等于零的整数，源于 integer
	negativeInteger	从负无穷到小于零的整数，源于 nonPositiveInteger
	nonNegativeInteger	从大于等于零到无穷，源于 integer
	unsigndLong	无符号长整数，0～18446744073709551615，源于 nonNegativeInteger
	unsignedInt	无符号整数，0～4294967295，源于 unsigndLong
	unsignedShort	无符号短整数，0～65535，源于 unsignedInt
	unsignedByte	无符号位整数，0～255，源于 unsignedShort
字符串和名称	String	使用字符组成的字符串，例如：" Country"
	normalizedString	源于 string 数据类型，将空白字符串以指定字符串取代的字符串
	token	源于 normalizedString 数据类型，token 是一种拥有特殊意义的字符串
	Name	XML 文件的名称，是一个 token 字符串，以字母、底线开头，源于 token
	NCName	源于 Name，XML 文件中不含命名空间前缀部分的名称字符串
	QName	是 XML 命名空间前缀加上名称的字符串，其格式为 prefix：name，其中 prefix 和 name 都需要是 NCName
	language	源于 token，这是合法的 xml：lang 属性值，例如：TW、EN、FR

（续表）

类别	内置数据类型	说明
日期	duration	一个持续的日期/时间数据，其格式为：PYYMMDDTHHMMSS，其中 YY 表示年，MM 表示月，DD 表示日，HH 表示小时，MM 表示分，SS 表示秒
	dataTime	指定的日期/时间数据，格式为：CCYY－MM－DDThh：mm：ss：sss
	data	特定月历的日期数据，格式为：CCYY－MM－DD
	time	指定的时间数据，格式为：hh：mm：ss：sss
	gYear	指定在格力高里历（Gregorian Calendar）的年份，格式为：CCYY
	gYearMonth	指定在格力高里历的哪一年的哪一月，格式为：CCYY－MM
	gMonth	指定在格力高里历的每一年的那一个月份，格式为：——MM——
	gMonthDay	指定在格力高里历那一月的那一天，格式为：——MM－DD
	gDay	指定在格力高里历的每一个月的第几日，格式为：——DD
保留类型	ID	源于 NCName，XML 文件的 ID 属性，这是唯一的号码，在整个 XML 文件不可重复，而且需要以字母开头
	IDREF	源于 NCName，参考符合指定 ID 属性值的元素
	IDREFS	源于 IDREF，其他元素的 ID 属性值列表，使用空格分隔
	ENTITY	源于 IDREF，实体
	ENTITIES	源于 ENTITY，使用空格分隔的实体
	NMTOKEN	源于 token，是关键字的名称
	NMTOKENS	源于 NMTOKEN，使用空格分隔的 NMTOKEN
	NOTATION	表示 XML1.0 中的 NOTATION 属性类型，取值为在本 Schema 中已经定义过的符号名 QName
其他	bolean	布尔值，true 或 false
	hexBinary	以十六进制表示的二进制数据
	base64Binary	使用 Base64－encoded 加码的二进制数据
	anyURI	URL 网址

10.3.2.2　简单类型定义（simpleType）

简单类型定义针对的是不能含有子元素的元素或属性。默认情况下，一个属性就是一个简单类型。用户可以用元素 simpleType 在内置数据类型的基础上自定义新的简单类型，通过面（Facet）来限制。常用格式为：

＜xsd：simpleType name＝” name” ＞

<xsd：restriction base=” xsd：datatypes”>

<xsd：facets _ element value=” value”>

……

</xsd：restriction>

</xsd：simpleType>

其中，Name 属性是用户自定义数据类型的名称。Restriction 元素定义 simpleType 元素使用的数据类型，用 Base 属性进行属性说明，定义基本的数据类型，见表 10－4。Restriction 元素的子元素 Facets _ element 是描述数据类型的细节限制。XML Schema 通过面（Facet）约束简单类型的允许值集合，从而限制长度、范围等，详见表 10－5。

表 10－5　XML Schema 的限制机制

面（facet）	说明
enumeration（枚举）	提供一系列各不相同的有效值
fractionDigits（小数最大位数）	规定数字小数部分的最大位数
length（长度）	规定有效值的长度
maxExclusive（最大值）	规定数字的最大值，不包括临界值
maxInclusive（最大值）	规定数字的最大值，包括临界值
maxLength（最大长度）	规定有效值的最大长度
minExclusive（最小值）	规定数字的最小值，不包括临界值
minInclusive（最小值）	规定数字的最小值，包括临界值
minLength（最小长度）	规定有效值的最小长度
pattern（模式）	利用正则表达式规定有效值
totalDigits（最大位数）	规定数字的最大位数
whiteSpace（空白处理）	规定有效值的空白正规化处理

（资料来源：周宁．信息组织学教程．北京：科学出版社，2007：180－181）

【例】　简单类型定义

<xsd：simpleType name= “AgeType” >

<xsd：restriction base= “xsd：positiveInteger” >

<xsd：minInclusive value= “1” />

<xsd：maxInclusive value= “160” />

</xsd：restriction>

</xsd：simpleType>

在例子中，定义了一个简单类型，类型名为“AgeType”，即年龄类型，限定取值为大于零的正整数，取值范围是 1～160。

10.3.2.3 复杂类型定义（complexType）

如果XML元素有子元素，则在XML Schema中可以用complexType声明子元素或属性，即复杂类型定义。其基本的语法结构是：

```
<xsd：complexType name=” name” mixed=” true” >
  <xsd：sequence>
    <xsd：element …/>
    <xsd：element …/>
  </xsd：sequence>
</xsd：complexType>
```

元素complexType的Name属性是定义数据类型的名称。Mixed属性是说明此元素的内容，默认值False表示只声明XML元素；属性值True表示声明XML元素和文字内容，表示在元素中除了XML元素外，还拥有元素的文字内容。squence是complexType的子元素。complexType的子元素不能直接是Element和Attribute元素，而是需要使用一些指令功能的子元素，用来定义XML元素的顺序和出现次数，详见表10-6。

表10-6 **complexType的指令功能子元素**

子元素	说明
all	其XML子元素能以任何顺序出现0或1次
sequence	其XML子元素需要按照指定的顺序出现
choice	可以是XML子元素的其中之一
group	将基本的XML元素建立成一个组
simpleContent	没有XML原始，只有属性、内容或simpleType内容
complexContent	只拥有XML元素或空元素

在element（元素）后面可以限定属性来指明子元素出现的次数。属性minOccurs用以指定子元素最少出现的次数，maxOccurs指定子元素最多出现的次数，缺省情况下，两者的值均为1。unbounded表示子元素可以出现无限次。

【例】 复杂类型定义：

```
<? xml version=” 1.0”encoding=” UTF-8”? >
<xsd：schema xmlns：xsd=” http：//www.w3.org/2001/XMLSchema” >
<xsd：element name=” 联系方式” type=” 联系方式类型” >
<xsd：complexType name=” 联系方式类型” >
  <xsd：all>
    <xsd：element name=” 住址” type=” xsd：string” />
    <xsd：element name=” 住宅电话” type=” xsd：string” />
    <xsd：element name=” 手机号” type=” xsd：string” minOccurs=” 0” />
```

```
    <xsd：element name="办公室电话" type="xsd：string" minOccurs="0"/>
  </xsd：all>
 </xsd：complexType>
 </xsd：schema>
```

10.3.3　Schema的特点

在XML Schema出现之前，DTD（文档类型定义）一直是XML技术领域使用最广泛的模式。然而，DTD在发展过程中出现了一些明显的缺陷，例如：采用了非XML的语法规则，提供的数据类型有限，不支持命名空间，扩展性较差等问题。因此，人们开发了XML Schema技术，并逐渐取代了DTD。XML Schema主要表现出一致性、扩展性、互换性、规范性和易用性等优点[15]。

（1）一致性：利用XML的基础语法规则来定义XML文档的结构，不必使用其他形式化语言，因此XML用户在使用Schema时不需要重新学习语法，节省了时间。

（2）扩展性：Schema对DTD进行了扩充，具备了较强的可扩展性。Schema提供更丰富的数据类型，用户可以利用预定义的简单数据类型来自定义复杂的数据类型。

（3）互换性：用户可以根据需要设计适合自己应用的Schema，并且可以同其他人交换彼此的Schema。还可以利用映射机制对不同Schema进行转换，以实现更高层次的数据交换。

（4）规范性：与DTD相似，Schema也提供了一套完整的机制来约束XML文档中标记的使用，但Schema基于XML，比DTD更规范。Schema利用元素的内容和属性严格定义了XML文档的整体结构。

（5）易用性：用Schema取代DTD后，可以使用XML的各种API来处理文档结构，如判断元素的属性类型及其子元素允许出现的次数等。这些API只能处理XML的实例文档，而Schema本身正是一种实例文档。

将XML Schema作为XML模式已成为一种趋势，但Schema在发展过程中也表现出一些局限性，例如：文档规则复杂，不允许借助参数实体专门化，对文本型XML文档来说太复杂，支持的工具不多等问题。因此，有必要针对其局限性对XML Schema进行功能改进和开发，促进其与时俱进地发展。

本章小结

网络信息资源描述是用计算机语言对信息资源的内容和形式结构进行描述，以数字方式进行存储，以便用户在网页中搜索和利用信息资源。标记语言作为网络信息描述的基础，主要经历了SGML、HTML、XML等发展过程，并经过了多种版本的改进。HTML和XML是目前标记语言的主流。本章简要介绍了SGML、HTML和XML的发展过程、特点和结构等方面，并重点介绍了XML的两种模式——DTD和Schema。DTD分为内部DTD和外部DTD，其区别于是否独立于XML文档。DTD用于对文档中的元素进行规定，还包括属性声明、实体定义等。但由于DTD的缺陷，相关组织开发了XML Schema以适应网络的发展要求。Schema包括简单类型定义和复杂类型定义，具有扩展性，对元素和属性的定义和限制也更加规范化，具有极大的发展优势。

参考文献

[1] 周宁．信息组织学教程［M］．北京：科学出版社，2007.

[2] 毕强等．超文本信息组织技术［M］．北京：科学技术文献出版社，2004.

[3] 史田华等．信息组织与存储［M］．南京：东南大学出版社，2003.

[4] 维基百科．HTML［EB/OL］．［2009—08—26］．http：//zh. wikipedia. org/wiki/HTML.

[5] HTML［EB/OL］．［2009. 07. 12］．http：//www. yipetal. net/Html－jichu/HTML－fazhanlishi/.

[6] HTML［EB/OL］．［2008－01－23］．http：//www. webwoo. net/WebDesign/HTML/200811/20－27266. html.

[7] 冷伏海，徐跃权，冯璐等．信息组织概论［M］．2版．北京：科学出版社，2008.

[8] 张晓东．数字图书馆建设涉及到的三种数据格式描述语言（SGML、HTML、XML）的特点介绍及比较分析［J］．计算机与网络，2000（10）：32－33.

[9] 何云升，郑小宁．XML文档分析研究［J］．电子科技，2001（10）：27－29.

[10] 储节旺等．信息组织学［M］．北京：清华大学出版社，北京交通大学出版社，2007.

[11] 马费成，查先进．网络信息资源管理［M］．太原：山西经济出版社，2002.

[12] XML［EB/OL］．［2009－08－29］．http：//lightning. prohosting. com/～qqiu/REC－xml－20001006－cn. html＃sec－xml－and－sgml.

[13] 李宏伟等．网络地理信息系统与空间元数据［M］．郑州：黄河水利出版社，2004.

[14] 陈会安．XML网页制作彻底研究［M］．北京：中国铁道出版社，2003.

[15] 李华，刘修国．对XML的模式DTD和Schema的探讨［J］．计算机与现代化，2003（2）．

第 11 章　网络信息描述原理及应用

11.1　元数据

11.1.1　元数据概述

元数据（Metadata）最早出现于美国国家航空与航天局（NASA）的《目录交换格式》（Directory Interchange Format，DIF）手册。元数据的产生源于对电子资源管理的需要，可以在各种领域广泛应用，目前还没有统一的定义，下面列出比较有代表性的观点。

国际图联 IFLA 将元数据定义为："元数据是关于数据的数据，是指可以用来协助对网络电子资源的识别、描述和定位的数据。"[1]

北京大学数字图书馆研究所中文元数据标准研究项目组对元数据的定义是："元数据是描述一个具体的资源对象，并能对这个对象进行定位、管理，且有助于它的发现与获取的数据。一个元数据由许多完成不同功能的具体数据描述项组成。具体的描述项又称元数据项、元素项或元素。"[2]

《科学数据共享工程技术标准》（SDS/T 2111—2004）在《元数据标准化原则与方法》中，将元数据定义为："元数据是对信息资源的规范化描述，它是按照一定标准，从信息资源中抽取出相应的特征，组成的一个特征元素集合。这种规范化描述可以准确和完备地说明信息资源的各项特征。"[3]

《国家基础地理信息系统（NFGIS）元数据标准草案》中认为："元数据是关于数据的数据，即关于数据的内容、质量、状况和其他特性的信息。也可译为描述数据或诠释数据。"[4]

在商业领域，元数据是指来自企业内外的所有（包括软件和其他介质中含有的）物理数据和（员工和各种媒介中含有的）知识，包括物理数据的格式、技术和业务过程、数据的规则和约束以及企业所使用数据的结构[5]。

元数据能够采用多种形式，以不同的级别存在，为了满足不同的需求，可以通过多种方式生成。尽管各行业、各领域对元数据的描述不同，但从以上这些定义可以看出，元数据的本质是"关于数据的数据（Data about Data）"，是关于数据的结构化数据。其基本特征可概括为：

(1) 描述性：元数据是一种编码体系，能根据某种标准来对文献中的词和其他元素进行编码，从而揭示、描述文献的这些基本元素。它不仅可以描述数字化信息的形式和内容特征，而且可以描述其基本属性。描述能力是衡量元数据质量高低的主要依据。

(2) 解析性：组织信息资源要对比分析各种信息对象的异同，区分所描述的一个个信息对象，而元数据则随着所描述对象的变化而变化。解析信息的目的在于分析信息与信息之间的关系，有效地组织和利用信息资源，而解析的过程正是寻找其元数据的过程。

(3) 复杂性：元数据的复杂性表现在两个方面：一方面，元数据既可以是集合概念也可以是个体概念，元数据中还可以包括其他的元数据；另一方面，针对不同的描述对象，有些元数据项是必选项，而有些是可选项，即强制性的元数据与选择性的元数据共存[6]。

元数据是网络信息资源描述的重要工具，可以用于网络信息资源管理的各个方面，包括信息资源的建立、发布、转换、使用、共享等。元数据在网络信息资源组织方面的作用可以概括为五个方面：描述、定位、搜寻、评估和选择。

(1) 描述作用：根据元数据的定义，它最基本的功能就在于对信息对象的内容和位置进行描述，从而为信息对象的存取与利用奠定必要的基础。

(2) 定位作用：由于网络信息资源没有具体的实体存在，因此，明确它的定位至关重要。元数据包含有关网络信息资源位置方面的信息，因而由此便可确定资源的位置之所在，促进了网络环境中信息对象的发现和检索。此外，在信息对象的元数据确定以后，信息对象在数据库或其他集合体中的位置也就确定了，这是定位的另一层含义。

(3) 搜寻作用：元数据提供搜寻的基础，在著录的过程中，将信息对象中的重要信息抽出并加以组织，赋予语意，并建立关系，使检索结果更加准确，从而有利于用户识别资源的价值，发现其真正需要的资源。

(4) 评估作用：元数据提供有关信息对象的名称、内容、年代、格式、制作者等基本属性，使用户在无需浏览信息对象本身的情况下，就能够对信息对象具备基本了解和认识，参照有关标准即可对其价值进行必要的评估，作为存取利用的参考。

(5) 选择作用：根据元数据所提供的描述信息，参照相应的评估标准，结合使用环境，用户便能够做出对信息对象取舍的决定，选择适合用户使用的资源[7]。

11.1.2 元数据的结构

元数据的格式通常由多层结构组成，基本结构包括三个部分：内容结构、句法结构和语义结构。每层结构有特定的功能和规则，具体如下：

(1) 内容结构（Content Structure）

内容结构的功能是对该元数据的构成元素及其定义标准进行描述。元数据的构成元素包括描述性元素、技术性元素、管理型元素、复用元素。描述性元素是对数据对象的基本内容特征进行描述的元素，例如标题、作者等。技术性元素是对数据对象制作、传递、使用或保存过程的技术条件或参数进行描述的元素，例如扫描分辨率、压缩方法、使用软件等。管理性元素是对数据对象即元数据本身进行管理的要求、规格和控制机制进行描述的元素，例如有效期、使用权限等。复用元素是该元数据集从其他元数据集中复用的元素，有可能需要对其语义范围和编码规则进行修订。元数据内容结构需要对所采用的元素进行准确定义和描述，并规定元素的使用规则。这些元素一般是根据特定领域的信息处理框架或定义标准来选取的，需要在内容结构中进行说明，例如：MARC 依据 ISBD，EAD 依据 ISAD（G），ICPSR 依据 ICPSR Data Preparation Manual。

（2）句法结构（Syntax Structure）

句法结构的功能是定义元数据整体结构以及如何描述这种结构，比如元素的分区分段组织、元素选取使用规则、元素描述方法（例如 Dublin Core 采用 ISO/IEC 11179 标准）、元素结构描述方法（例如 MARC 记录结构、SGML 结构、XML 结构）、结构语句描述语言等。在有些情况下，句法结构需要指出元数据是否与所描述的数据对象捆绑在一起，或作为单独数据存在但以一定形式与数据对象链接，还可能描述与定义标准、DTD 结构和 Namespace 等的链接方式。

（3）语义结构（Semantic Structure）

语义结构是定义元素语义的具体描述方法，包括三个层次：

①元素定义。元素定义是对元素本身有关属性进行明确定义，一般采用 ISO 11179 标准（Specification and Standardization of Data Elements），该标准规定，通过以下十个元素来界定任何元素：

Name—元素名称；Identifier—元素标识；Version—版本；Registration Authority—登记机构；Language—描述元素本身的语言，不是元素内容语言；Definition—定义；Obligation—使用约束；Datatype—数据类型；Maximum Occurrence—最高出现次数；Comment—注释。

②元素内容编码规则定义。内容编码规则确定在描述元素内容时应该采用的编码规则。编码规则可以是特定标准，或是最佳实践，或是自定义的描述要求，例如：DC 建议日期内容编码采用 ISO 8601，资源类型编码采用 DC Types，数据格式编码可采用 MIME、识别号采用 URI，而主题词可使用 LCSH、MESH、DDC 或 UDC。

③元素语义概念关系。元素本身的语义实际上已经在元素定义中予以描述，但这些元素并不是孤立存在，而且这些元素，就其名称而言可能在不同的领域有不同的含义，因此需要把元素放在一个概念体系中来说明它的上下文关系，说明它与其他概念的关系，例如：is a、part of、caused of、used by、interact with、written by 等关系。可利用 RDF 技术来定义元素概念的类属关系，通过 XML namespace 技术将元素与相应的语义定义、语义网络和语义概念集链接起来，从而支持对元素语义及语义关系的进一步解析[8]。

11.1.3　元数据标准

11.1.3.1　常用的元数据标准

由于信息描述的对象不同，各信息组织纷纷开始建立适合本行业的元数据标准。目前国内外发展较为成熟、应用较为广泛的元数据标准见表 11－1 和表 11－2。

表 11-1 国际上常用的元数据标准

标准名称	颁布组织及适用领域	标准元素内容及说明
DC (Dublin Core)	由美国 OCLC 公司发起，国际性合作项目 Dublin Core Metadata Initiative 设计，适用于网络资源描述	包括 15 个元数据核心元素：数据集名称、主题、摘要、数据源、语言、关系、时空覆盖范围、数据生产者、出版者、其他生产者、版权、日期、类型、格式、标识码
CDWA (Categories for the Description of Works of Art)	由 AITF（Art Information Task Force，艺术信息专业组织）颁布实施，适用于艺术品及数字图像资源描述	包括描述艺术品物理形态、图像及与时空、人物、历史文化等方面的上下文关系等 26 个基本元素：对象/作品、分类、方位/布置、题名、形态、版本、尺寸、材质与技术、制作方法、物理描述、碑铭/标志、条件/检查历史、保存/处理历史、创造性、拥有/收藏历史、版权/限制、风格/时期/流派/乐章、主题、上下文、展览/借出历史、视频文件、文本参考描述、反响、编目历史、所在地
VRA (Core Categories for Visual Resources)	由美国视觉资料协会制定，适用于艺术、建筑、史前古器物、民间文化等艺术类等三维实体的可视化资源描述	包括 17 个基本元素：类型、题名、作者、时间、身份号、文化、主题、关系、描述、来源、版权、记录式样、尺寸、材质、技术、所在地、风格/时期
FGDC (Federal Geographic Data Committee)	由美国联邦地理数据委员会制定，适用于地理空间数据内容描述	FGDC 是按照段（Section）、复合元素（Compound Element）、数据元素（Data Element）来组织记录的，包括 7 个主要子集和 3 个辅助子集，共有 460 个元数据实体（含复合元素）和元素。FGDC 规定了 3 种性质的子集、复合元素和元素。主要子集包括：标识信息、数据质量信息、空间数据组织信息、空间参照系统信息、实体和属性信息、发行信息、元数据参考信息。次要子集包括：引用文献（引证）信息、时间信息、联系信息
GILS (Government Information Locator Service)	由美国管理与预算办公室、国家档案与记录管理局及总务管理局联合制定，适用于政府的公用信息资源描述	包括描述性、管理性及记录维护或系统使用的 28 个核心元素。描述性元素包括：标题、创作者、投稿者、公布时间、公布地点、使用语种、文摘、规范主题索引、非控主题词、空间域、时间段、联系方式、附加信息、目的、处理程序、参照、来源日期、方法；管理性元素包括：有效性、获取条件、使用权限、进度号码、处理标识、来源控制标识、记录来源。记录维护或系统用的元素包括：使用语种、最后更新时间、记录检查时间

（续表）

标准名称	颁布组织及适用领域	标准元素内容及说明
TEI (Text Encoding Initiative)	由计算机和人文协会、计算语言学会、文字语言协会联合制定，适用于电子文本的描述方法、标记定义、记录结构	TEI 使用 SGML 作为数据记录的编码语言，对元数据和内容数据进行描述，包括 TEI Header、front、body、back 4 个部分。其中，TEI Header 规定了对电子文本内容的描述，front、body 和 back 分别用 TEI 标签格式来记载文本文前内容、文本正文、附录的实际内容。TEI Header 包括的元素有：题名、版本、长度、出版、丛书、附注、来源元素、项目过程描述、抽样、编辑、标签、参照、分类、特征体系、变化声明元素、制作信息、语言使用、文本类别、文本参数、参加者、背景描述、日期、责任说明、变化项目元素。每个元素还包括相应的子元素；front 包含图像— 封面、书脊、空白页、标题页；卷首插图等文本——标题页，序言，包括其中的目录，插图目录，导论，序言，铭文等；Body 中是正文部分，根据文本类型不同，可以使用核心标记集＋相应的附加标记集合（DTD）来标记文本；back 包含附录和索引的内容
EAD (Encoded Archival Description)	由美国国会图书馆网络开发 &MARC 标准办公室、美国档案管理员协会联合开发维护，主要用于描述档案和手稿资源，包括文本文档、电子文档、可视材料和声音记录等	EAD 使用 SGML 作为数据记录的编码语言，EAD2002 共计包括 146 个元素，由 EAD 标目<eadheader>、前面事项<frontmatter>、档案描述<archdesc>3 个高层元素组成，每一个高层元素下可分若干子元素，子元素下还可再细分出若干元素，主要元素包括：取用限制、增加、采访信息、其他可取得的形式、鉴定、档案描述、编排、书目、传记/历史、收藏历史、描述规则、EAD 识别、语言资料、法律状态、附注、其他描述资料、原件位置、来源、其他检索工具、实体描述、实体技术、处理信息、相关资料、范围与内容、分别资料、单元日期、单元识别、单元题名、使用限制等

表 11－2　中文元数据标准

标准名称	颁布组织及适用领域	标准元素内容及说明
中文元数据方案	由国家图书馆中文元数据研究组制定，适用于中文数字资源建设、保存及共建共享服务	包括 25 个描述性、管理性、技术性和法律性信息元素：名称、主题、版本、内容摘要、内容类型、语种、内容覆盖范围、内容创建者、其他责任者、内容创建日期、出版、版权所有者、资源标识符方案 、关联资源、数字资源制作者、数字资源制日期、数字资源制作地、权限声明、公开对象、操作许可、原始技术环境、加工处理历史、维护历史、认证指示符、基本抽象格式描述

（续表）

标准名称	颁布组织及适用领域	标准元素内容及说明
中国科学院科学数据库核心元数据标准	由中国科学院计算机网络信息中心主持，联合中科院各单位共同研究制定，属于由中国科学院"科学数据库及其应用系统"项目研究成果，适用于科学数据库数据资源的建设、管理、共享和服务	包括数据集元数据、服务元数据两部分。 数据集元数据主要包括：数据集描述信息：名称、URI、主题、描述、目的、类型、数据量、数据来源、提供者、贡献者、更新频率、数据集时间、语种、URL、关联数据集、数据集范围；数据集质量信息：数据志、评测报告；数据集分发信息：数据格式、技术要求、收费策略、权限声明、订购指南、访问时间、联系方式、分发信息元数据示例；元数据参考信息：元数据标准、元数据时间、元数据联系信息、元数据参考信息元数据示例；服务参考信息：指示信息；结构描述信息：检索点、实体、关系；范围信息：学科范围、时间范围、空间范围；联系信息：联系人名称、联系地址、其他联系方式、联系时间 服务元数据主要包括：服务类型、服务名称、服务 URI、服务描述、服务属性
基本数字对象描述元数据标准	属于科技部科技基础工作专项资金重大项目研究成果，适用于各类数字对象管理	包括 15 个基本元素：名称、主要责任者、主题、描述、出版者、其他责任者、日期、类型、格式、标识符、来源、语种、关联、时空范围、权限。基本元数据集可根据实际需要进行扩展，采用 RDF Schema 和 RDF/XML 对元数据形式化的词汇和语法进行描述
中文元数据标准框架	由北京大学数字图书馆研发，适用于各类数字资源对象	由 14 个核心元数据、3 个北大数字图书馆核心元素及个别元素组成核心元数据：元素名称、主要责任者、主题/关键词、资源描述、其他责任者、日期、资源类型、资源形式、来源、语种、相关资源、时空范围、权限管理北大数字图书馆核心元素：版本、物理特征、出版项个别元素根据资源对象情况制定

（资料来源：毕强，朱亚玲．元数据标准及其互操作研究［J］．情报理论与实践，2007（5）：666－670.）

除了上述广泛应用的元数据标准，还有很多针对不同类型信息资源的元数据标准。例如：描述网络资源的 IAFA Template、CDF、Web Collections、EPMS，描述文献资料的 MARC（with 856 Field），描述社会科学的数据集的 ICPSR SGML Codebook、描述博物馆与艺术作品的 CIMI、RLG REACH Element Set，描述地理空间信息的 FGDC/CSDGM，描述数字图像的 MOA2 Metadata、CDL metadata、Open Archives Format、NISO/CLIR/RLG Technical Metadata for Images，描述技术报告的 RFC 1807，描述连续图像的 MPEG－7，描述音乐资料的 SMDL 等。不同的研究领域、不同的组织机构都在制定、遵循着各自的元数据标准，其日益呈现出多元化的发展趋势[9]。

11.1.3.2　元数据标准的选择

由于元数据标准不统一，不同的领域存在着多种元数据格式，因此，选择合适的元数据标准才能确保信息资源描述的准确性、可操作性。一般来说，选择元数据标准应考虑如下因素：

（1）考虑信息资源内容的复杂性

选择元数据标准时首先应考虑所要描述的信息资源内容的复杂性，主要包括：所描述的资源是作品、物品、信息系统还是教学课件这样的复杂对象？所描述的资源是物理对象、原始数字对象、物理对象的数字镜像还是包括物理对象及其数字镜像（例如字碑、拓片及其数字扫描图像）？所描述的资源是文本信息资源还是非文本资源？所描述的资源是独立资源、集合资源、若干相互关联的资源还是静态或动态资源？

（2）考虑候选元数据标准

当我们分析候选元数据标准时，需要考虑以下关于候选标准本身的问题：候选元数据标准在内容、语义、结构上是否满足需要？候选元数据标准是否已是国家标准或国际标准？现有的应用范围如何？编制单位的应用推广力度如何？候选元数据标准是否允许扩展（包括本地扩展）？是否容易扩展？候选元数据标准的定义、标记、封装和交换格式语言的开放性如何？候选元数据标准规范文件的健全性和可获得性如何？候选元数据标准是否有处理工具，这些处理工具能否方便地嵌入本地应用系统，这些处理工具的可获得性如何，例如能否免费下载、能否随着元数据版本更新而更新？候选元数据标准与本地系统现有的元数据标准的互操作如何？

（3）考虑元数据标准的选择内容。

元数据标准选择涉及元数据内容格式、元数据应用规范（包括元数据内容编码语言）和元数据格式语言的选择。

①元数据内容格式选择

选择元数据内容格式时，有以下可能选择：

- 选择一种元数据内容格式，例如选择 VRA Core 或 Dublin Core 或 MARC。
- 选择一种元数据内容格式作为核心内容格式，选择其他元数据格式（或其中部分元素、属性）作为扩展内容元素，例如选择 DC 作为核心格式，选择 VRA 中的部分描述视觉资料特殊特征或属性的元素作为扩展元素。
- 并列复用多个内容格式，可能复用某些元数据格式的全部元素或复用其他元数据格式的部分元素，例如复用 IEEE LOM 和 VRA 来描述应用于教学过程的视觉资料。
- 嵌套复用多个内容格式，例如在 DC. Creator 中复用 vCard 格式，在 VocML 头标中复用 DC 元素。

②元数据应用规范选择

应用规范是对一个应用系统使用元数据标准进行实际数据描述时的具体规定，涉及元素选择方式（例如在应用 DC 时，哪些元素必须存在或可以重复）、元素内容详细界定（例如什么情况用 DC. Creator 或 DC. Contributor）、内容描述方式（包括内容编码规则，但还包括其他的内容描述规定）等。在选择元数据应用规范时，有以下可能选择：

- 选择已有的一种或多种应用规范。如在 DC. Subject 中允许使用 LCSH、MeSH、LCC、DDC 中的一个或多个规则。
- 自行规定新的应用规范。如规定 DC. Subject 中使用《中国图书馆图书分类法》和《汉语主题词表》。

③元数据格式语言选择

所谓元数据格式语言，指对元数据格式进行定义、标记、封装、交换传递时所用到的语言。具体包括[10]：

- 选择元数据格式标记语言，例如 XML DTD、RDF。
- 选择或规定元数据记录与被元数据描述对象的关联方式，例如独立于被描述对象（例如 MARC）、联入被描述对象（例如嵌入 HTML 网页中的 DC 记录）、与被描述对象建立链接（例如在 MET5 记录中链接）等。
- 选择元数据记录封装格式，例如 XML、RDF、METS 或 S0AP。

11.2 RDF

11.2.1 RDF 的概念和目标

资源描述框架（Resource Description Framework，简称 RDF）是由全球信息网协会（W3C）主导和结合多个元数据团体所发展而成的一个架构，是能够对结构化的元数据进行编码、交换和再利用的基础架构。

1999 年 2 月 22 日，W3C 颁布资源描述框架（RDF）作为标记语言的技术标准。目前的最新版本是 W3C 在 2004 年 2 月 10 日发布的 RDF 推荐标准（http://www.w3.org/RDF/）[11]。RDF 的设计目的是能以最低限度的约束，灵活地描述信息。具体目标包括：

（1）有一个简单的数据模型：RDF 有一种便于应用程序处理和操作的简单数据模型，这个数据模型独立于任何特定的序列化语法。

（2）有形式化语义和推论：RDF 有一个形式化的语义，它为对关于 RDF 表达式的含义的推理提供了一个可靠的基础，特别地，它提供了一个严格定义的蕴涵概念，从而为在 RDF 数据中定义可靠的推理规则奠定了基础。

（3）使用基于 URI 的可扩展词汇集：基于具有可选的片段标识符（URI 引用，或 URIrefs 的 URIs），词汇集是完全可扩展的。URI 引用在 RDF 中被用来命名所有类别的事物。

（4）使用基于 XML 的语法：RDF 有一份 XML 序列化格式的推荐标准［RDF－SYNTAX］，它是可以用来编码的应用程序之间交换信息的数据模型。

（5）使用 XML Schema 数据类型：RDF 可以使用根据 XML Schema 数据类型［XML－SCHEMA2］所表示的数值，从而有助于在 RDF 和其他 XML 应用程序中交换信息。

（6）允许任何人发表关于任何资源的陈述：为了推动在互联网层次上的操作，RDF 应该是一种开放的框架，允许任何人发表关于任何资源的陈述。

11.2.2 RDF 的构成

RDF 由 RDF Data Model、RDF Schema 和 RDF Syntax 三个部分组成。

（1）RDF Data Model

资源描述框架（RDF）定义了一种通用的数据模型，即 RDF Data Model（RDF 数据模型），通过资源、属性和值来描述特定信息资源。其中，资源（Resource）是指所有在 Web 上被命名的、具有统一资源描述符（URI）的对象。资源可以是一个完整的网页集合，也可以是网页中的一部分，或者是 XML 文档中的元素等。属性（Property）是用来描述资源的特定特征或关系，每一个属性都有特定含义。与资源相关的属性被定义为属性类型（Property－type），用来定义它的属性值和所描述资源形态，以及和其他属性的关系。值（Value）可以是由文本字符串、数字等表示的字面值，也可以是其他资源。

特定的资源以一个被命名的属性与相应的值来描述，则称为"RDF 陈述（Statement）"，可理解为"资源 R 具有值为 V 的属性 P"。在 RDF 中，每个陈述的基本结构都是一个以主语、谓语、宾语这样的次序的三元组。其中，主语（Subject）是资源，谓语（Predicate）是属性，宾语（Object）是值。资源描述框架的基本数据模型如图 11－1：

图 11－1　RDF 的基本数据模型

【例】施耐庵所著的《水浒传》的全部内容可以在语文新课程资源网免费阅读，即：

语文新课程资源网：http：//www. eywedu. com/

水浒传：http：//www. eywedu. com/Shuihu/01/index. htm

著者：施耐庵

上述可表述为两个三元组：将《水浒传》作为资源，以其网址作为标识。该资源的一个属性是"来源（Source）"，使用都柏林核心元数据的元素，将该属性标识为 http：//purl/org/dc/elements/1. 1/source，属性值为"语文新课程资源网"，以其网址作为标识。资源"《水浒传》"的另一个属性是"著者"，标识为 http：//purl/org/dc/elements/1. 1/creator，属性值是"施耐庵"。（如图 11－2）

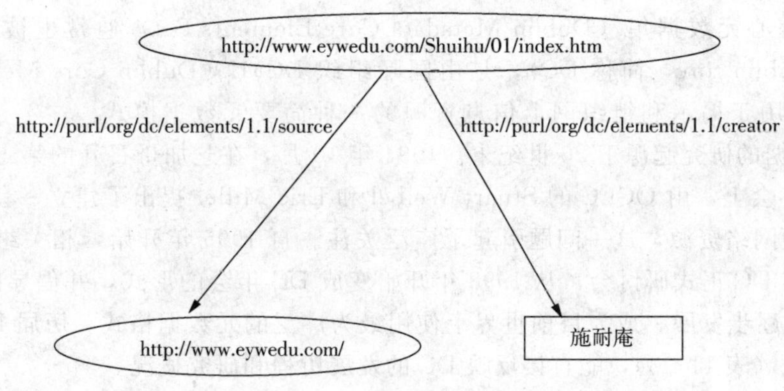

图 11－2　RDF 资源描述框架实例

(2) RDF Schema

RDF Schema 是 RDF 的语义扩展，它使用一种机器可理解的体系来定义描述资源的词汇，提供了描述相关资源以及这些资源之间关系的机制。其基本作用包括：定义资源的属性类、语法、属性值的类型；定义资源类以及属性所应用到的资源类；声明由一些机构定义的元数据标准的属性类。

RDF Schema 提供了核心类（Core Class）、核心属性（Core Attribute）和核心限制（Core Constraint）等机制来定义资源的类、属性、资源和资源之间的继承关系等。资源的类（Class）类似于面向对象中“类”的概念，指的是事物的一类。某一类中的一个具体事物称为“实例（Instance）”，例如：书是一个类，具体的一本书《文献分类法主题法导论》是一个实例。在 RDF Schema 中的核心属性有“rdfs：type”、“rdfs：subClassof”、“rdfs：sccAlso”等。

(3) RDF Syntax

RDF Schema 以 XML 为其宿主语言，通过 XML 语法实现对各种元数据的集成。目前最新的语法规范是 2004 年 W3C 推荐的 RDF/XML 语法规范[12]。

RDF/XML 能够表达由多个陈述语句所组成的 RDF 图（即 RDF 数据模型），其基本思想是将 RDF 图编码为元素、属性、元素内容和属性值。其基本方法是：RDF/XML 使用 XML 限定名（XML QNames）来标识数据模型中谓语结的 URI 引用（URI references，简写为 URIrefs）。限定名有一个命名空间名称，由一个 URI 引用和一个短的本地名称组成。此外，限定名可以有一个短前缀，或者有默认的命名空间声明。再把主语结的 URIrefs 写作 XML 属性值（宾语的 URIrefs 有时也可能被写作属性值）。字面值结（一般是宾语结）则作为原始文本内容或者属性值。

11.3 DC 元数据

11.3.1 DC 的发展历程

都柏林核心元数据集（Dublin Metadata Core Elements Set）通常也被称为“都柏林核心”（Dublin core，简称 DC），是由国际组织 DCMI（Dublin Core Metadata Initiative）拟定的用于揭示和组织网上信息资源的一种简要元数据模式。

DC 元数据的研究起源于 20 世纪末。1994 年 10 月，在芝加哥召开的第二届万维网协会（W3C）年会上，由 OCLC 的 Stuart Weibel 和 Eric Miller 提出了建立一套元数据元素集合用以描述网络资源，这一问题引起了广泛关注。自 1995 年开始，相关组织平均每年召开一至两年 DC 正式研讨会，从 1998 年开始变成 DC 年会的形式，并倡导国际性合作，从而推动 DC 逐步发展，成为目前世界上使用最为广泛的元数据格式。历届 DC 元数据会议的基本情况（表 11-3），能直接反映 DC 的发展历程和研究概况。

表11-3　DC系列会议的概况

会议	时间	地点	主办组织	会议主题/研究成果
DC－1	1995年3月	美国俄亥俄州，都柏林	OCLC（联机图书馆中心）、UCSA（美国超级计算应用中心）	中心议题是产生一个简单的描述网络上文件类对象（DLO）资源的元素集。主要成果是设定一个包含13个元素的都柏林核心元数据集（DC）
DC－2	1996年4月1－3日	英国，沃里克	OCLC、UKOLN（英国图书馆信息网络办公室）	主要讨论元数据描述模型之间的互用性及其展开的机制，提出了沃里克框架（Warwick Framework）和元内容框架（Meta Content Framework，MCF），成为资源描述框架RDF发展的基础
DC－3	1996年9月24－25日	美国俄亥俄州，都柏林	OCLC、CNI（网络信息联盟）	主要讨论DC元数据在互联网图像资源描述方面的应用。在原有的13个元素基础上，增加了2个元素：描述（Description）和权限管理（Rights Management）
DC－4	1997年3月3－5日	澳大利亚，堪培拉	OCLC、DSTC（分布式系统技术中心）；NLA（澳大利亚国家图书馆）	主要议题是DC如何扩展。会议产生了两大学派：最小主义学派和结构语言学派。提出了三类“堪培拉限定词”：语种（Language）、模式体系（Scheme）和属性类型（Type）。并提出了DC元数据的另一个版本：“修饰版”（或称“限定版”）
DC－5	1997年10月6－8日	芬兰，赫尔辛基	OCLC、NLF（芬兰国家图书馆）	主要讨论了日期、覆盖范围和关联这三个元素。会议成果被概括为“芬兰终结（Finnish finish）”，DC的非限定版DCMES最终确立为RFC2413，成为IETF（Internet Engineering Task Force）的事实标准。RDF的结构问题取得了很大的进展
DC－6	1998年11月2－4日	美国，华盛顿特区	OCLC、TLC（美国国会图书馆）	明确尚未解决的问题并分配给相应的正式专题组加以解决；DC与其他元数据研究进行合作；讨论在推动DC实施中互用性方面所必须解决的关键问题
DC－7	1999年10月25－27日	德国，法兰克福	OCLC、德国国家图书馆	主要议题是DC的限定问题。代理（Agents）、引用（Citation）、权限管理（Right）、题名（Title）等专题组取得了实质性成果
DC－8	2000年10月4－6日	加拿大，渥太华	OCLC、NLC（加拿大国家图书馆）、IFLA（国际图书馆协会及机构联盟）	开展DC元数据语法与限定、结构化元数据等专题报告，加强各工作组之间的交流和分享，促进DC支持各异质元数据系统之间的交互操作性

（续表）

会议	时间	地点	主办组织	会议主题/研究成果
DC－2001	2001 年 10 月 22 －26 日	日本，东京	日本国家信息研究所（NII）、都柏林核心元数据首创（DCMI）、日本科技公司（JST）、日本图书情报大学、日本通信研究试验室、日本国家图书馆	提供一个讨论进一步发展 DC 及相关元数据标准的论坛；提供交流和分享关于元数据及其应用的新观点的论坛；提供关于元数据应用的创新、管理和使用的培训（网址：http：//www. nii. ac. jp/dc2001/）
DC－2002	2002 年 10 月 13 －17 日	意大利，佛罗伦萨	意大利图书馆协会、国家图书馆、科学历史博物馆、欧洲大学研究所等	讨论主题包括：电子政务；搜索引擎和元数据；教育元数据；增进交流；知识管理；电子政务与 Intranet 中使用 DC 元数据；语义网：标准分类体系、索引、元数据和本体的作用；元数据互操作：工具与协议；文化遗产元数据等（网址：http：//www. bncf. net/dc2002/）
DC－2003	2003 年 9 月 28 －10 月 2 日	美国，西雅图	华盛顿大学信息学院、DCMI、华盛顿大学图书馆、Syracuse 信息研究所和 Syracuse 大学等机构	会议主题是“社区支持的讨论与实践——元数据研究与应用”。为与会者提供一个平台，可充分交流关于元数据在资源发现、检索、管理和使用上的发展（网址：http：//dc2003. ischool. washington. edu/）
DC－2004	2004 年 10 月 11 －14 日	中国，上海	DCMI、NSTL（中国国家科技图书馆）、SL（上海图书馆）、LCAS（中国科学院国家科学图书馆）	会议不仅涉及 DC 元数据的研究和应用，而且包括广泛的相关主题：元数据的标准规范及其互操作；元数据的全球化、本地化和跨语种问题；概念模型；元数据仓储与元数据获取；元数据注册与注册服务；元数据应用的系统与工具；企业信息系统中元数据的应用；元数据在教育信息、电子政务和地理信息方面的应用进展；搜索引擎与元数据；元数据与文化遗产的永久保存；元数据与语义 Web 和知识本体；元数据与知识管理；元数据应用：案例分析、调查统计及其他（网址：http：//dc2004. library. sh. cn/）

（续表）

会议	时间	地点	主办组织	会议主题/研究成果
DC－2005	2005 年 9 月 12－15 日	西班牙，马德里	DCMI、UCM（马德里卡洛斯三世大学）	会议主题是 Vocabulary in Practice，显示了 DC 专注于语义及推进应用的工作重心（网址：http：//dc2005. uc3m. es/index. asp）
DC－2006	2006 年 10 月 3－6 日	墨西哥，科利马	DCMI；UC（科利马大学）	会议主题是“知识与学习元数据”。涉及主题包括：本体与控制词表、元数据应用、资源集合描述等（http：//dcpapers. dublincore. org/ojs/pubs/issue/view/29）
DC－2007	2007 年 8 月 27－31 日	新加坡	DCMI、NLB（新加坡国家图书馆）、NTU（南洋理工大学）	以“元数据应用纲要：理论与实践”为主题；在元数据标准规范方面提出了被称为“新加坡框架”的元数据应用规范。（网址：http：//www. dc2007. sg/）
DC－2008	2008 年 9 月 22－26 日	德国，柏林	德国互操作元数据管理中心、马克斯·普朗克数字图书馆、下萨克森哥廷根州立暨大学图书馆、德国国家图书馆、柏林洪堡大学、都柏林核心元数据计划等	主题是“语义和社会应用中的元数据”；主要成果是 DCMI 推出或更新了三个重要的元数据编码规范，并同时提供了这三个编码规范的应用指南（网址：http：//dc2008. de/）

11.3.2　DC 的元素集

1993 年，第 3 届 DC 会议中确定了都柏林核心元素集的 15 个基本元素。这 15 个元素都是可选择、可重复、可扩展的。在第 5 届 DC 会议中，依据所描述内容的类别和范围，将这 15 个元素分为三大类：资源内容描述类元素、知识产权描述类元素、外部属性描述类元素。

随着 DC 的应用范围不断扩大，元数据本身的扩展问题也亟待解决。1997 年 3 月，第四届 DC 元数据会议则推出了“堪培拉限定词”，并提出了“限定版 DC”。2000 年 4 月 17 日，都柏林核心使用委员会（DC－Usage Committee）对都柏林核心互操作性限定词（Interoperability Qualifier）草案进行了第一轮投票表决。2000 年 7 月 11 日，DCMI 正式发布了一个有关都柏林核心限定词的文献，包括修饰词和编码体系。表 11－4 列出了 DC 元数据的基本元素[13] 及其限定词[14]。

表 11-4 DC的基本元素及其限定词

<table>
<tr><td>元素归类</td><td>DCMES Element
DCMES元素</td><td>Element Refinement（s）
元素限定词</td><td>Element Encoding Scheme（s）
元素编码体系</td></tr>
<tr><td rowspan="8">资源内容描述类元素</td><td>Title（题名）</td><td>Alternative（交替题名）</td><td>—</td></tr>
<tr><td>Subject（主题）</td><td>—</td><td>LCSH 美国国会图书馆主题词表
MeSH 医学主题词表
DDC 杜威十进分类法
LCC 美国国会图书馆分类法
UDC 国际十进分类法</td></tr>
<tr><td>Description（描述）</td><td>Table Of Contents 目录
Abstract 摘要</td><td></td></tr>
<tr><td>Source（来源）</td><td>—</td><td>URI（统一资源标识符）</td></tr>
<tr><td>Language（语言）</td><td>ISO 639－2；RFC 1766</td><td></td></tr>
<tr><td>Relation（关联）</td><td>Is Version Of 版本继承
Has Version 版本关联
Is Replaced By 被替代
Replaces 替代
Is Required By 被需求
Requires 需求
Is Part Of 部分于
Has Part 部分为
Is Referenced By 被参照
References 参照
Is Format Of 格式转换于
Has Format 格式转换为</td><td>URI（统一资源标识符）</td></tr>
<tr><td rowspan="2">Coverage
（覆盖范围）</td><td>Spatial 空间</td><td>DCMI Point
ISO 3166
DCMI Box
TGN</td></tr>
<tr><td>Temporal 时间</td><td>DCMI Period；W3C－DTF</td></tr>
</table>

（续表）

<table>
<tr><th>元素归类</th><th>DCMES Element
DCMES 元素</th><th>Element Refinement（s）
元素限定词</th><th>Element Encoding Scheme（s）
元素编码体系</th></tr>
<tr><td rowspan="4">知识产权描述类元素</td><td>Creator（创建者）</td><td>—</td><td>—</td></tr>
<tr><td>Publisher（出版者）</td><td>—</td><td>—</td></tr>
<tr><td>Contributor
（其他责任者）</td><td>—</td><td>—</td></tr>
<tr><td>Rights（权限管理）</td><td>—</td><td>—</td></tr>
<tr><td rowspan="5">外部属性描述类元素</td><td>Date（日期）</td><td>Created 创建日期
Valid 生效日期
Available 可获得日期
Issued 发布日期
Modified 修改日期</td><td>DCMI Period
W3C－DTF</td></tr>
<tr><td>Type（类型）</td><td>—</td><td>DCMI Type Vocabulary
（DCMI 类型词汇表）</td></tr>
<tr><td rowspan="2">Format（格式）</td><td>Extent 大小</td><td></td></tr>
<tr><td>Medium 媒体</td><td>IMT（资源的因特网媒体类型）</td></tr>
<tr><td>Identifier（标识）</td><td>—</td><td>URI（统一资源标识符）</td></tr>
</table>

（资料来源：都柏林核心元数据修饰词：http：//dc. library. sh. cn/1－2. htm）

（Dublin Core Qualifiers［2000－07－11］：http：//dublincore. org/documents/2000/07/11/dcmes－qualifiers/）

都柏林核心元数据元素集的 1.1 版本于 1999 年 7 月 2 日推出。本章根据 DCMI 在 2006 年发布的关于元数据术语最新说明的文档，对都柏林核心元数据的 15 个基本元素进行简要说明[15]。

（1）Title（题名）

标签：Title。

定义：赋予资源的名称。

注释：一般而言，这一名称指资源对象正式公开的名称。

（2）Subject（主题和关键词）

标签：Subject and Keywords。

定义：资源内容的主题描述。

注释：如果要描述特定资源的某一主题，一般采用关键词、关键词短语或分类号，最好从受控词表或规范的分类体系中取值。

（3）Description（描述）

标签：Description。

定义：对资源内容的解释。

注释：描述可以包括但不限于以下内容：文摘、目录、图像的文字说明、或者一个关于资源内容的文本描述。

（4）Source（来源）

标签：Source。

定义：对当前资源来源的参照。

注释：当前资源可能部分或全部源自来源元素所标识的资源，建议对这一资源的标识采用一个符合规范标识系统的字串或数字组合。

（5）Language（语种）

标签：Language。

定义：描述资源知识内容的语种。

注释：建议本元素的值采用 RFC 3066［RFC3066］，该标准语 ISO 639［ISO639］一起定义了由两个或三个英文字母组成的主标签和可选的子标签来标识语种。例如用“en”或“eng”来表示 English，“en－GB”表示英国英语。

（6）Relation（关联）

标签：Relation。

定义：对相关资源的参照。

注释：建议最好使用符合规范标识体系的字符串或数字来标识所要参照的资源。

（7）Coverage（覆盖范围）

标签：Coverage。

定义：资源内容所涉及的外延或范围。

注释：覆盖范围一般包括空间位置（一个地名或地理坐标）、时间区间（一个时间标识、日期或一个日期范围）或者行政辖区的范围（比如指定的一个行政实体）。推荐覆盖范围最好是取自于一个受控词表（例如地理名称叙词表［TGN］），并应尽可能地使用由数字表示的坐标或日期区间来描述地名与时间段。

（8）Creator（创建者）

标签：Creator。

定义：创建资源内容的主要责任者。

注释：创建者的实例包括个人、组织或某项服务。一般而言，用创建者的名称来标识这一条目。

（9）Publisher（出版者）

标签：Publisher。

定义：使资源成为可获得的责任实体。

注释：出版者的实例包括个体、组织或服务。一般而言，应该用出版者的名称来标识这一条目。

(10) Contributor（其他责任者）

标签：Contributor。

定义：对资源的内容做出贡献的其他实体。

注释：其他责任者的实例可包括个人、组织或某项服务。一般而言，用其他责任者的名称来标识这一条目。

(11) Rights（权限管理）

标签：Rights Management。

定义：有关资源本身所有的或被赋予的权限信息。

注释：一般而言，权限元素应包括一个对资源的权限声明，或者是对提供这一信息的服务的参照。权限一般包括知识产权（IPR）、版权或其他各种各样的产权 。如果没有权限元素的标注，不可以对与资源相关的上述或其他权利的情况作出任何假定。

(12) Date（日期）

标签：Date。

定义：与资源生命周期中的一个事件相关的时间。

注释：一般而言，日期应与资源的创建或可获得的日期相关。建议采用的日期格式应符合 ISO 8601 [W3CDTF] 规范，并使用 YYYY－MM－DD 的格式。

(13) Type（类型）

标签：Resource Type。

定义：资源内容的特征或类型。

注释：资源类型包括描述资源内容的一般范畴、功能、种属或聚类层次的术语。建议采用来自于受控词表中的值（例如 DCMI 类型词汇表 [DCMITYPE]）。要描述资源的物理或数字化表现形式，请使用“格式（FORMAT）”元素。

(14) Format（格式）

标签：Format。

定义：资源的物理或数字表现形式。

注释：一般而言，格式可以包括资源的媒体类型或资源的大小，格式元素可以用来决定展示或操作资源所需的软硬件或其他相应设备。例如资源的大小包括资源所占的存储空间或持续时间。建议采用来自于受控词表中的值（例如 Internet 媒体类型 [MIME] 定义的计算机媒体格式）。

(15) Identifier（标识）

标签：Resource Identifier。

定义：在特定的范围内给予资源的一个明确的标识。

注释：建议对资源的标识采用符合某一正式标识体系的字符串及数字组合。正式的标识体系的实例包括统一资源标识符（URI）（包括统一资源定位符 URL）、数字对象标识符（DOI）和国际标准书号（ISBN）等[16]。

本章小结

元数据的产生源于对电子资源管理的需要。本章内容主要包括元数据、资源描述框架(RDF)以及目前使用最广泛的都柏林核心元数据(DC)。元数据是关于数据的数据，具有描述性、解析性、复杂性等特征。元数据的基本结构包括内容结构、句法结构和语义结构三层。本章列举了国内外常用的元数据标准，并着重介绍了都柏林核心元数据标准(DC)。资源描述框架(RDF)是能够对结构化得元数据进行编码、交换和再利用的基础架构，由 RDF Data Model、RDF Schema 和 RDF Syntax 三个部分组成。RDF 在网络信息资源组织中的主要作用是描述、定位、信息交换、知识发现和搜索等作用。

参考文献

[1] IFLA. Digital Libraries：Metadata Resources [EB/OL]．[2009－09－22]．http：//archive. ifla. org/II/metadata. htm

[2] 肖珑，陈凌，冯项云等．中文元数据标准框架及其应用 [J]．大学图书馆学报，2001 (5)．

[3] 中华人民共和国科学技术部《元数据标准化原则与方法》[EB/OL]．[2009－09－23]．http：//ncmi－pharm. sfda. gov. cn/pharm/cms/web/download. jsp? FileUrl＝/pharm/html/15/2007/20071114115259366540820/20071114115328120588915. pdf.

[4] 国家基础地理信息系统 (NFGIS) 元数据标准草察 [EB/OL]．[2009－09－23]．http：//nfgis. nsdi. gov. cn/nfgis/chinese/bz/mt0. htm.

[5] 元数据在学术文献中的解释 [EB/OL]．[2009－09－30]．

http：//define cnki. net/science/WebForms/WebDefines. aspx? searchword ＝%E5%85%83%E6%95%B0%E6%8D%AE.

[6] 谭铮培，章丹．元数据的内涵、特点及其他 [J]．浙江档案，2002 (2)．

[7] 刘嘉．元数据导论 [M]．北京：华艺出版社，2002.

[8] 冷伏海，徐跃权，冯璐等．信息组织概论 [M]．2 版．北京：科学出版社，2008.

[9] 毕强，朱亚玲．元数据标准及其互操作研究 [J]．情报理论与实践，2007 (5)：666－670.

[10] 王云娣．数字信息资源的开发与利用研究 [M]．武汉：武汉大学出版社，2005.

[11] RDF 推荐标准 [EB/OL]．[2009－10－02]．http：//www. w3. org/RDF/.

[12] RDF/XML 语法规范 [EB/OL]．[2009－10－02] http：//www. w3. org/TR/2004/REC－rdf－syntax－grammar－20040210/.

[13] 都柏林核心元数据修饰词：http：//dc. library. sh. cn/1－2. htm.

［14］Dublin Core Qualifiers［EB/OL］．［2000－07－11］［2009－10－05］．http：//dublincore. org/documents/2000/07/11/dcmes－qualifiers/.

［15］DCMI Metadata Terms［EB/OL］．［2009－10－06］．http：//dublincore. org/documents/2006/08/28/dcmi－terms/.

［16］DCMI 元数据术语［EB/OL］．［2009－10－06］．http：//dc. library. sh. cn/dcmi－terms. htm.